ほんとうの日本経済
データが示す「これから起こること」

坂本貴志

講談社現代新書
2756

はじめに

日本経済はどのように変わったか

日本経済の低いパフォーマンスをもって、失われた数十年と揶揄《やゆ》されるようになり久しく時が経つ。実際にバブル崩壊以降、日本の経済成長率は長期的に減速しており、物価も長く下落を続けるなど、これまで日本経済は多くの苦境を経験してきた。

しかし、ここにきて経済の風向きは変わってきている。物価は上昇基調に転じ、日経平均株価も一時バブル期以来の高値を更新するなど、日本経済は徐々にその自信を取り戻しつつあるようにも見える。

他方で、これまで多くの人が待ちわびてきた物価上昇は、日々生活に必要な財やサービスの価格高騰を通じて人々の実質賃金を押し下げ、人々の暮らしを圧迫している。また、足元の資産価格の上昇や日本円の減価も一部の大企業製造業や資産家を潤《うるお》しているだけで、人々の生活の豊かさにはつながっていないと指摘する人がいる。こうした観点から、日本銀行の大規模金融緩和に端を発する現下《げんか》の為替の急速な減価やそれに伴う輸入物価の高騰など、金融市場を中心とした短期的な変化が国民生活に与えている影響は確かに大きい。

ただ、より中長期的な視座で経済のデータを確認していくと、労働者をとりまく労働環境や企業の経営行動の構造は近年確かに変わってきている。

たとえば、この十数年で労働者の行動は大きく変容した。近年、女性や高齢者の就業率は急速に上昇し、女性も高齢者も働くことは当たり前になっている。また、長時間労働は激減しており、多くの人がこれまでよりも短い労働時間で働くようになった。賃金はといえば、確かに年収水準でみれば大きく上がってはいない。あるいは、この2〜3年の単位でみれば、実質賃金は下落している。しかし、もう少し長い目で実際のデータを観察していけば、これまでよりも短い労働時間で以前と遜色《そんしょく》のない給与を得ている人も多く存在している。時給水準は多くの人が実感しているよりもしっかりと上がってきており、近年の賃金の基調はこれまでとは明らかな変化が見られる。

企業の状況はどうか。過去数十年の間、大量の労働力が労働市場に流入する中で、多くの企業は必要な労働力を安い価格でいくらでも確保できる環境にあった。しかし、ここにきて企業を取り巻く環境も大きく変わり始めている。人手不足が急速に深刻化しているのである。人手不足の深刻化に伴い、賃金を含む労働条件の抜本的改善なくしては、企業が事業に必要な人員を確保することは難しくなってきている。

技術面でも変化が生じている。パソコンやスマートフォンが広く普及したことは当然のこととして、ＡＩ（人工知能）やＩｏＴ（モノのインターネット）、ロボティクスなどデジタル技術を用いたサービスも少しずつではあるが社会に着実に浸透し始めている。新しいテクノロジーが企業活動の現場にしっかりと入り込んできているのである。こうした変化は静かな変化に見えるかもしれない。しかし、さまざまなデータや事例をみてみれば、多くの人が想像するよりも、実体経済はダイナミックに変化してきていることがわかる。

近年において、日本経済の構造が変わり始めているのはなぜだろうか。これには日本の人口が減少局面に入ったことが関連していると考えられる。

これまで世界の人口が長期的に増加を続けていた事実からもわかるように、近代の世界経済を振り返れば、経済というものは基本的には人口が増加している状態のもとでそれと並行して成長をしていくものだという暗黙の前提があったといえる。しかし、日本の人口はいままさに調整局面から減少局面へと移行しつつある。そうであれば、人口減少とともに歩むこれからの日本経済の構造はこれまでのそれとは異なるものになる可能性が高い。

近代で日本のような大きな経済規模を有する国において、人口が持続的に減少した事例はほかに類を見ない。そう考えれば、人口減少が経済にどのような構造変化を及ぼすのかということは、これまで必ずしも自明ではなかったと考えられる。

本書の目的は、これから迎えることになる人口減少時代において、日本経済の構造がどのように変化していくかを予想することにある。実際に統計データを確認していくと、近年の日本の経済にはさまざまな変化の兆しがみられる。本書ではここ最近において起こっている変化の兆候を捉えながら、人口減少局面に突入する日本経済の将来の姿を考えていきたい。

本書の特徴と構成——データと企業事例から考える

本書の特徴として、労働市場を起点に経済全体の構造を捉えているということがあげられる。これは労働市場の分析が私の専門であるからという点が大きいが、これまでの日本経済の状況を理解するうえで、労働市場を起点として考える方法が、結果として最もあてはまりが良かったと感じるからでもある。財・サービス市場や資本市場の変化についても必要に応じて触れつつも、労働市場の需給や賃金の動向、人々の働き方や現場のタスク構造の変化などに特に注目しながら、日本経済の現在地点を解説する。

さらに、ふだん経済にはあまりなじみのない読者を想定したうえで、現在起きている経済の構造変化について、具体的な事例を通じてその実態を丁寧に解説することも本書のコンセプトとしている。経済の実態をつかむためには、経済統計の分析が欠かせない。その一方で、データ分析だけで経済の変化を実感をもって把握することは難しい。また、経済の行方を決める上で技術革新の動向は最も重要な要素になるが、近年のデジタル技術の浸透に伴う経済の実態変化はデータだけでは見えてこない。こうした問題意識から、本書ではデータによる分析と合わせて、地方に拠点がある中小企業から首都圏に本社を置く大企業まで、さまざまな業種の企業の経営者に対して私が行ったインタビューを通じ、実際の企業や労働者の行動変化を浮かび上がらせている。さまざまな統計データと企業の事例紹介を通じて、読者にリアリティをもって経済のメカニズムを実感してもらうこともまた本書の狙いの一つである。

本書の構成は以下のようになっている。

プロローグでは、山形県酒田市の事例をもとに、人口減少の影響をいち早く受けている地方の中小企業に焦点を当てながら、近年企業が直面している経済環境の変化を解説する。続いて第1部では、統計データを分析することで、近年の日本経済で起きている構造変化を概観する。

第2部では再び企業事例の紹介に移る。人口減少が続く中、少ない人手で効率的に生産するため、企業は絶え間ない努力を行っている。各業界の事例については私が必ずしもそれぞれの業界の事例に精通しているわけではないことからあくまで概説的な説明にとどまる。しかし、さまざまな企業事例からはデジタル技術が企業のビジネスの現場や人々の働き方やタスクの構造にさまざまな影響を与え始めていることをうかがい知ることができるだろう。

最後に、第3部ではこうした現状分析をもとに日本経済の先行きを予想する。なお、本書の目的はあくまで人口減少時代の経済の構造変化についてその機序を明らかにすることにあるが、第3部の後半ではこうした変化に伴ういくつかの政策的な論点も付している。

人口減少経済はどこへ向かうか

データを分析していくと、足元の労働市場では人手不足の深刻化や賃金上昇の動きが広がっていることがわかる。さらに、それは2010年代半ば頃から顕在化《けんざい》していることがわかる。

これには日本銀行による大規模金融緩和や政府の財政出動が影響している可能性が高い。しかし、それだけではないだろう。現在の経済の変化について、一時的な政策効果と構造的な変化とを峻別《しゅんべつ》することは難しいが、その根本には人口減少や高齢化といった人口動態の変化があるはずだ。

これまでのデフレーションの時代において、企業が最も警戒してきたのは需要不足の深刻化であった。つまり、人口減少によって国内市場が縮小すれば、将来、企業間で顧客を奪い合うことになるのではないかという懸念が企業の間にあった。しかし、いざふたを開けてみると、多くの地域や業種で需要不足が深刻化する展開にはならなかった。そうではなく、近年判明してきたのは、人口減少と少子高齢化が引き起こす経済現象の正体は、むしろ医療・介護などを中心にサービス需要が豊富にあるにもかかわらず、それを提供する人手が足りなくなるという供給面の制約だったのである。

現状経済に起きている変化は、景気変動に伴う一過性の現象だけではなく、構造的なものである可能性が高い。そう考えれば、今後もその時々の景気循環による影響を受けながらも、日本経済の供給能力が十分に高まっていくまでのしばらくの間、現在の経済のトレンドは続いていくとみられる。

今後、少子高齢化が進む中で人手不足がさらに深刻化すれば、企業による人材獲得競争はますます活発化する。そうなれば、将来の日本経済においては、多くの人が予想する以上に、賃金が力強くかつ自律的に上昇していく局面を経験するはずだ。その後は、労働市場における激しい競争にさらされる形で企業は利益を縮小させることになり、経営の厳しい企業は市場からの退出を余儀なくされるだろう。

将来の日本経済を展望すると、人口減少に伴う日本の経済規模の低迷や国際的なプレゼンスの低下は、ほぼ確実にやってくる未来だと考えられる。しかし、生産性が低い企業が市場から退出し、人件費高騰に危機感を持った企業が生き残りをかけて経営改革に取り組めば、先進技術を活用した機械化や自動化の進展も相まって、労働生産性はむしろ上昇していく展開になることもありうる。実質賃金に関しても、名目賃金の上昇率が物価の上昇率を上回っていく形で、緩やかに上昇に向かう可能性が高い。

近代において、日本は主要先進国で初めて大規模な人口減少を経験する国になる。人口減少が進む国の経済はどのような道をたどるのだろうか。これから世界の多くの先進国が経験することになる人口減少経済——。その嚆矢《こうし》となる日本経済の現状を分析することで、人口減少経済の行きつく先を予想してみたい。

目次

第2部　機械化と自動化
――少ない人手で効率よく生産するために――　139

プロローグ――人手不足の先端を走る地方中小企業の実情

人手不足の先端を走る酒田市

　人口減少の最先端を行く日本。その中でもいち早く人口減少が進んでいるのは地方部である。人口減少が労働市場にどのような影響を及ぼし、経済の構造をどのように変えるのか。これを考えるにあたっては、都市圏の経済の状況を分析するよりも、むしろ地方経済で起きている事象を丁寧に把握することが重要である。まずはプロローグとして、山形県酒田市を舞台に、人口減少と高齢化が著しい地方都市の中小企業で何が起きているのかを紹介していきたい。

　酒田市は山形県の北西に位置する庄内《しょうない》北部の都市であり、日本海に面した美しい海岸線と豊かな自然に囲まれた地域である。庄内平野の中央を流れる最上川《もがみがわ》の河口に開かれた港町である酒田は、酒田港を拠点に古くから日本海の海上交易と最上川の舟運の要として発展してきた。人口は2023年時点で約9万5000人。山形県内では山形市（約24万人）、鶴岡市（約12万人）に次ぐ人口第3位の市町村で県内の主要都市の一つとして位置付けられている。

図表0-1 酒田市の人口動態

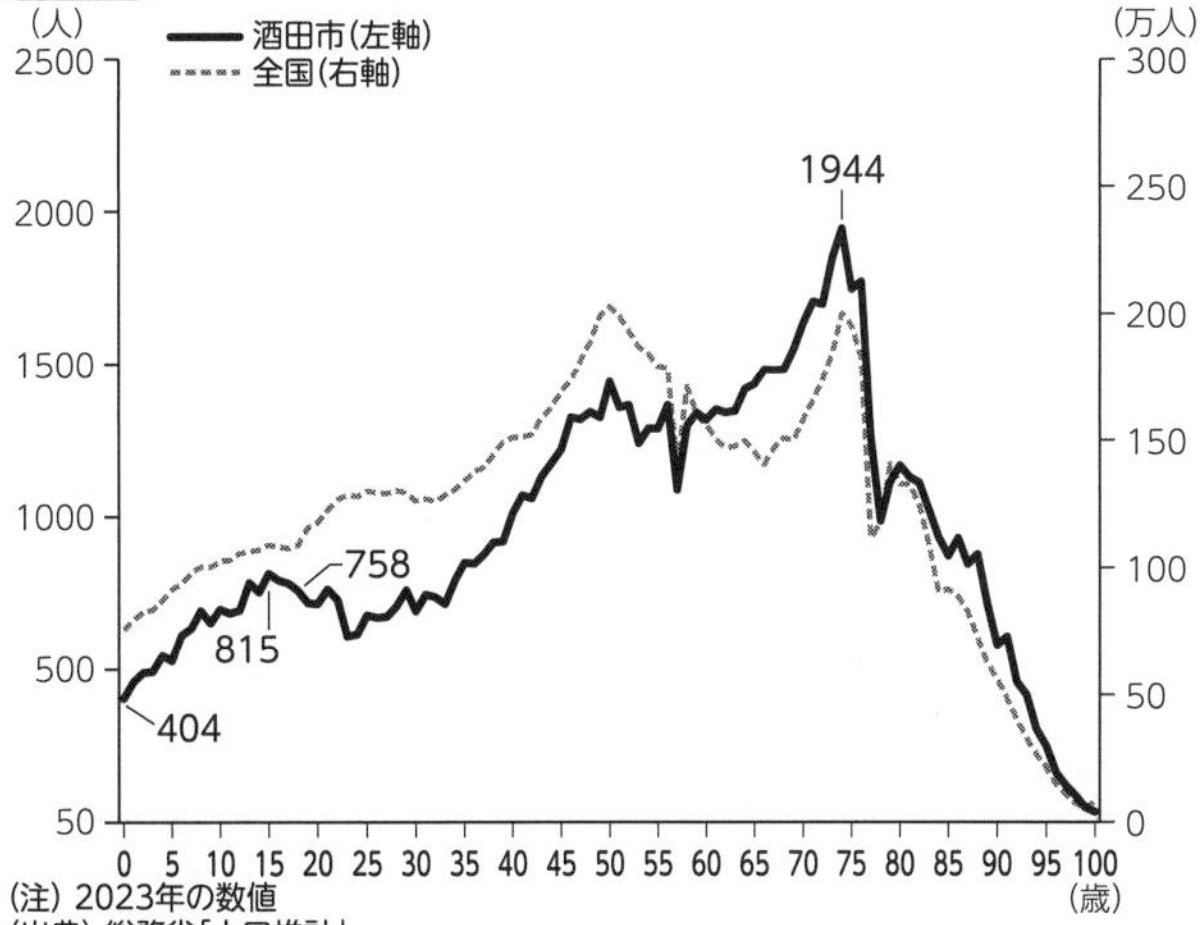

（注）2023年の数値
（出典）総務省「人口推計」

しかし、酒田市の人口は長期的な減少傾向にある。市が公表している「酒田市人口ビジョン」によると、酒田市の人口は1980年に12万5622人まで増加したものの、その後は減少の一途をたどり、2040年には7万4617人となることが予想されている。2015年の10万6244人と比較すると約30％の減少となる。

人口減少が全国平均よりも早く進むと同時に、高齢化のステージも全国の先を行く。2023年時点の酒田市の年齢構成をみると、ピークに当たる年齢層は74歳で1944人となる（**図表0-1**）。酒田市の人口分布を日本全国と比較すると、形状は概《おおむ》ね類似しているものの、高齢層の比率が高い一方で、若年層の比率が低くなっている。特に団塊世代の人口集中の影響が全国平均より色濃く出ている。後述するように高齢者の中でも比較的年老いた人の経済への関わり方は、比較的若い高齢者とは大きく異なる。今後、団塊世代が後期高齢者になったとき、地方においてその影響を大きく受けることが予想される。

より若い年齢層に目を移そう。ピークとなる70代半ばの年齢から若い方向にさかのぼっていくと人口はほぼ単調に減少していく。こうしたなかで、10代半ばから30代半ばの人口はほぼ一定の水準で維持されているというのも一つの特徴として見受けられる。18歳は、高卒人材が労働力として労働市場に参入する年齢層にあたり、多くの企業がその動態に注目している。酒田市の18歳人口は2023年時点において758人。団塊ジュニアの子ども世代が10代半ばから20代の年齢に当たっていることもあり、若い年齢層の人口の山は15歳の815人にあり、近年は若年人口の減少はやや踊り場となっている。

酒田市は多くの地方都市の例にもれず、大学進学時や就職時における若者の首都圏などへの転出に頭を悩ませている。人口統計からも19歳人口（718人）は18歳人口（758人）よりも少ない。また、23歳人口（610人）も22歳人口（728人）よりも少なくなっている。その結果として、全国平均と比べて20代から30代半ばまでの年齢層がへこんでいる様子が見て取れる。

さらに年齢を若くしていくと人口はまた減少していく。15歳から0歳まで人口はほぼ単調に減少し、0歳児の人口は404人まで減る。高卒や新卒のマーケット規模はその地域の労働市場の将来を占ううえで非常に重要である。いまは酒田市に800人弱いる高卒人材を大学や企業が獲得すべく競争を繰り広げているが、20年後にはその母集団は400人を割る水準にまで減っていくのである。

完全週休2日制への移行と大幅ベースアップの実施

地域の経済では、若者の人口減少と高齢者のなかでもさらに年齢が高い層の増加という問題が生じている。こうしたなか、地方中核都市における中小・中堅企業はどのような課題に直面しているのだろうか。

私は酒田市商工会議所のご協力のもとで、企業経営者の方々に地方都市における労働市場の実情についてヒアリングを行った。このうち本書で紹介するのは、大井建設（建設業）、セキュリティ庄内（サービス業）、両羽《りょうう》商事（卸・小売業）、平野新聞舗（卸・小売業）の4社の事例（括弧内はいずれも総務省の業種分類上の区分に対応）。いずれも酒田市内に本社を置き、古くからビジネスを行っている地元の中小・中堅企業である。

まず最初に紹介するのは、建設業を営む大井建設。1927年創業の酒田市における老舗の建設会社である。創業当初は、護岸工事などで使用する石材、木材、粗朶《そだ》を馬車で運搬する業務が主だったが、その後、最上川・日向《にっこう》川・田沢川などの河川工事や鳥海山麓の道路工事などで多くの実績を残してきた。同社の事業の柱は公共工事であり、国の案件や山形県や酒田市をはじめとする地方自治体などから多くの案件を受注し、施工実績を上げている。

建設業界は厳しい労働環境で知られている。報酬水準も他業界と比べて決して良いわけではなく、若い成り手が急速に減少し、人手不足が深刻化している。大井建設の現在の従業員数は114人。同社では同業他社や他業界に人材獲得競争で劣後《れつご》しないよう、近年、労働条件の抜本的改善に力を入れている。他の建設業の企業例にもれず、長らく週休2日の実現が難しい状況にあったが、5年前までは100日程度だった年間休日数を段階的に121日まで増やし、週休2日を実現した。大井建設代表取締役社長の大井慎一郎氏は以下のように語る。

「以前は土日に仕事することも多々ありましたが、いまは日曜日は完全休みで土曜日もほぼ出社はありません。当時は同業他社でも年間休日100日は多い方だったのですが、他社が一気に増やしてきたのです。このご時世、地元の高校に求人票をだすと休日数は非常にシビアに比べられます。私たちの時代は学生は初任給だけを見ていましたが、いまの若い人は休日の数を非常に気にしています。少ないと真っ先に就職先の候補から外されてしまいますよ。人員確保のためにも、休みは増やさざるを得ません」

大井建設の採用は大半が高卒である。毎年3名から5名ほどの高卒人材を採用しており、大卒の採用は5年に一人いるかいないか。人員確保のため、労働環境の改善だけではなく、最近では報酬水準の引き上げも大胆に進めている。

「弊社も近年はベースアップを積極的に行っています。金額も毎年増やしていて、今年の4月には5０００円程度のベアを実施しました。特に、高卒の初任給は大幅に引き上げています。5年前くらいには16万円くらいでしたが、足元では18万5０００円まで引き上げました。これに連動して若い人の給与を上昇させ、少し前の世代の先輩方にはちょっと申し訳ないというくらい抜本的に上げています。

それでも高校生を採用できるかどうかと言えば、簡単ではありません。高校生の進学率が上がって東京に人材の流出が続いていますから、今年の夏も何人来るかはひやひやしています。入った後も、毎年給与が上がっていくと感じてもらわなければやめてしまう。弊社としても、人材の引きとめには全力を尽くしています。

これとは別に、除雪作業の方では、農家の方を臨時のアルバイトとして雇っています。こちらも時給水準が数年で15%くらい上がっています。除雪作業のバイトは会社間の取り合いなんです。引き抜きでこういう条件を持ちかけられたぞとアルバイトの方の間で話が回っているようです」

発注者に事業者が選ばれる時代から、事業者が案件を選ぶ時代に

人手不足が深刻化することで、各社が競って働き方の見直しを進め、報酬水準を引き上げる状況に変わった要因として、大井氏は建設業界全体の構造変化をあげる。

「今は人手不足で受注を取りたくても取れないという会社が増えています。利益を見込めそうな工事は15社とかいきますが、そうでない案件は1社入札とかもあります。たとえば橋梁《きょうりょう》の補修工事などは利益が出にくく、入札不調の工事がどんどん増えてきました。最近は発注者から取ってくれという電話がかかってくることもよくあります。建設会社が十分な人材を獲得できない中、事業者が案件を選ぶ時代に変わってきているのです。

時代をさかのぼると、リーマンショック後、民主党政権になったころは公共事業が大きく減り、安い案件を企業が取り合っていた時代がありました。昔はどの会社も人手が十分にあって、なりふりかまわず案件を取りに行っていました。その時代からすると今の状況は考えられないことです。建設業界全体の局面が変わってきたのは、おそらく平成25～27年（2013～2015年）頃が境目だったと思います。そのくらいの時期から急速に人手不

足感が強まってきて、現在もなおその流れが続いています」

政府や地方自治体の公共事業関係費は1990年代後半から2010年代の初めころまで減少傾向にあったが、近年ではやや回復している。今後の建設投資の需給はどのように推移していくだろうか。

人口の長期的な減少が確実視されるなか、道路や橋梁などインフラの新規投資の需要は減少していくと見込まれる。一方で、日本の社会資本ストックは高度経済成長期に集中的に整備され、今後急速に老朽化することが懸念されている。そうなると、既存インフラの維持・修繕のための需要は引き続き底堅く推移していく可能性が高いだろう。生産年齢人口が急速に減少してサービスの供給主体の人口も減っていくなかで、経済の需要の減少と供給能力の低下はどちらが速いスピードで進むのか。大井氏の見解は以下のようなものだった。

「今後、酒田市も人口減少が進んでいくので、工事の数自体も減っていくと思います。ただ、工事数の減少よりも、建設業の成り手の不足の方が間違いなくスピードが速いです。実際に、地域に暮らす若者の数がすごいスピードで減っていますから。

今の時代は幸いなことに工事の数が多いので、工事を受注できなくて経営が危機に陥ることはなくなっています。ただ、他社の話では人手が不足しているせいでこれまで3つの工事を組めたのが一つしか組めなくなっているというような話も聞こえ始めています。いくら案件がたくさんあっても、仕事を請けられなければ売上が立ちません。賃金水準が上昇する中で、利益水準が下がっている会社もあるようです。

これからの時代、工事が受注できなくて倒産する企業はないでしょう。しかし、人手が確保できずに倒産するということはありうると思います。現在はまだ同業者が倒産したみたいな話は出ていないのですが、今後は間違いなく人手不足倒産が多発すると踏んでいます」

労働集約産業の警備業界

建設工事の現場は危険が多く、作業員や周辺住民の安全管理のためには警備員による交通誘導が欠かせない。株式会社セキュリティ庄内は庄内エリアを中心に警備業を事業として営んでおり、建設会社などの発注を受けてあらゆる現場の警備業務を請け負っている。

同社の警備業務は施設などを対象に常駐・巡回を行う施設警備業務、道路工事の現場などにおいて通行者の安全確保と車両誘導を行う交通誘導業務、そのほか雑踏警備業務、列車見張業務などで構成される。

この業界は高齢就業者が非常に多い業界である。同社は30人の従業員のうち55歳から70歳の従業員が4割強を占める。もともと高齢者が多い業界であったが、近年では同業他社も高齢の従業員が多くなっており、若い従業員は一昔前と比べて大きく減った。セキュリティ庄内でも人員の確保・定着が経営上の最重要課題となっている。以降、セキュリティ庄内常務取締役・阿部学氏の話を紹介したい。

「求人をかけていますが、いまでは若い人が応募してくることはほとんどありません。この十数年間は新卒の求人はかけても採れないので募集をかけること自体をやめています。

過去、私たちの業界も新卒で人材が採用できていた時期がありました。リーマンショック後の他社の求人が急減していた頃に、多くの若い方が警備業界に入ってきた時期がありました。弊社でも当時10人くらい面接して5人採用しました。ただ、残念ながら彼らは給与水準の低さなどを理由にほとんどやめてしまいました。他社でもそのときに採った人材はほぼ全滅していると伝え聞いています」

警備業界では建設会社などから仕事を請け負うため、警備業務の対価は発注者である企業から支払われる。しかし、建設会社としても自社の利益確保のため、警備料金は労務単価を目安に厳しく抑制されている。警備員の報酬は業界の慣習として日給で支払われる。そして、警備員の日給水準は過去から現在に至るまで激しく変動してきた。

「この業界は人を集めないと仕事が始まりませんから、どうしても労働集約的にならざるを得ません。従業員の日給水準は時代に応じて大きく変動しています。現在の水準は90

00円くらいです。ただ、今は従業員には社会保険にしっかりと加入させていますし、有休も整備して、賞与も支払っています。今はこうしたもろもろの福利厚生など賃金として見えない部分で企業が負担している額が相当あります。

2000年頃を振り返ると、当時は酒田のエリアですと日給が8000円くらいからというのが相場でした。ただ当時は、社会保険に加入できない人もたくさんいましたので、実質的な報酬水準は現在よりも全然低かったです。そもそも建設会社から支払われる報酬の額も低かったので、社会保険に加入させることが難しいのです。

ただ、当時は待遇が悪くても警備業界に入ってくる人材は十分にいました。仕事を求める人が世の中にたくさんいたからです。リーマンショック後には先述のとおり警備業界に多くの人材が流入してきました。当時、従業員の日給は一番低いときで5800円くらいにまで下がったと記憶しています」

豊富な人手が、過当競争とサービス価格低下を引き起こした

従業員の報酬水準は労働市場の需給に応じて変動する。需給が緩めば給与水準は下がり、逆にタイト化すれば給与水準は上がる。そういう意味で言えば、労働供給のプールが潤沢にあった2000年代は労働市場の需給が緩み、賃金が抑圧されていた時代にあったと位

置付けることができる。

潤沢な労働供給が与える影響は、労働市場の内部のみにとどまらない。労働市場の需給変化があらゆる業界の競争環境を変動させ、財・サービス市場にも影響を与えていたとみられるのである。

阿部氏に提供いただいた資料をみると、庄内エリアの警備料金は2000年頃には1万5000円くらいであったが、リーマンショック後には8000円ほどまで低下し、そこから人手不足によって大きく回復し、足元では2万3000円くらいに上がっている。警備料金と警備員の日給水準は連動する。そして、その因果は一方通行ではない。警備料金が安いから警備員の日給を十分に払えない事情があるのと同時に、安い日給で働く人がいくらでもいるから、それに伴って警備料金が下がるのである。

「現在、酒田で警備業を営んでいる会社は13社ほどあります。そのうち2社は大手企業の営業所になります。そのほかは私たちみたいに小規模で事業を営んでいる会社です。弊社でも大きいほうですね。過去にはもっとたくさんの会社がありました。2000年代には、警備会社に勤めている方が独立し、安さを売りに新規参入する会社が後を断ちませんでしたから。それもやはり人材が容易に確保できたからでしょう。この業界の仕事は極端に言えば人さえいれば成り立つ商売なのです。

それで何が起こったかというと、警備業を営むプレイヤーの数が増えて競争が激しくなるわけです。新しくできた会社は、うちではもっと安い料金でできますと建設会社に営業します。こうした企業と戦うためには、既存の企業も安い料金で請け負わざるを得ません。豊富な人手が過当競争を引き起こし、建設会社からも厳しい価格交渉に遭います。結果的には、ダンピングとも言えるような事態が横行しました。それが受注単価の低下につながり、ひいては従業員の日給のさらなる低下にもつながったわけです」

過去、建設業界からの激しいダンピングに遭うなかで、警備業界は安い労働力を大量に活用し薄利多売《はくりたばい》で利益を上げることを選択してきた。ただ、阿部氏の話を聞けば、それが企業の自律的な意思であったというよりも、市場メカニズムが企業にそのような行動を強いたというほうが正確に思える。

しかし、ここ10年ほどで警備業界が直面する市場環境は大きく変わってきている。近年では庄内エリアでも人がどんどんいなくなるなか、過去と同じような賃金水準で人手を集めることは不可能になってきているからである。

「警備業界も今まで以上に高い給与水準や福利厚生がないと他業界に従業員が流れていきます。いまは募集をかけても、安い報酬では見向きもされません。逆に言えば、やっと警備員の方に仕事に見合うだけの報酬を支払うことができる業界になりつつあるのだとも言えます。

業界の市場構造も変わってきています。過去、安い警備料金で庄内エリアを席巻《せっけん》してきたある会社は、全盛期に80名くらいの従業員を有していましたが、その後従業員が急速に減少して廃業しました。そのほかに従業員数が大幅に減っている会社も含めると、そういう会社が庄内エリアでも4社ほどあります。これからは従業員にきちんとした待遇を用意できる企業だけが生き残っていく時代になるはずです。

地方公共団体など発注元の意識も変わってきています。限りある人材を有効に活用するためには、公共工事の平準化や工期の柔軟化など繁閑《はんかん》の波を抑える仕組みが必要不可欠です。私たち業界としても建設業界などと連携して、国や地方自治体に労働者が働きやすい環境を整えるよう、働きかけを強めていきたいと思っています」

衣料品事業から介護事業へ

続いて訪問したのは両羽商事専務取締役の鈴木健史氏。昭和24年（1949年）4月に創業した同社は、現在「介護事業部」と「ユニフォーム事業部」を2本の柱として事業を行っている。

「当社は、創業当時は呉服問屋を営んでいました。バブルのときは地域の小売店に婦人服を卸していまして、婦人服の事業で20億ほど稼いでいた時期もありました。ただ、バブル崩壊以降は地域の小売店が次々と閉店し、大型ショッピングモールやＥＣなどに需要が奪われてしまいました。このため、今では婦人服事業はたたんでいます」

衣料品の事業ではユニフォーム事業だけが残り、これは両羽商事における事業の一つの柱となっている。地域の建設会社から作業服の発注を受けたり、クリニックからは白衣の発注を受けたりと、企業のユニフォームを作りたいという依頼を受けて商品を届けるのが事業の内容となる。

もう一つの主軸となっているのが介護事業。介護用品の販売レンタルを手掛けており、介護が必要になった利用者に対して介護用ベッドのリースを行ったり、バリアフリーの依頼を受けて間取りの設計を行ったりといった事業である。

「介護事業が始まったのは、介護保険法が施行された２０００年頃です。当時、確かタクシーの運転手さんに『おたくは介護ビジネスはやらないのか』という話をされて、そこから始まったと聞いています。ユニフォーム事業は売上が少しずつ下がっていっているのですが、介護事業は始まってからずっと右肩上がりで成長しています。介護事業の方が利益率も高いですし、いまではそちらの方が事業の中心になってきています」

同社における仕事の内容は営業が中心になる。ユニフォーム事業では、新しいユニフォームを発注してもらうためには新規の顧客を常に獲得し続けなければならない。そのためには企業の経営者と信頼関係を築くための営業活動が必要になる。人材の確保に関しては、同社では中途採用ですべてまかなっているが、採用状況はユニフォーム事業と介護事業では大きく異なる状況にあるという。

「新卒採用は昔はやっていたのですが、今はもう採れないので中途採用だけです。ただ、その中途採用も近年では厳しくなってきました。ユニフォーム事業では募集をかけても応募者が集まりません。仮に採用できても長く続かないケースも多くなってきました。営業という仕事はそもそも必要としていない人に対して買ってもらうように需要を作り出すという側面があるのですが、現在は商品をほしい人がほしいときに必要な分だけ買うというような時代ですから。時代と逆行している部分も否めません。特に若い人はこういった仕事の仕方にあまり良い印象を抱いていないように感じます。

ただ、介護事業の方は実は状況が異なっていて、採用はかなり堅調なんです。若い人を中心に介護の仕事で働く人は全国的に増えていますから。介護のマーケットもしばらく拡大していくことが予想されるので、若い人は将来性を見込んで参入しているのでしょう。当社では介護施設で働く方よりも良い待遇を提示することができるので、介護事業では女性を中心に採用はなんとか増やすことができています」

大幅に増える女性従業員、労働時間は大きく減少

同社の従業員は現在およそ30名。従業員の性・年齢構成は過去から大きく変わっている。これまで営業を担う社員はほとんど男性であったが、介護事業が成長するにつれて従業員の女性比率が高まり、いまでは子どもをもつ女性も事業の主戦力となっている。

働き方も過去から大きく変わった。十数年前は夜遅くまで働くことは当たり前であったが、いまではほとんどの社員が家庭の時間を優先し、定時の16時30分には仕事を終える。

「昔はハイエースに衣服を詰め込み、売れるまで帰ってくるなと、そういう営業をやっていました。ただ、もうそういう時代ではありません。国からも働き方改革を要請され、労働者側も労働条件をよく吟味《ぎんみ》する時代に変わってきています。この前中途で採用した人は、募集要項の『基本残業なし』という項目が決め手になって弊社を選んでくれたと聞きました。

私の部署にも若手のエースがいます。彼は非常に優秀で営業の数値も抜群です。ただ、彼も定時になると仕事を切り上げてきっぱりと帰っていきます。従業員により良い労働環境を用意しなければ、優秀な人を採用し、定着させることはできない時代になってきたと切実に感じています」

従業員の労働条件の改善に力を入れる中、短い労働時間で企業の業績を維持することは簡単なことではない。同社もここ最近で商品・サービスの価格を3％程度引き上げた。しかし、人件費単価の上昇圧力に加えて、商品の原価や運送料も上昇を続けており、企業利益を確保する難しさは増している。

「当社でも働き方の見直しを行って以来、短い時間で成果を出せるように従業員全員が生産性高く仕事をするようになりました。ただ、介護事業はたとえばベッドのリースにあたって、それがなぜ必要なのかを丁寧にカルテに書かなければいけません。必要な書類が山ほどあって、時間内で仕事を終わらせるためにみなが作業に忙殺されていて、生産性を高めるのももう限界だとも感じています。

世の中では賃上げの動きが広まっています。地域では働ける人が減少していく中で、当社としても優秀な人員を確保するためにもさらなる労働条件の改善や賃上げは考えていかなければならないでしょう。ただ、労働者にとってこうした流れは好ましいことなのでしょうが、その原資はどこから出すのでしょう。これ以上待遇改善の動きが広まっていくことに関して、経営者としての危機感は少なからずあります」

高齢化する新聞配達員

株式会社平野新聞舗代表取締役社長の佐藤一則氏へのヒアリングを最後に紹介したい。同社は新聞配達、新聞の折り込み広告、チラシやDMなどのポスティング、広告の印刷業務などを手掛けている。主力事業は新聞配達。地元紙の山形新聞をはじめ、朝日新聞、日本経済新聞、日刊スポーツなどさまざまな新聞を取り扱い、新聞社から仕入れた新聞を各戸へと配達する業務を行っている。

「新聞を取る人は時代とともに少しずつ減ってきています。ただ、弊社ではいまでも酒田市内を中心に1万数千部を配達していまして、近年は人手不足で配達がしきれなくなってきています。だいたい毎日1000部ほどは配達担当でない従業員が手分けをして配っています。慢性的な人手不足に悩まされていますが、特にコロナ直前の2010年代後半あたりから、ますます厳しくなっている印象があります。配達スタッフも徐々に高齢になっていて、最近では、朝突然、『体調が悪い』とか、冬には『転んだ』、といった連絡が入ることが頻繁にあり、どんどん配達員が離脱しています」

インターネットの普及などから新聞の購読者は酒田市でも急速に減少しているが、それにもかかわらず従業員の負荷は減っていないという。新聞配達のビジネスは広域での配達エリアが決まっているため、配達の密度が増すほど効率が高まる。つまり、配達員の業務負荷は配達量の減少に比例して減少するわけではないのである。

こうしたなか、平野新聞舗でも年々従業員の採用が難しくなっていることから、従業員の報酬水準を引き上げている。同社では配達員の給与は出来高で支払っている。1部当たりの報酬額は、3年前に3割超引き上げた。新聞の価格改定に合わせて販売店の1部当たりの利益も幾分増えているが、従業員への支払いが増えるなかで十分な利益を確保することは難しい。

「配達スタッフの平均年齢は60代半ばです。最年長は86歳、80代前半の配達員も何人かいます。多くの配達員は20年選手、30年選手です。昔は多数の若い学生さんがお小遣いを稼ぐためにアルバイトとして配達を手掛けていましたが、近年では若い方が減っているのに加え、新聞配達のような大変な仕事をやりたくないという人も増えていて、採用が非常に難しくなっています。

健康で元気な高齢者が多くなっているのは頼もしい限りです。ただ、現役世代が働くのとは違う配慮が必要ですし、いずれ働けなくなる日が必ず来ます。そうなれば事業の継続自体が難しくなるでしょう」

進行する人口減少と外国人労働者の活用

従業員の年齢構成の高齢化が進み、人材獲得のためには報酬水準も引き上げざるを得ないが、経営としては利益の確保も考えなければならないなか、同社はぎりぎりの選択を迫られている状況にある。ここからは、全地域にユニバーサルにサービスを提供していくというこれまで新聞配達という事業が地域に果たしていた役割を諦め、利益が出るところに集中してサービスを提供することも考えざるを得ないという。

「弊社の配達エリアは広域で、酒田市の中心部もあれば、東北部の八幡《やわた》地区や東平田地区などの区部もあります。市の中心部はまだまだ人が多いので配達効率は良いですが、後者のような区部に一戸一戸配達するのは、ビジネスとして限界が来ていると思います。このため、ここ数年で、区部については、毎朝区長さんにまとめて配達をする形に変更をしました。それでもなんとか損益分岐点を少し割るくらいのレベルに抑えられているというくらいです。

私は市のインフラを検討する委員もやっているのですが、区部なんかはたとえば昔は200人いた地域が、いまはもう5人になってしまっているところなどがかなり出てきています。こういった地域に水道なんかのインフラを維持・修繕、または新調したりすべきかという議論をしています。市役所は議員の票の問題もあるからか無理だとは言わないのですが、誰かがもうできないんだと言わないといけないと私は思っています。ビジョンを持ったリーダーがコンパクトシティを目指すんだと、思い切ってやらないと地域全体が共倒れになってしまいますよ」

これから人口減少が進んでいく中で、すべての地域が横並びで発展していくという未来は実現することができない。企業も同様である。労働力人口が減少していく中で、すべての企業が痛みなくこれまでと同じように存続していくことは不可能だろう。

酒田市の人口が減少して人材の獲得がますます難しくなる未来を避けることができないなか、多くの経営者の視線の先には、海外の安くて豊富な労働力がある。

「私たちの事業の人手不足も深刻で、このままでは事業を営むことができなくなります。そこで、最近ではミャンマーからのインターン生の受け入れを始めました。もちろん来てもらう以上は、海外の人に満足して仕事をしてもらえるようにしっかりとした環境を整えています。

渡航費用やブローカーへの費用の一部負担、仕事をしているときの部屋の用意までしています。それでも海外の人はやる気をもって一生懸命に働いてくれますから。酒田では若い人がどんどん減っているので、元気な人に働いてもらいたいと思えば、もうこういった人材に頼らざるを得ないのです」

経済の局面は地方中小企業から変わり始めている

ここまで、山形県酒田市で行った企業経営者へのインタビューを通して、地方都市で事業を営む中小・中堅企業の現状を解説してきた。

経営者の話から、地方経済において、経済の局面は明らかに変わってきている様子がうかがえる。少子高齢化による影響に都心への人口流出なども相まって、地方経済においては若い労働力が急速に減少している。一方で、過去の予想に反してサービスに関する需要は堅調を維持している。その結果として労働市場の需給はひっ迫し、人手不足が深刻化しているのである。

人手不足の深刻化は企業の行動変容を促す。近年、多くの企業で労働力の確保は経営上の死活問題となっており、そのためには否《いや》が応でも従業員の労働条件の改善を行わざるを得なくなっている。そして、従業員の労働条件の改善は企業にとっては利益を圧迫する要因となっており、今後は生産性を高めるための取り組みを成功させなければ市場において生き残っていくことはできないと、経営者は危機感を強めている。

マクロの日本経済の状況に目を転じれば、景気回復が続く中で賃金上昇の動きに世の中の注目が集まっている。多くの人が特に着目しているのは、春闘《しゅんとう》など首都圏の大企業を中心とした賃上げの動きだろう。連合の調査によれば、2023年の春闘賃上げ率は3・6%を記録し、30年ぶりの水準を記録している。物価高騰で人々の生活が厳しくなるなか、大企業の正社員を中心とした賃金上昇の広がりが世の注目を集めているのである。

それに比べて、地方経済や中小企業の実態というのは、どうしても世の中の議論の中では隠れがちな側面がある。しかし、東京に本社を置く大企業と地方都市に拠点を構える中小企業では、直面している労働市場の局面は明らかに異なった段階にある。地方の企業が直面している局面は、大都市の企業のように儲かっている利益を従業員に還元するという次元にはもはやない。地方の企業は人手不足が深刻化するなかで、賃金をはじめとする労働条件の抜本的な改善を行わなければ、容赦《ようしゃ》なく市場から淘汰《とうた》される圧力にさらされているのである。

個々の労働者とすれば、情報技術が発展した現代において、地元の企業と大都市圏の企業との労働条件の格差は手に取るようにわかるようになっている。そして、情報が可視化された現代において、多くの労働者は豊かな生活を送るためにも、目の前にある就労の選択肢の中から合理的に選択を行っている。

こうしたなか、地域の良さをPRするだけの取り組みでは若者を引き留めることはもはや困難になっている。安い賃金で長時間働かされるような仕事しか見つからないのであれば、労働者は大都市圏に活躍する場を移すだけだ。企業における労働条件の抜本的な改善なくして若者をその地域に引き留めることは到底不可能である。過去、デフレーションが進行したバブル経済崩壊以降の局面においては、企業は安い労働力を活用することで生じた余剰を企業の利益として計上することができた。このような過去を振り返ってみれば、経済の局面は過去の局面と明らかに異なる状況にあることを理解することができるのである。

近年の日本経済の構造の変化。これはどのようにして引き起こされているのだろうか。本書ではさまざまな統計データや企業の事例を追いかけながら、近年の日本経済の構造を解説していく。そして、人口減少経済の行きつく先を考えていくこととしたい。

第1部　人口減少経済「10の変化」

変化1　人口減少局面に入った日本経済

あらゆる変数が複雑に影響し合う経済現象。これを正確に予測することは難しい。さまざまな経済指標の中で最も精度が高く予想可能であり、かつ最も影響力が大きいと考えられる変数が人口である。まずは人口動態の変化を出発点として、現在から将来にかけて経済がどのように変化していくかを考える。

人口は加速度を増して減少していく

改めてこれまでとこれから先数十年間の日本の人口の推移を確認する。1960年に9300万人だった日本の人口はそれ以降ほぼ単調に増加し、2007年に1億2777万人とピークを迎えた（**図表1-1**）。そして、2007年以降は人口が緩やかに減少し始め、2023年の10月時点では1億2434万人にまで減っている。

人口が減り始めたのは2000年代後半以降であり、既に日本は20年弱の期間の人口減少局面を経験しているが、人口減少が社会全体に与えている影響はまだ限定的である。というのも、グラフからもわかるとおり、人口のピーク周辺の変化率は小さな変化幅にとど

図表1-1 人口の推移

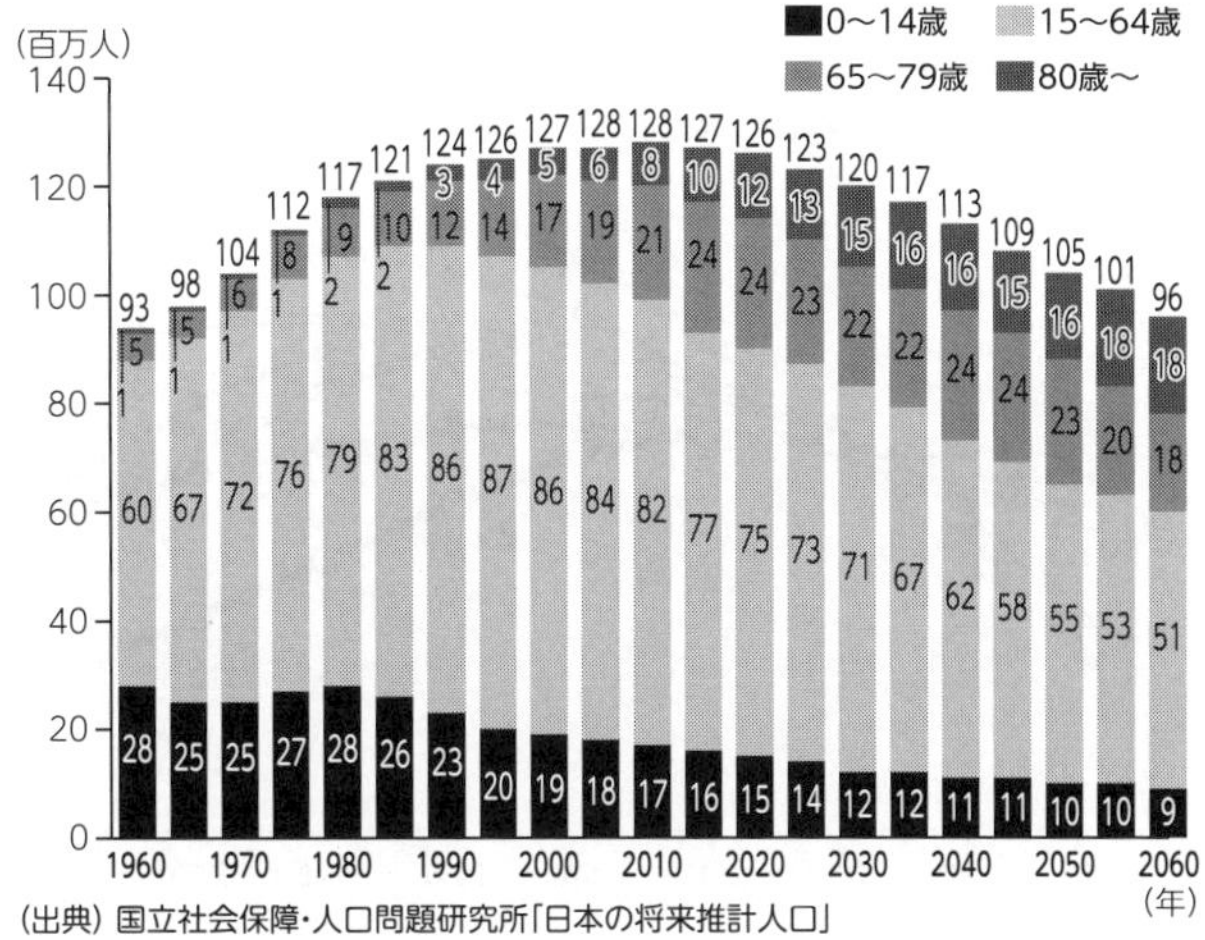

(出典) 国立社会保障・人口問題研究所「日本の将来推計人口」

まり、しばらくはゆっくりと山から下りる形で人口は緩やかに減少する。そして、山から少し離れたところで減少率は加速する形となる。

実際に国立社会保障・人口問題研究所(社人研)の人口予測を遠くから眺めると、いまは人口の減少スピードが少しずつ加速し始めている局面となっている。人口減少の速度を算出すると、2010年から2015年までの5年間の人口の年率の増減は0・15%減。2015年から2020年も0・15%減と緩やかな減少にとどまる。その後は、2020年から2025年が0・46%減、2025年から2030年は0・52%減、2030年から2035年は0・59%減、

図表1-2 主要先進国の人口予測

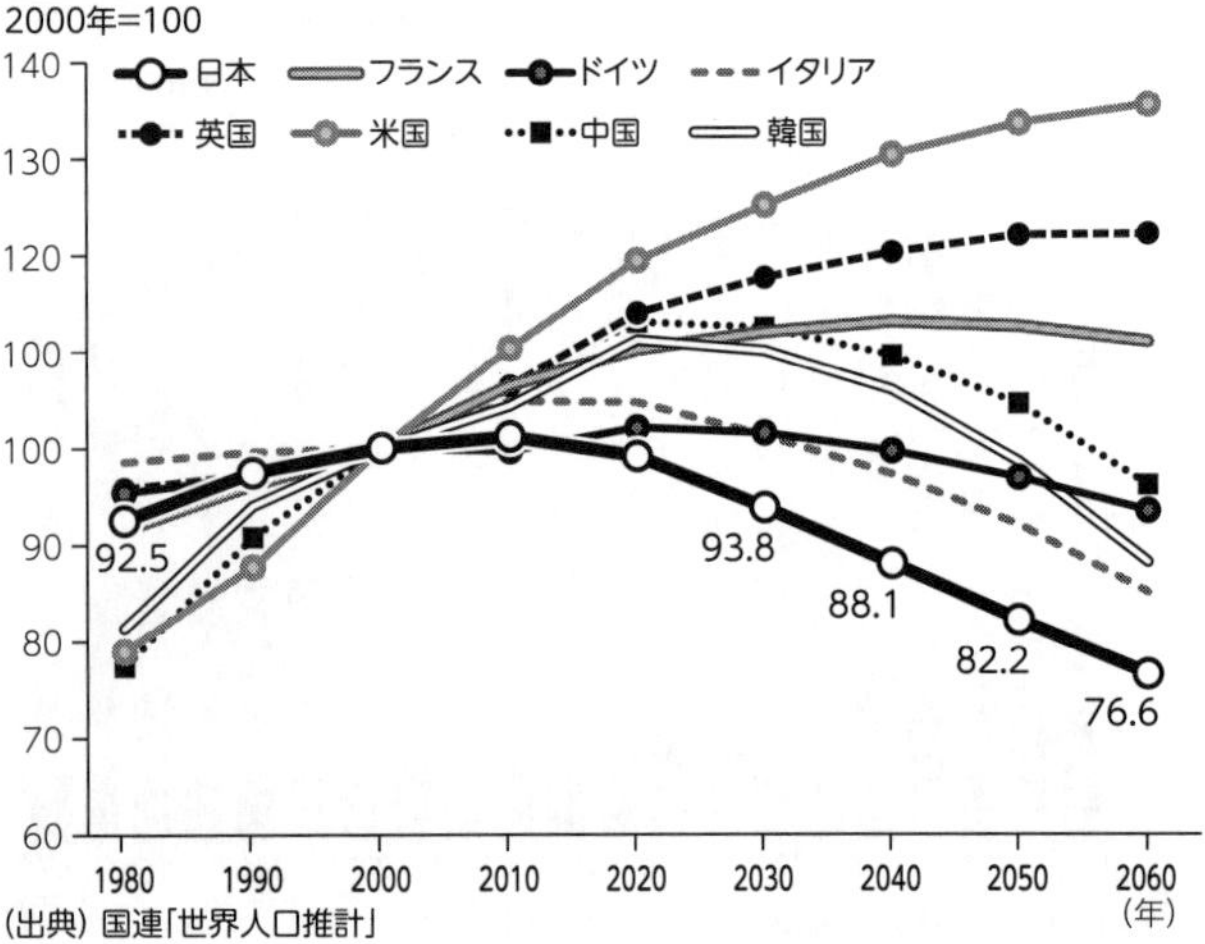

(出典) 国連「世界人口推計」

2035年から2040年は0・66％減と、人口は今後加速しながら減少していく。

人口動態の変化は社会や経済に大きな影響を与えると予想される。そして、その影響の大きさはグラフでみるところの傾き、つまり人口の減少率に依存すると考えることができる。そのようにして考えてみると、2024年の現時点はまさに日本社会が人口減少の加速していく入り口に立っていることがわかる。そして、これから私たちは人口減少経済とはどのようなものなのかを身をもって経験することになるのである。

諸外国と比較してもこれからの日本の人口減少のスピードがいかに急速である

かが理解できる。**図表1－2**は国連が公表している人口予測を主要先進国で比較したものである。2000年を100としたとき、日本の人口は2020年に99・1、2030年に93・8、2040年に88・1、2050年には82・2まで減少する。主要先進国と比較してみると日本以外で最も人口減少が深刻であるイタリアであっても、2050年時点で92・1としばらくはゆっくりとしたスピードの減少になる。中国や韓国も長期的にみれば日本と同様の超人口減少社会を迎えることになるが、減少の速度が加速していくのは少し先になる。フランスに関してはしばらく一定水準で維持される見込みであり、英国や米国に関しては今後も堅調に増加する予想となっている。

前期高齢者は減少し、超高齢者が増える

経済に及ぼす影響という意味で大きな要因の一つは、人口そのものが減少していくことにある。そして、第2には人口減少に伴う高齢化による影響を指摘することができる。人口減少は生産や消費の減少要因になることから、経済規模に直接的な影響を与える。一方で、高齢者人口比率の上昇といった年齢の構成比の変化は、経済規模というよりも、経済の需要と供給のバランスに影響を与えると考えられる。

年齢構成も近年大きく変化してきている（**図表1－3**）。日本の人口動態においては団塊

図表1-3 日本の人口動態

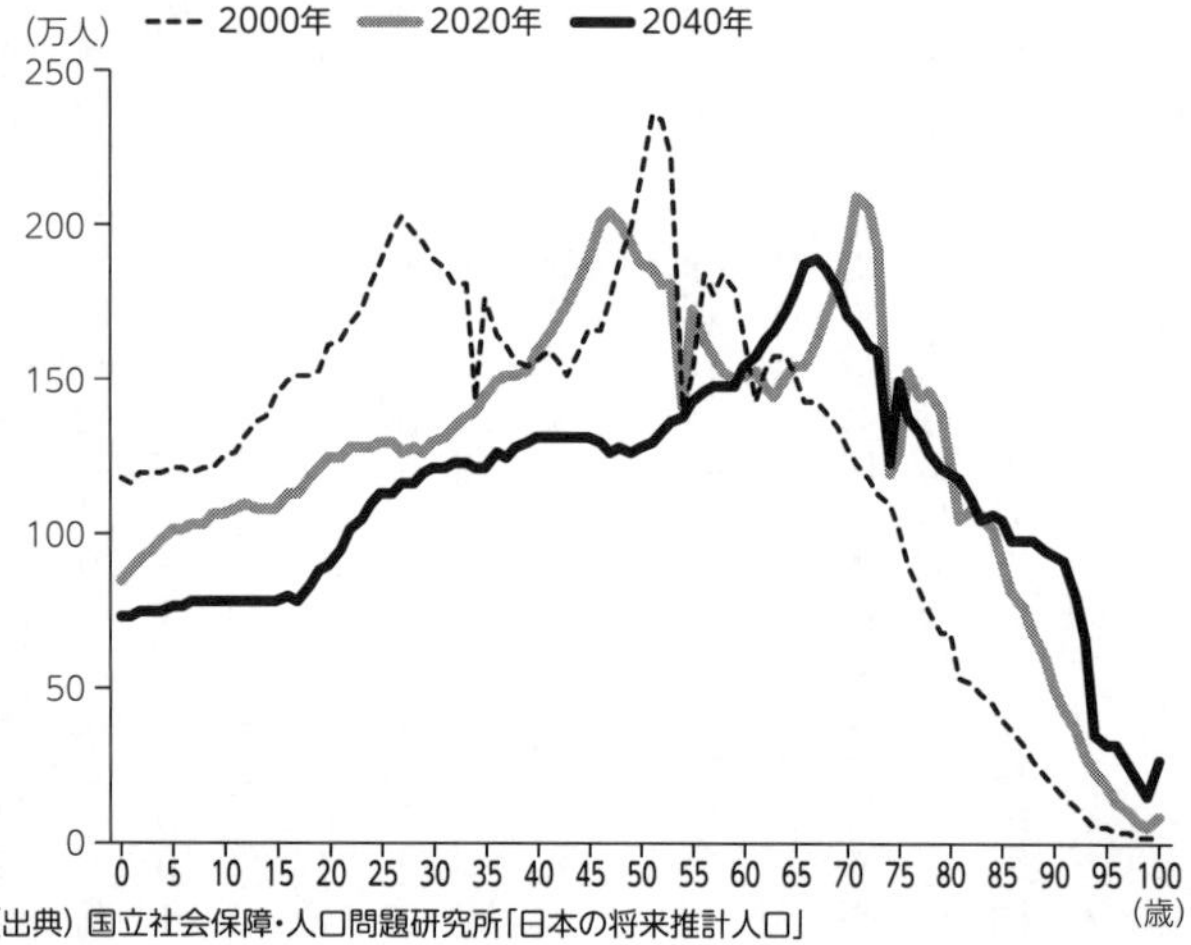

(出典) 国立社会保障・人口問題研究所「日本の将来推計人口」

世代の影響が大きく、２０００年時点で団塊世代は概ね50歳前後、２０２０年時点で70歳前後にあたっていた。団塊世代の年齢に応じて日本全体のピークの年齢層は変化しており、２０４０年の予想をみると、90歳前後に山が移行していることがわかる。その結果として、15歳から64歳の生産年齢人口は２０２０年の７５０８万人から２０４０年の６２１３万人へと、この20年間で１２９５万人減る。生産年齢人口の減少は過去においても進んでおり、２０００年から２０２０年までの減少幅も１１２９万人と過去から継続して減り続けている。

　高齢者人口の推移に目を転じると、高齢化率は２０２０年の28・6％から２０

図表1-4 高齢者人口比率の推移

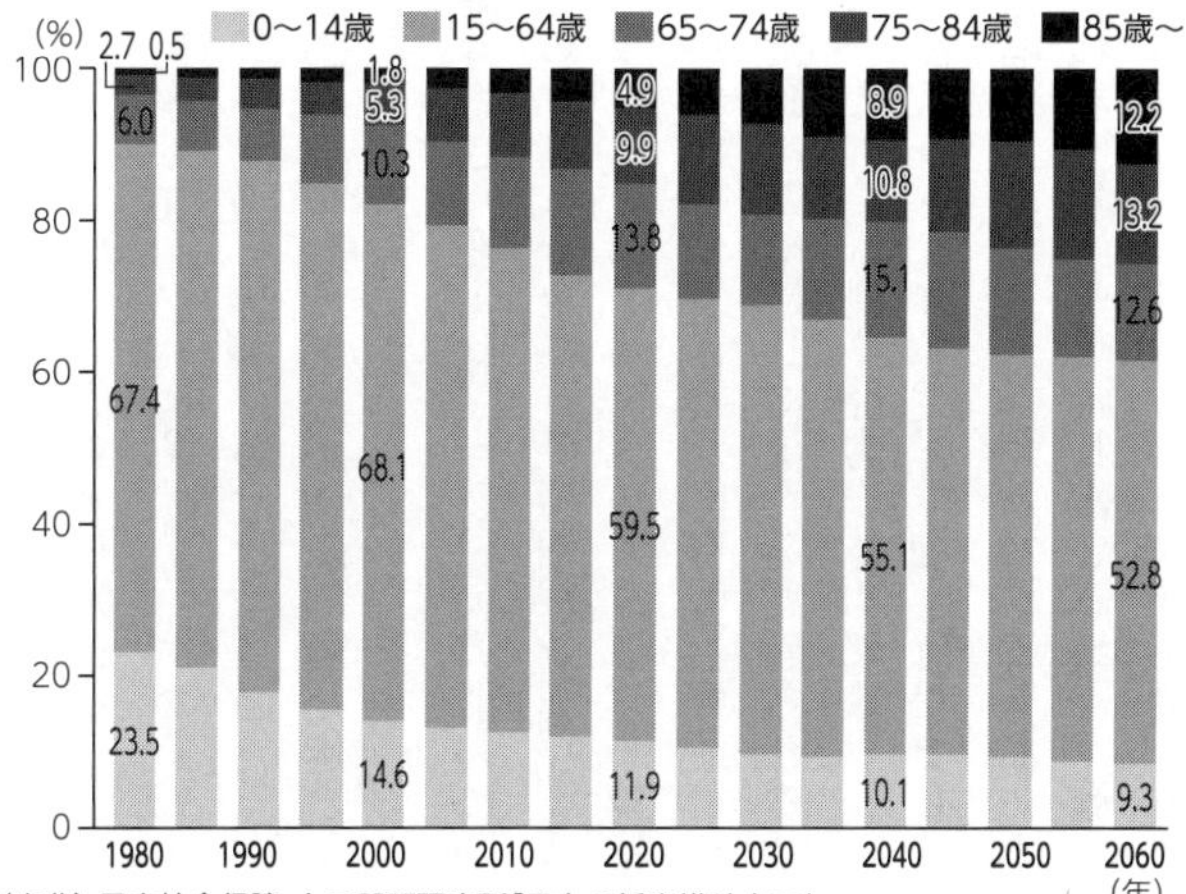

(出典) 国立社会保障・人口問題研究所「日本の将来推計人口」

４０年に34・8％まで上昇し、２０６０年には37・9％にまで達する見込みとなる（**図表1－4**）。そして、高齢者人口の中身をみていくと、高齢者の中の内訳もまた変わっていく。

統計上は65歳を基準に高齢者というくくりで一口にまとめているが、老年医学の領域においては、たとえば65～74歳を前期高齢者、75～84歳を後期高齢者、85歳以上を超高齢者と分類している。また、日本老年学会・日本老年医学会では、平均寿命の延伸や高齢者の健康状態の良化などを背景に、65～74歳を准高齢者、75～89歳を高齢者、90歳以上を超高齢者と分類するよう提言を行っている。

85歳以上人口の比率をみると、２００

0年から2020年の間は1・8%から4・9%へと増加した。そして、2020年から2040年にかけては4・9%から8・9%へと引き続き増えていく。一方、65～74歳人口の比率は10・3%（2000年）から13・8%（2020年）へと増えたのち、2040年には15・1%と推移する。

高齢者の中でも年齢が比較的若い層と年老いた層では経済社会との関わり方は大きく異なる。

最も大きな変化は、当然、就労能力に関するものである。総務省「国勢調査」の2020年の結果をみると、60歳時点の労働力率は74・3%であるが、70歳時点では38・3%に、80歳時点では12・8%まで下がる。90歳時点では3・3%となる。高齢期に就労をするかどうかの判断は、自身が保有する資産や年金給付額の多寡《たか》のほか、労働をした場合に得られる賃金などに応じて決まるとみられる。しかし、こうした意思決定メカニズムにかかわらず、そもそも働く能力や体力がなければ働くことはできない。60代半ばから70代までの高齢者については、無理のない範囲であれば働く能力がある人も多いが、80歳前後から超高齢者の区分に差し掛かっていく年齢においてはそもそも働ける人は少数派になる。政府がどれだけ就労を奨励したとしても、健康上働けない人を働かせることはできない。

消費構造も年齢によって大きく異なる。詳しくは後述するが、年齢が相対的に若い高齢者は医療や介護サービスの消費は比較的少ない。一方、年齢が高い層では医療・介護サービスの消費量は急速に増える。年齢を重ねるごとに人手を介したサービスへの需要が高まることで、労働市場や財・サービス市場の需給に多大な影響を与えることが予想される。

現在、日本経済は長期にわたる厳しい人口減少局面の入り口に立っている。いまは、ジェットコースターの頂上から少し下ったところで、その加速度の激しさに動揺している状態にあるとたとえることができる。人口増加局面から人口減少局面へ移行すると同時に、日本経済はこれまでに経験したことのないパラダイムの変化を経験することになる。近年、その兆候はいたるところに見えている。引き続き、人口減少経済への移行に付随して起きている経済の変化を概観していこう。

変化2　生産性は堅調も、経済成長率は低迷

日本のGDP（国内総生産）は、長い間米国に次ぐ世界第2位の規模にあった。しかし、2010年頃に中国に抜かれ、直近ではドイツに逆転されて世界第4位にまで順位が下がっている。人口と経済との関係を考えたとき、人口減少が必然的に経済の低迷を引き起こすわけではない。しかし、労働力は経済の重要な投入要素の一つである。人口減少は経済にどのような影響を与えるだろうか。

実質GDP成長率は主要先進国で最悪のパフォーマンスに

図表1－5は内閣府「国民経済計算」から実質GDPと名目GDP、GDPデフレーターの推移を取ったものである。

改めて実質GDPの過去からの推移を確認すると、1980年代の10年間は57・3％増加していた（269・7兆円→424・2兆円）。しかし、1990年代は13・8％（424・2兆円→482・6兆円）、2000年代が5・8％（482・6兆円→510・7兆円）、2010年から2022年は7・4％（510・7兆円→548・6兆円）と近年の経済成長率は緩やか

図表1-5 実質GDP、名目GDP、GDPデフレーター

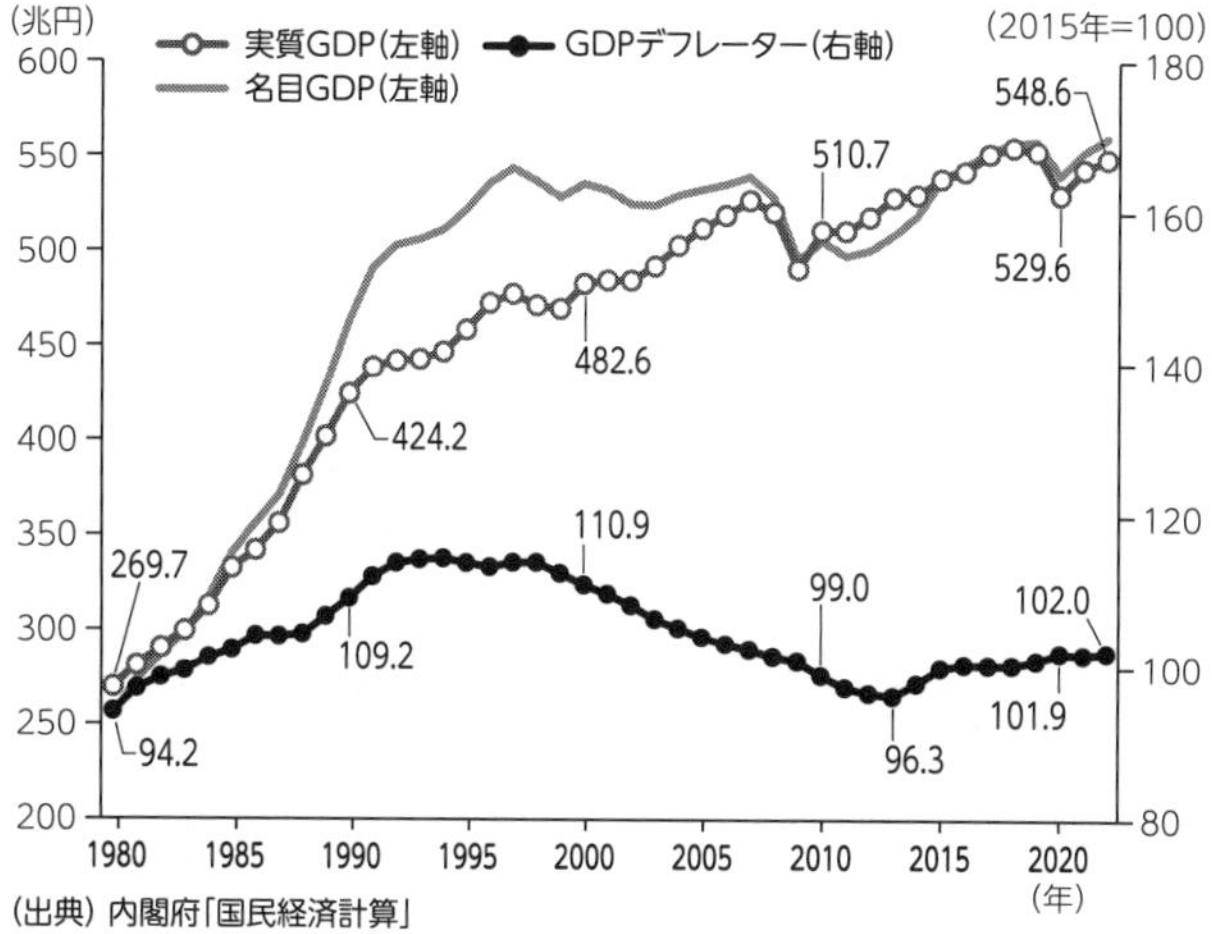

(出典) 内閣府「国民経済計算」

なものにとどまっている。

物価の動向を反映するGDPデフレーターに目を転じると、１９９０年代後半から２０１０年代前半にかけて長く数値は低下し、日本経済は長期にわたるデフレーションを経験してきた。しかしその一方で、２０１３年を底にGDPデフレーターは緩やかな上昇基調に転じており、物価の基調は２０１０年代半ば以降変わってきていることがわかる。

日本の経済の動向を主要先進国と比較しながら振り返ってみよう。人口が一定規模以上の先進国6ヵ国（米国、英国、ドイツ、フランス、イタリア、日本）について、実質GDPの推移を表したものが**図表1-6**である。

図表1-6 実質GDPと総労働時間、実質労働生産性の伸び（国際比較）

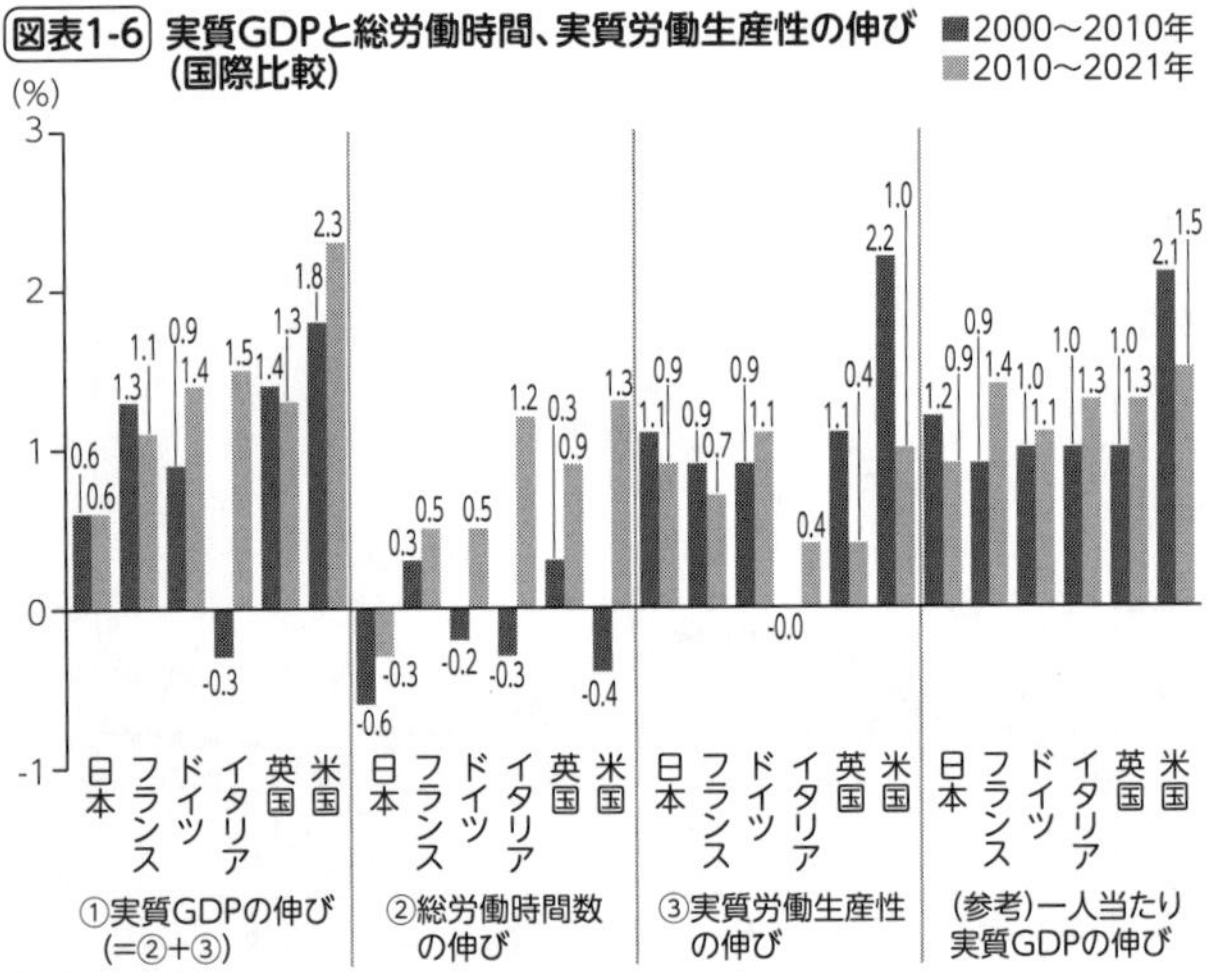

（出典）OECD

２０１０年以降の実質ＧＤＰ成長率（年率換算）を先進６ヵ国で比較すると、日本は最下位となる。実質ＧＤＰ成長率を上から順に並べていけば、米国が２・３％、イタリアが１・５％、ドイツが１・４％、英国が１・３％、フランスが１・１％、最後に大きく引き離されて日本が０・６％となっている。年率換算の成長率は、毎年その比率が積算されていくことになるため、コンマ数％の違いであっても長期的には大きな差になる。この10年ほどの成長率を主要先進国と比較すると、日本の経済はかなり悪いパフォーマンスであったといえるだろう。

経済低迷の主因は労働投入量の減少

続いて、供給面から日本経済の低い成長率の要因を探っていこう。実質GDPは、一国全体の労働投入量である総労働時間数に、1時間当たりの実質労働生産性を乗じて算出することができる。この計算式で考えれば、経済規模を拡大させるために必要なことは、労働投入量（総労働時間数）を増やすか、1時間当たりの労働生産性を高めるかという2点に集約することができる。このような関係性で経済の動向を考えたとき、日本の低い経済成長率をどう解釈できるだろうか。

先のグラフでは主要国の実質GDP成長率のほか、総労働時間数と時間当たり実質労働生産性の成長率も掲載している。日本の労働者の1時間当たりの労働生産性は、2000年から2010年の間は年率1・1％の伸び、直近の2010年から2021年までの間は年率で0・9％の伸びとなっている。近年の実質労働生産性上昇率はドイツが1・1％、米国が1・0％で日本はそれに次ぐ水準である。この結果を見ると、日本の労働生産性は主要先進国と比較してもわりと堅調に上昇しており、日本経済の低迷の元凶《げんきょう》が必ずしも労働生産性の低迷にあるわけではないことがわかる。

なお、これらの数字はいずれも1時間当たりでみていることは留意しておきたい。「一人当たり」ではなく「1時間当たり」としているのは、一人当たりでは働く時間が少ない高齢者の増加などによる影響をかなり受けてしまうため、本来の生産性の動向をみるのであればマンアワー当たりの生産性をみるほうがよいと考えるからである。

日本の経済成長率が他国と比べて低い原因について、労働生産性の低迷が原因ではないということは、裏を返せばその主因には総労働時間数の減少があるということが理解できる。他国と比較すればこの10年あまりで労働力が減少したのは日本だけであり、労働投入量はこの10年ほどで0・3％減と他国と大きく乖離《かいり》した数値となっている。

労働投入量が減少している背景には、先述のとおり人口動態の影響がある。近年は女性や高齢者の労働参加が急速に進んでおり、過去と比べればこの10年間は労働力の減少を比較的抑えてきた方だと言える。しかし、今後は就業率の上昇だけでは労働力の減少を十分に補うことは難しくなっていくだろう。他国は人口が増加しているなかで労働投入量が増えているのに対して、日本は労働力人口の減少や高齢化などに伴う労働時間の短時間化などによって、総労働時間数は持続的に減少していくと予想される。

将来を展望すると、労働力の減少速度はさらに加速していくことは間違いない。そう考えるのであれば、これからの日本の経済成長率のさらなる鈍化は、もはや既定路線と考えた方がいいだろう。

軒並み低下する出生率

図表1-7 出生率（国際比率）

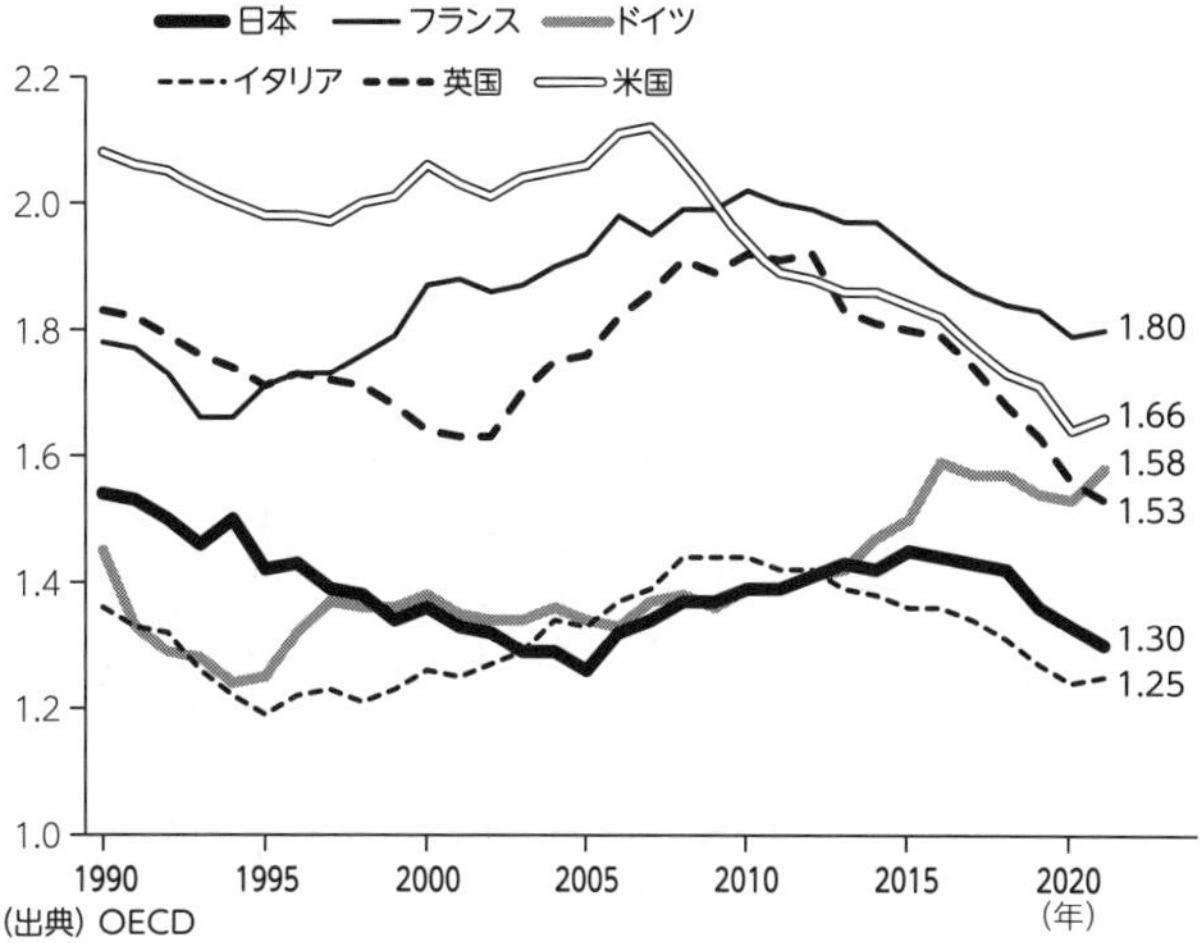

（出典）OECD

労働力減少の根本的な原因は、当然に子どもが生まれなくなっているということに起因している。日本の出生率は２００５年に１・２６まで低下した後、２０１５年には１・４５まで緩やかに回復をしていたが、その後は再び低下基調に転じている（**図表１－７**）。足元の２０２３年には１・２０まで低下している。

周知のとおり少子化は日本だけではなく先進国で共通しているトレンドである。世界各国の出生率はここにきて低下傾向がますます強くなっている。

英国では、２００１年を底にしばらく回復を続けていたが、２０１２年の１・９２まで上昇して以降、減少傾向に復している。直近の２０２１年では１・５３

と近年において最低の水準を記録した。先進国の中では出生率が高く家族政策の成功例と言われていたフランスについても、一時期2・0程度まで回復していた出生率は足元では1・80まで低下している。グラフでは記載していないが、一時、出生率が回復した先進事例として称賛された北欧諸国においても、軒並み出生率を落としている。スウェーデンは1・98（2010年）から1・67、フィンランドは1・86（2009年）から1・46、ノルウェーは1・98（2009年）から1・41に大幅に低下している。

東アジアはこれよりもさらに状況が厳しい。韓国の出生率は過去から一貫して低下傾向にあり、2000年には1・48であったものが足元では0・72（2023年）を記録し、OECD（経済協力開発機構）で最低の水準となっている。中国もコロナ禍を経て、2017年に1・81だった出生率は、2023年には1・00へと急落している。

一方、ドイツの出生率は、ほかの先進国の出生率が軒並み低下している中で、例外的に上昇基調に転じている。現金給付や現物給付の拡充など各種子育て支援などが奏功したものとされているものの、これには過去に流入した移民による出生増も大きく貢献している。移民を大規模に受け入れているドイツでは全体の出生数のうち母親が外国人の子どもが4分の1にまで達している。他国に関してもドイツほどではないにせよ、移民の出生率は非移民に比べて高いことに変わりはなく、移民の受け入れが低下する出生率を下支えする構図になっている。

移民受け入れによる人口減少の抑制

出生率が低下している国は日本だけではない。むしろ、ドイツとイタリアに関しては日本よりも早く出生率の低下を経験しており、本来、人口減少の影響は日本よりも深刻であったはずである。

それなのになぜ日本以外の主要先進国の人口は緩やかな低下にとどまっているのか。それはほかの先進国が移民を受け入れているからである。**図表1－8**は、人口に占める移民の割合を取ったものであるが、いずれの国も移民の割合は緩やかに上昇傾向にあることがわかる。

統計上、いわゆる移民の把握の仕方については、いくつかの方法がある。まず、第1に外国生まれの人を移民としてカウントして算出する方法である。第2の方法としては、外国の国籍を持つ人を移民として算出する方法がある。たとえば、日本に住む外国出身の人で、日本国の国籍を取得しても前者の定義では移民である。一方、後者の定義では移民には当たらない。あるいは、外国人の夫婦が日本で子どもを生んだ場合、その子どもが外国籍を選択したとしても、前者の定義では日本人となる。一方、後者の定義においてはその子ど

図表1-8 主要先進国の移民の割合

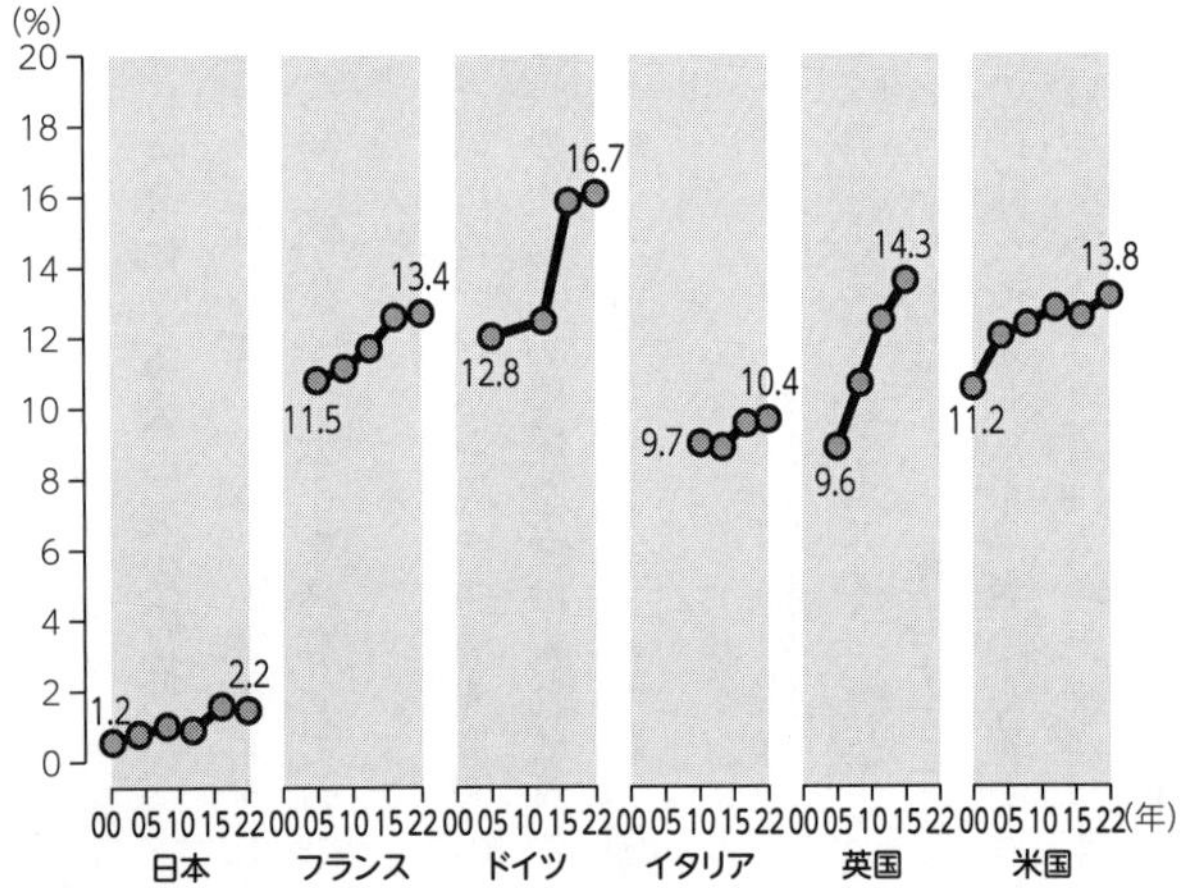

(出典) OECD

もは外国人と位置付けられる。

グラフでは外国生まれの人を移民とみなしたうえで、主要国の移民人口の比率の推移を取ったものである。これをみると、米国、欧州各国ともに人口のうちで移民が占める割合は10%を超える水準を維持している。さらに、多くの国において、移民人口比率は近年においても緩やかに上昇傾向にある。

移民の受け入れについて、特に積極姿勢を強めているのはドイツである。ドイツが移民に対して積極的な姿勢を取る背景には歴史的な背景も指摘されているが、人口減少や労働力減少に対処し、経済の成長力を高めるためという意味合いも強いものと考えられる。移民受け入れの効果もあり、ドイツの人口は低い出生率にもかかわらず、一定規模を維持している。移民受け入れの拡大は、多くの主要先進国において人口の減少圧力が強まる中、経済を成長させる原動力にもなっているのである。

その一方で、近年は移民受け入れに係る情勢は変化してきている。主要先進国において、移民受け入れの是非は、いまや経済問題と並んで最大の政治的論点となっているのである。日本以外の先進国においては、英国のEU（欧州連合）離脱や米国におけるトランプ大統領の就任の事例など、移民問題が政治に重大な影響を及ぼす事例が幅広く見られている。

大陸ヨーロッパでも移民排斥を掲げる右派政党が台頭している。フランスでは「国民連合（RN）」が、イタリアでは「イタリアの同胞（FdI）」が、ドイツでは「ドイツのための選択肢（AfD）」が国政選挙において多数の議席を獲得している。EUにおいては、右派勢力が政権を掌握している加盟国は独自の移民政策を取り始めており、これまで移民に比較的寛容な姿勢を示してきた国も政策の転換を迫られている。

移民受け入れは、働き盛りの人口を増加させることを通じ、その国の経済規模の拡大に大きなインパクトを与える。実際に、欧米における過去の移民の積極的な受け入れは、その国の経済にとっての成長戦略になってきたと考えられる。しかし、ここにきて多くの国で移民問題は国家を二分する問題にまで発展し、これまで行ってきた移民受け入れ拡大政策のつけを払わざるを得ない状況に局面は変わってきている。

これまで人口の増加とともに成長してきた世界経済。しかし、人々の生活が豊かになるとともに出生率はこれと並行して低下している。こうしたなかで、経済のレジームは変わり始めている。

変化3　需要不足から供給制約へ

日本経済においては、労働投入量の減少が経済成長の根本的なボトルネックとなっている。他方で、減少する労働供給に反して労働力に対する需要は底堅く、結果として労働市場の需給ひっ迫が常態化している。人手不足が慢性化している背景にはどのような事情があるのだろうか。

完全雇用下の労働市場

国の経済の状況を分析するにあたって、失業率はこれまで最重要指標の一つであった。失業率が低ければその国の経済の状況が良好であることが示唆されるし、その逆もまたしかりである。

日本の近年の失業率の動向を確認すると、足元では概ね2％台半ば程度の水準で推移しており、長い間低位で安定している様子が確認できる（**図表1－9**）。労働市場では労働者が新たに就職や転職をしようとする際の職探しの期間に生じる自発的失業がどうしても発生する。景気変動とは独立して起こるこのような雇用のミスマッチは構造的失業と呼ば

図表1-9 景気動向指数と失業率

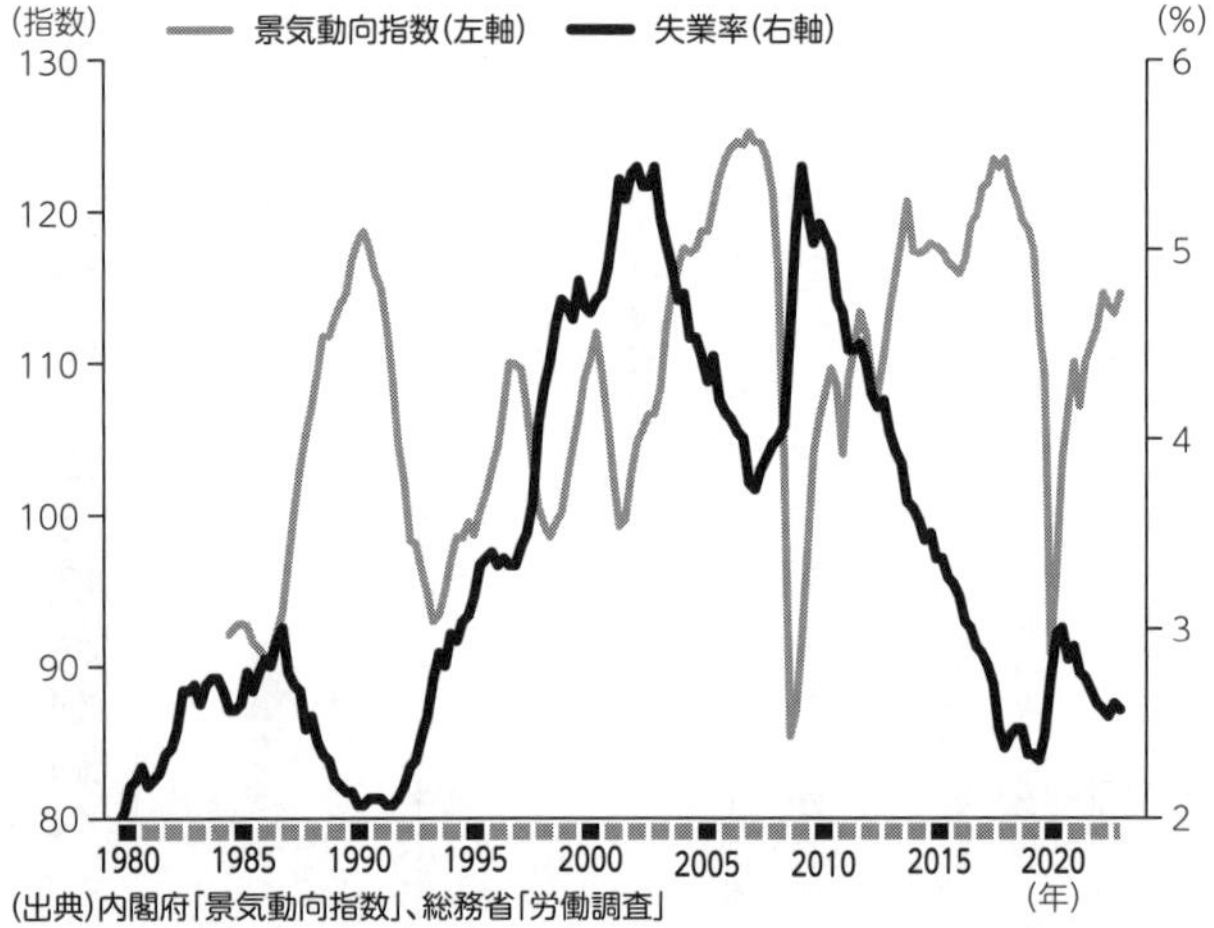

(出典)内閣府「景気動向指数」、総務省「労働調査」

れ、その比率は構造的失業率として推計される。現在の失業率は概ね構造的失業率と同程度の水準にあるとみられ、景気の変動に伴う循環的失業が存在しない完全雇用の状況が続いていると考えられる。

失業率の過去からの推移を確認すると、現在のように２％台半ばの水準が安定して続いたのは１９８０年代後半から１９９０年代前半にいたるバブル期以来のことである。当時の話に耳を傾ければ、日本経済が長期的に拡大していくという人々の期待のもと、新卒採用において過剰な接待をされたという話や内定後の囲い込みを受けたといった話も聞く。こうした現象は採用する企業よりも学生の力が強かったから起きたと捉えることができる。当時の企業は新卒採用において学生を丁重にもてなす中で大量の人員を採用し、優秀人材の確保のために従業員へ高い報酬を支払ってきた。

一方で、バブル崩壊以降、１９９０年代から２０１０年代半ばまでは失業率はしばらく高い水準で推移してきた。国際的にみればこの時期の日本の失業率も決して他国と比較して高い水準にあったわけではない。しかし、近代の日本経済の歴史からすれば、この時期は相対的に「労働者が余っていた時代」だと振り返ることができるだろう。

需要に比して労働力が余ると何が起こるか。労働市場の需給が緩めば、今度は労働を需要する側である企業の力が強まる。そして、労働者は企業側に有利な条件で働くことを余儀なくされる。実際にこの時代においては、正社員の賃金の伸びは鈍化し、自身の意思に反して非正規雇用に就かざるを得ない人が増えるなど雇用の問題が社会問題化することになる。

経済全体で需給環境が緩むということは供給に対して需要が足りないということでもあることから、需要を喚起する必要性も生じた。その結果として、企業では新規ビジネス創出の必要性が叫ばれ、政府も需要拡大のための財政出動を社会的に強く求められることとなる。

人手不足はエッセンシャルワーカーを中心に深刻化

その時々の需給環境によって労働者と企業のパワーバランスは変化する。現在のように失業率が低位で安定しているということは、労働者にとっては数ある選択肢の中から仕事を選ぶことができる状態にあることを示している。一方、企業にとっては労働者から選ばれる側になっているということであり、影響は深刻だ。

失業率は労働者の就業の状態を表す指標であったが、今度は企業側に視点を移し、人手不足の状況をデータから確認していこう。

企業の人手不足感を表す指標としてよく使われ、かつ最も信頼性の高い指標といえるのが日銀短観の雇用人員判断DIである。日銀短観では調査対象企業に対して自社の雇用人員が「過剰」か「適正」か「不足」かの3択で企業の状況を聴取しており、「過剰」の割合から「不足」の割合を引いた値を雇用人員判断DIとして公表している。

雇用人員判断DIをみると、現在の企業の人手不足感がいかに深刻かを理解することができる。**図表1-10**は雇用人員判断DIと景気の動向を指し示す業況判断DIとを比較したものであるが（雇用人員判断DIは正負を反転して表示している）、直近の2023年第4四半期で雇用人員判断DIはマイナス30と多くの企業が人員不足だと答えている。これも過去の水準と比較すると1990年代初頭近くの水準に達している。企業の人手不足感という

図表1-10 業況判断DIと雇用人員判断DI

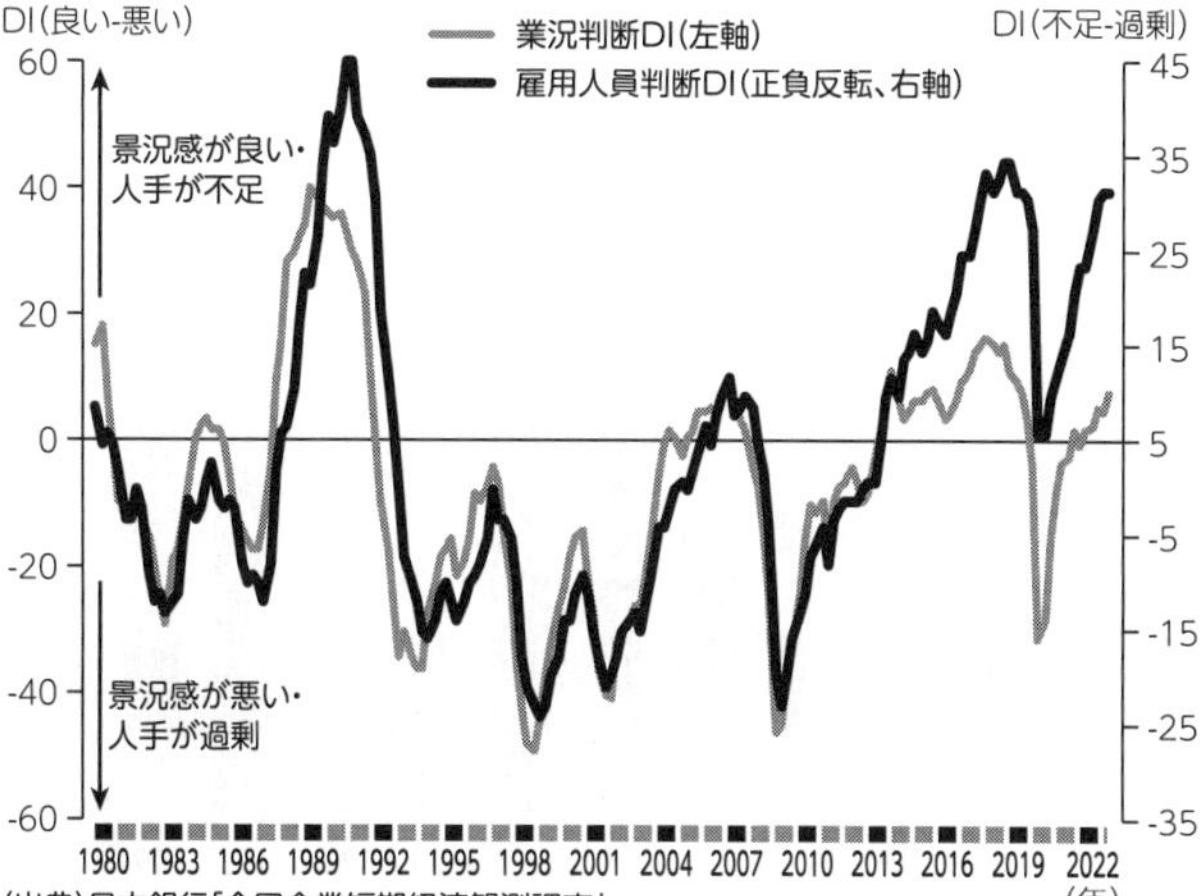

(出典)日本銀行「全国企業短期経済観測調査」

観点でも、バブル期以来の水準となっていることが確認できる。

日本全国の企業で人手不足が深刻化しているなか、どのような仕事で特に人が足りていないのだろうか。**図表1－11**は厚生労働省「職業安定業務統計」から職業別の有効求人倍率を取ったものである。

有効求人倍率をみると、求人がたくさんあるにもかかわらず求職者が少ない仕事は、専門技術職（2023年平均：1・84倍）、販売や営業職の含まれる販売職（同：2・03倍）、介護サービスや飲食物調理、接客に関する職業などが含まれるサービス職（同：3・05倍）、警備員など保安職（同：6・69倍）、タクシーやバス、トラック運転手などが含まれる輸送・機

図表1-11 職業別の有効求人倍率

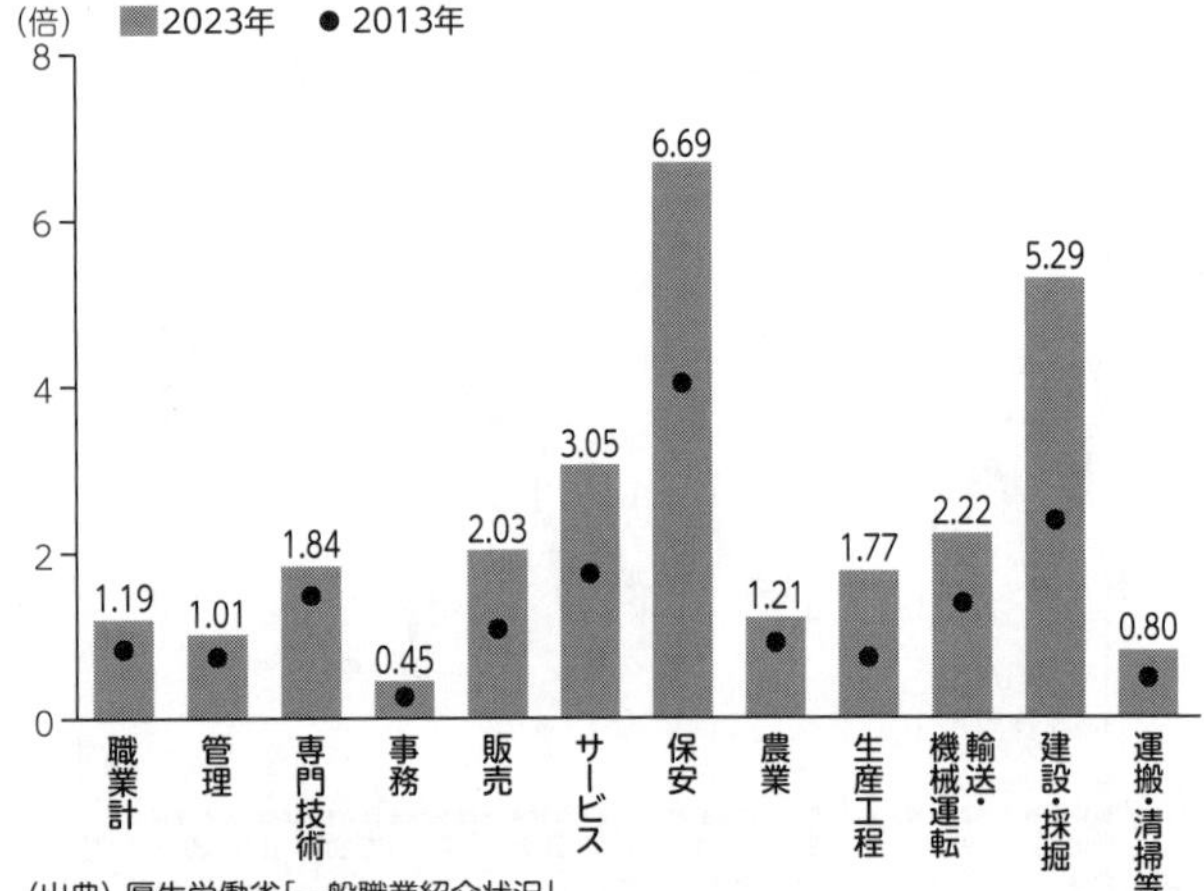

(出典) 厚生労働省「一般職業紹介状況」

械運転（同：2・22倍）、建設・採掘に関する職業（同：5・29倍）などとなる。

一方で、職業安定業務統計があくまでハローワークを介した職業紹介に限定されているという点には留意する必要があるものの、事務職（同：0・45倍）などは比較的低い倍率を維持している。現在の労働市場を俯《ふ》瞰《かん》してみると、IT専門職などハイスキル職種の人手不足が深刻化していると同時に、いわゆるエッセンシャルワーカーと言われるような現場の仕事に従事する職種で人手不足が深刻化しているのである。このように、ハイスキルワーカーとエッセンシャルワーカーが不足し、事務職など中間的な仕事で人余りが発生している「労働市場の二極化」

は、世界的な傾向として指摘されている。

ハイスキルの仕事はまだしも、なぜこうした現場仕事の需給がひっ迫しているのだろうか。それは人が体を動かして行う仕事については、たとえその仕事が定型的なものであったとしても、機械に代替する障壁が高いからである。過去、インターネットやパソコンの普及によって紙のやりとりを伴う仕事がなくなってきたように、定型的な事務作業を行うホワイトカラーの仕事はＩＴシステムの導入などによってかなりの効率化が行われてきたとみられる。あるいは、製造業の領域でも産業用ロボットの普及などによってファクトリーオートメーションが大きく進展している。

一方、介護や建設、運転の仕事など身体的な作業を伴う仕事を人手に頼らず処理しようとなると、ロボティクスやセンサーなど高度な技術が必要となる。しかし、現状の技術水準において、資本コストに見合うだけのパフォーマンスを発揮できるロボットはそう多くない。こうした事情がホワイトカラーの仕事の人余りが発生する一方で、現場仕事の人手が大きく不足する背景にあると考えることができる。

高齢者の高齢化に伴い、労働集約的なサービスへの需要が増加する

２０１０年代半ば以降を境に、労働市場の需給構造は逆転し、現場で働く労働者を中心

に人手不足が顕在化している。これまで日本経済では慢性的な需要不足が続き、デフレーションが進行してきたにもかかわらず、それがここにきて供給制約に転じた理由は何だろうか。

第1の要因としてあげられるのは、これまでの経済政策による影響である。アベノミクスによって始まった日本銀行による異次元金融緩和や政府による大規模な財政出動が経済を過熱させ、それが労働市場の需給をひっ迫させている側面があるはずである。

第2の要因は、人口動態の変化に伴う構造的なものに求められる。つまり、少子高齢化による人口構成の変化が需要を相対的に拡大させていると考えられるのである。

少子高齢化がなぜ需要の増加や労働市場の供給制約につながるのだろうか。確かに労働の供給面に目を向ければ、高齢化が進んだときに働ける人が少なくなることは明らかだ。ただ、その一方で、需要面に目を転じれば人口減少は同時に消費者の減少につながるわけであり、これはすなわち総需要の減少にもつながりうる。人口減少が進展したとき、人手が少なくなることで経済全体の供給能力が低下するのと同時に、消費者も減れば需要も同程度減るのではないかと、多くの人は疑問に思うのではないか。

その答えは、人々の消費構造を分析することで理解することができる。つまり、人は高齢になるほど人手を必要とするサービスをより多く需要するのである。

家計調査では、家計が財やサービスを購入するにあたって、実際にその世帯がその商品に支払った金額を集計している。同調査をみると、高齢世帯ほど消費支出が少なくなるという結果を得ることができる。家計調査の結果を単純にみれば、高齢者ほど消費をしないのだと考えることができるのであるが、それは実は誤りである。ここで注目したいのは、医療及び介護サービスに関する支出である。なぜなら、医療・介護サービスに関しては、医療保険制度と介護保険制度を通じてサービス料の多くが税や社会保険料財源から支払われており、サービスを受ける本人の自己負担割合が低く設定されているからである。

図表1-12は、総務省「家計調査」から年齢階層別に単身世帯の家計消費の額を推計したものである。同図表は、厚生労働省「医療給付実態調査」、「介護給付費等実態統計」などから、医療・介護サービスの利用料を本来かかった費用に割り戻して算出したうえで、実際にその年齢階層にある人がどのくらいの消費を行っているかを積算している。

この推計結果をみると、年齢階層が高くなると、明らかに家計の消費水準が高くなることがわかる。特に、85歳以上の区分では月の消費額の推計値は31・2万円と大きく上昇する。内訳をみると、食費や交通・通信費、娯楽に関する費用などは軒並み低い水準となっているものの、医療費(85歳以上の単身世帯の月平均消費額：8・7万円)と介護費(同：8・9万円)が急上昇していることが家計消費の高騰を招いている。

図表1-12 年齢別の実質的な家計消費額(単身世帯、推計値)

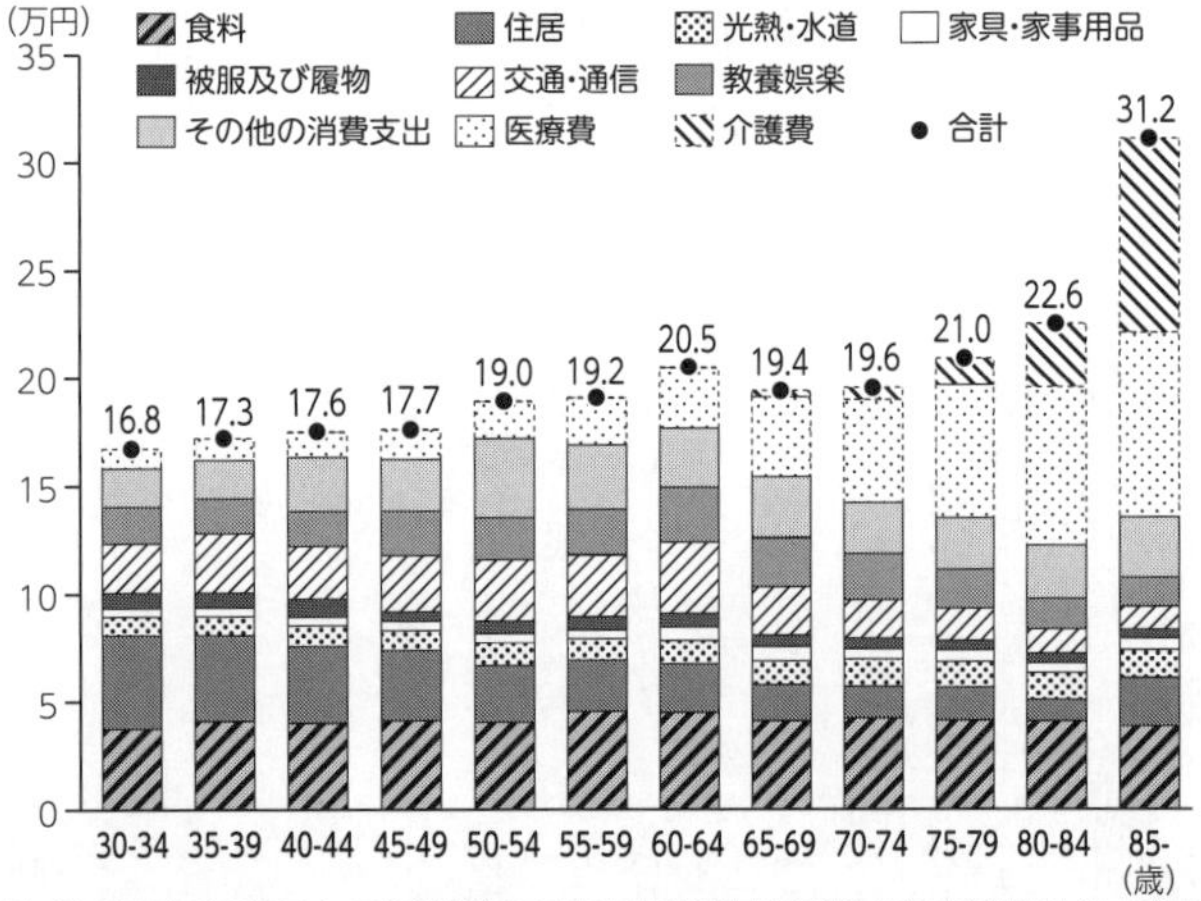

(出典) 総務省「家計調査」、厚生労働省「医療給付実態調査」「介護給付費等実態統計」から推計

この推計結果が意味するところは、年齢階層が高い高齢者ほど医療・介護をはじめとする労働集約的なサービスへの需要が高く、サービスの派生需要である労働需要も高くなっていると推察できるということである。

こうした推計をふまえれば、高齢化が続くことで供給が制約される一方で需要は相対的に増え、労働市場も財・サービス市場もひっ迫していくと考えることができる。そして、財・サービス市場の需給ひっ迫は財・サービスの価格上昇につながり、労働市場の需給ひっ迫は賃金上昇につながっていく。足元で人手不足が深刻化し物価が上昇に転じている背景には高齢化に伴う需給環境の構造変化があるはずなのである。

このような状況を見て、事態の深刻さに懸念を覚える人もいるかもしれない。しかし、そもそもの経済活動のあり方を考えたとき、豊かな消費を行いたいという人々の欲求があって、その欲求を満たすために生産者が努力をして効率よく財やサービスを生産するというメカニズム自体は、経済学が本来想定している自然な姿である。そう考えれば、供給に見合うだけの需要がないのだから需要を喚起せよという1990年代後半から2000年代にかけて行われた議論の方がそもそも異質だったわけで、これからの時代はサプライサイドに働きかける取り組みが重要になるという意味で、日本経済は普通の経済の姿に回帰していくことになると考えることができる。

人口減少経済に足を踏み入れているいま、日本経済の需給構造は需要不足から供給制約に様相を変えている。そして、この需給環境の変化こそがあらゆる経済構造の変化の根本にあるものなのである。人口減少やそれに伴う高齢化の影響で、現在の人手不足は長期かつ粘着的に続く可能性が高い。そして、構造的な人手不足は、今後の日本経済に大きな変化を引き起こすことになるだろう。

変化4　正規化が進む若年労働市場

過去、社会を大きく揺るがした非正規雇用問題。1990年代後半から2000年代にかけて、自らの意思に反して非正規雇用という働き方を余儀なくされた労働者が多数発生した。しかし、現代の状況は過去とは打って変わっている。非正規雇用という働き方は、もはや正規の職がないから選ぶ仕事ではなくなっているのである。

正規雇用者が増え、不本意非正規が減る

就業形態別の就業者数の推移を確認してみよう（図表1-13）。正規雇用者数は1997年の3812万人でピークをつけたあとに減少が続き、正規雇用者数が最も少なかった2014年には3288万人まで減った。しかし、その後は増加に転じ、足元の2023年は3609万人まで増えている。

非正規雇用者は過去からずっと右肩上がりで増加してきたが、近年ではやや減少傾向に転じている。非正規雇用者数は2019年に2173万人で過去最高を記録、その後2023年は2112万人と若干減っている。結果として、非正規雇用者比率は2019年の

図表1-13 就業形態別就業者数と非正規雇用者比率

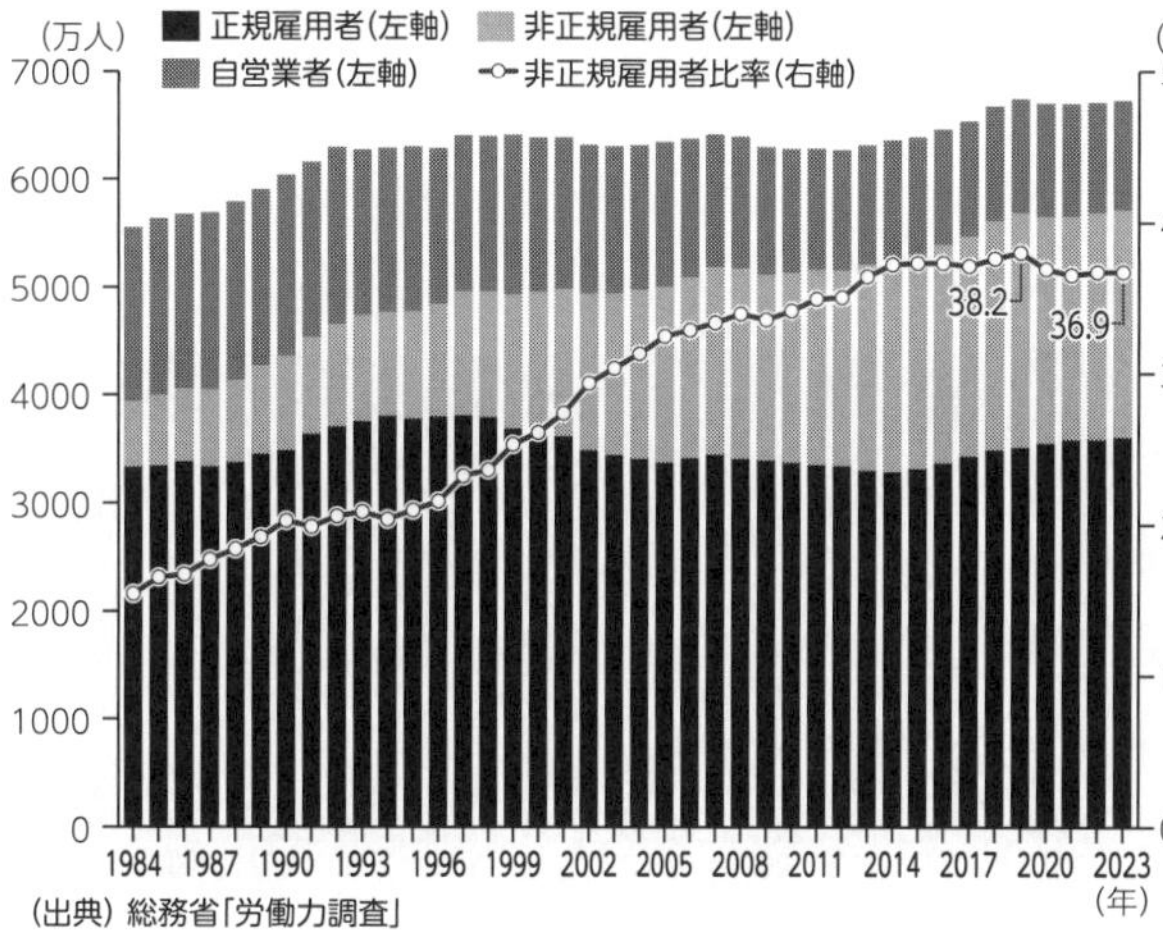

(出典) 総務省「労働力調査」

38・2%から2023年には36・9%に低下している。

自営業者も含め、過去から現在に至るまでの就業形態の構成を概観してみると、1990年代後半以降は、自営業者と正規雇用者が減少し、その代わりに非正規雇用者が増える形で就業者数が保たれるという構図がずっと続いてきた。しかし、2010年代半ば以降、傾向は明らかに変わっている。自営業者の減少傾向は変わらないものの、非正規雇用よりも正規雇用者の増加傾向が強くなっているのである。

2010年代半ば以降は企業における雇用者の構成比率が変わりつつあるのと同時に、雇用の中身も変わってきている。

図表1-14　非正規雇用を選んだ理由

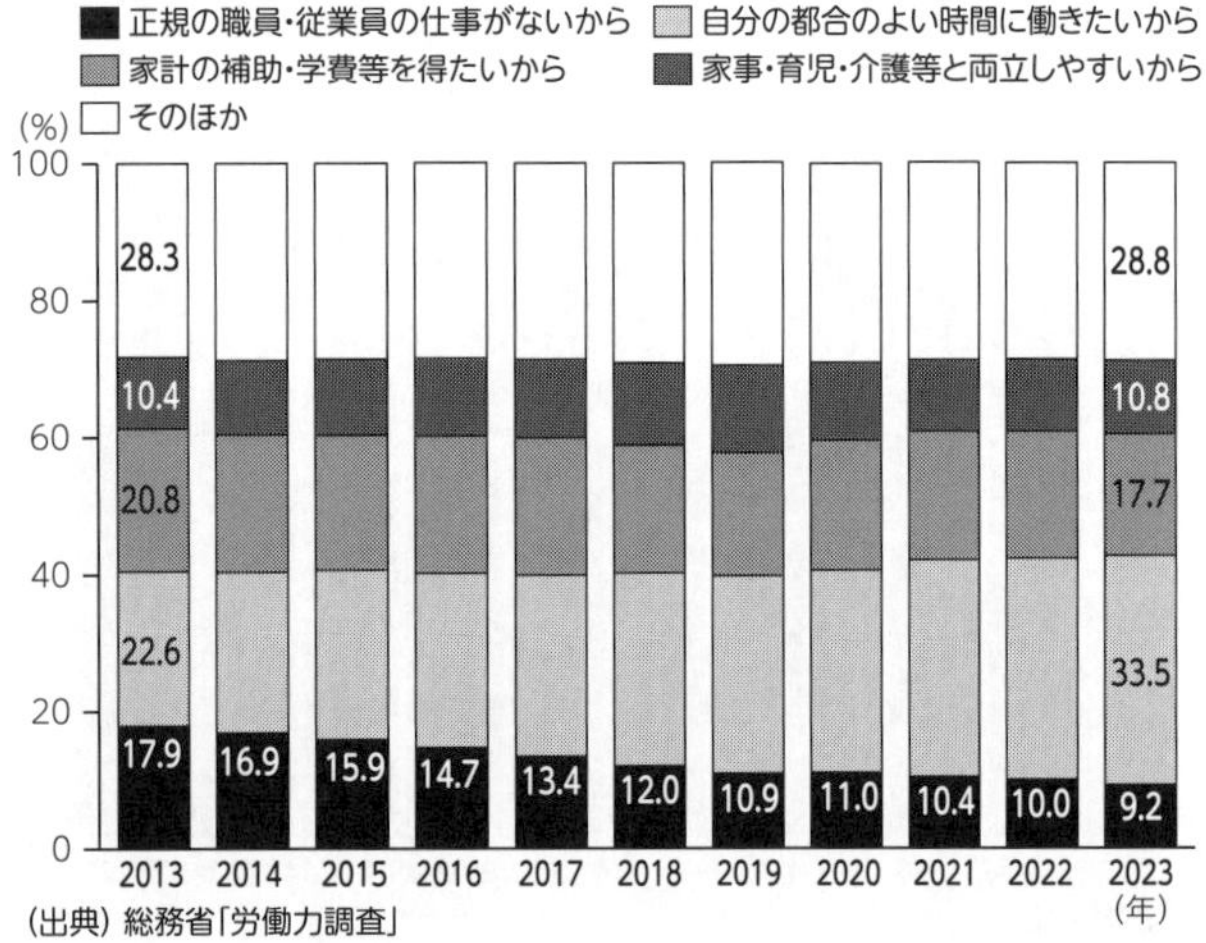

(出典) 総務省「労働力調査」

総務省「労働力調査」では、非正規雇用者に対して、非正規雇用についた理由を尋ねている。**図表1－14**は理由別の非正規雇用者の推移を表したものであるが、その構成比率はこの10年間で大きく変わってきている。「正規の職員・従業員の仕事がないから」非正規雇用の仕事についたという人の比率は調査開始時の2013年の17・9%から2023年には9・2%へと減少している。自分の意思に反して非正規雇用で働く者の数は大きく減少しているのである。

非正規雇用という働き方は、分類上同一の非正規雇用であっても、その内実は多様である。現代においては、女性や高齢者を中心に正社員としてフルタイムで働くよりも、短時間の仕事で働きたいと考える人は多い。家計上それでも問題がないのであれば、非正規雇用という働き方を積極的に選ぶというのは家計の合理的な選択である。一方、本来は正社員として働きたいのに、働き口がないから非正規にやむを得ずつかざるを得ないという人が増えることは問題である。こうした観点で現在の非正規雇用者の労働市場を概観すれば、不本意非正規が急速に減少しつつ、それと同時に女性や高齢者など自らの意思で短い労働時間で働きたい人が増えているという状況が近年の潮流であることは明らかだ。

過去、日本の労働市場は労働力の買い手に有利な環境が長く続いてきたことから、企業は賃金単価の低い非正規雇用者を大量に活用する戦略を取ってきた。そして、その結果として労働力の売り手である労働者の一定数は、不本意にも非正規雇用として働かざるを得ない状況に追い込まれた。こうした過去から振り返ると、足元の労働市場の環境は明らかに変化していることがわかるのである。

非正規雇用者から賃金は上昇へ

非正規雇用者の処遇改善も進んでいる。雇用形態別に賃金の推移を調べてみると、正規雇用者よりも非正規雇用者の方が賃金上昇のスピードが速い。**図表1-15**では厚生労働省

図表1-15 雇用形態別の名目時給推移

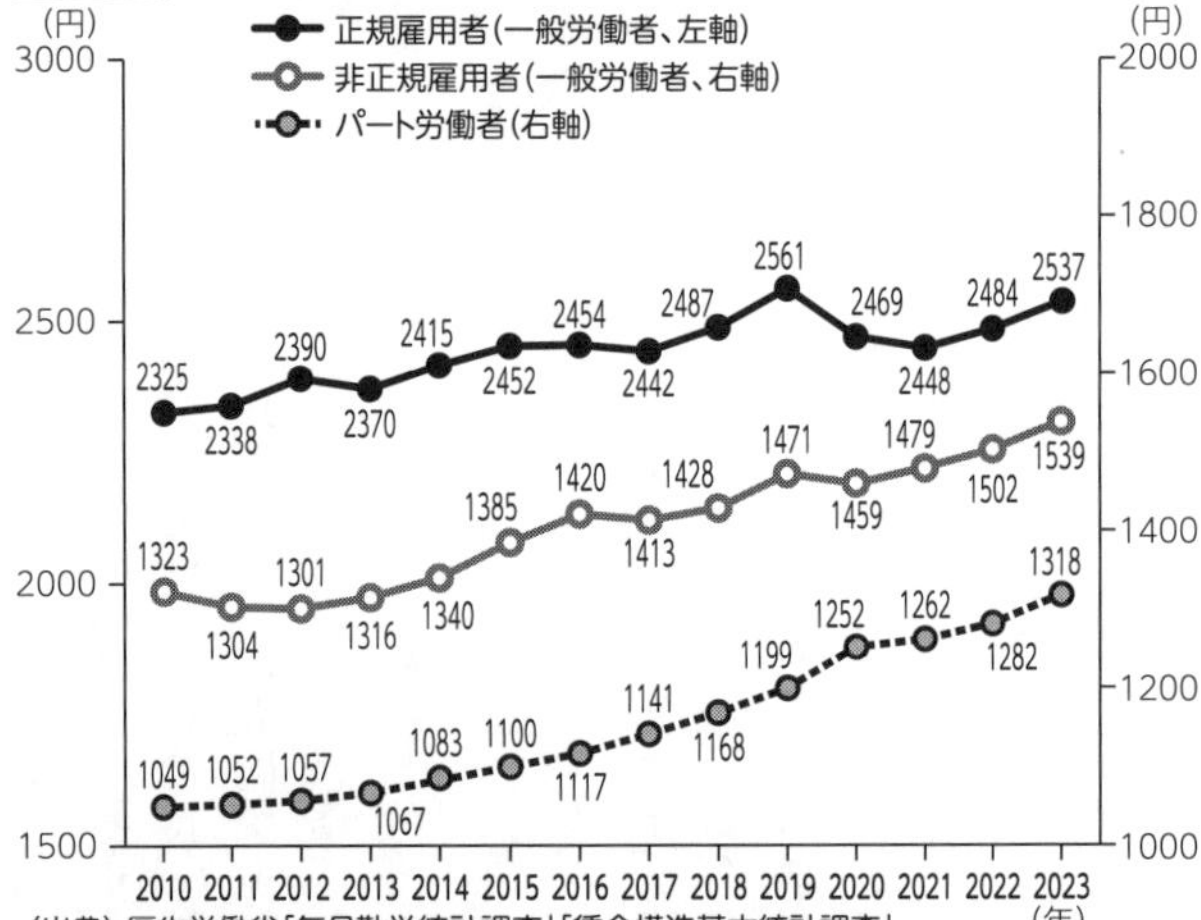

(出典) 厚生労働省「毎月勤労統計調査」「賃金構造基本統計調査」

「賃金構造基本統計調査」などから、一般労働者でかつ正規雇用者、一般労働者でかつ非正規雇用者、短時間労働者の賃金を比べている。この区分はそれぞれ、概ねフルタイムの正社員、概ねフルタイムの契約社員や派遣社員、パート労働者に対応している。

このデータをみると、名目時給が最も上昇しているのはパート労働者である。２０１３年の１０６７円から２０２３年には１３１８円まで上昇している（10年間の増加率：23・6％）。次に賃金が上昇しているのは一般労働者でかつ非正規雇用者になる。２０１３年の１３１６円から２０２３年には１５３９円に増えた（同：16・9％）。そして、最も賃金が上がっていないのが正規雇用者である。正規雇用者は2013年の23370円から2023年に25337円までしか上がっていない（同：7・0％）。昨今の春闘においては、大企業の正規雇用者や都市部の労働者が賃金上昇の恩恵を受けていると言われているが、もう少し長期的な目線でデータを丁寧にみていくと、むしろ逆の傾向が見て取れるのである。

非正規雇用者から先に賃金が上がっているのはなぜだろうか。それは非正規雇用の領域ほど労働市場の需給が賃金にダイレクトに影響を及ぼすからである。

日本の労働市場においては、正規雇用者、契約社員や派遣社員、パート・アルバイトの労働者でそれぞれマーケットの特性は大きく異なっている。そして、正規雇用者よりも契約社員や派遣社員の方が、また契約社員や派遣社員よりもパート労働者の方が労働市場の需給に対して感応度が高い市場となっている。つまり、労働市場の需給が緩んだときに真っ先に雇用を調整されるのが非正規雇用者であるのと同時に、労働市場の需給がひっ迫したときに先行して賃金が上がるのが非正規雇用者なのである。

労働市場の需給が緩ければ、企業は労働市場から安い労働力を大量に確保することができる。一方、需給がひっ迫した状態にあれば、労働者としてはほかにも求人がいくらでもあるわけだから、企業の都合で働かせるような求人には見向きもせず、より条件の良い求人に応募することになる。こうした労働市場のメカニズムの中で賃金は定まることになる。

非正規雇用者と正規雇用者の賃金格差は、企業側の従業員の雇用形態の選択にも影響を及ぼす。非正規雇用者の賃金上昇や社会保険の適用拡大によって、正規・非正規間の格差が小さくなれば、非正規雇用者の人件費が高騰することになり、企業としては従業員を非正規雇用の形態で雇うメリットが少なくなる。そうなれば非正規雇用の従業員を正規転換するなどして、企業としても戦略的に正社員を増やしにいくことになるはずだ。

若年層の処遇は大きく改善している

ここまで雇用形態の切り口で労働市場の状況を振り返ってきた。最後に、年齢を切り口に分析を行ってみよう。

非正規雇用者の比率を年齢階層別にみると、その比率が最も顕著に低下しているのは若年層である（**図表1－16**）。25～34歳の階層をみると、やはり2000年代に一貫して上昇基調にあった非正規雇用者比率は2014年に28・0％でピークをうち、そのあとは年々その比率を低下させている。直近の2023年時点では22・5％まで下がっている。この水準を過去にさかのぼれば2003年以来の水準となり、非正規雇用問題が社会的に大きくクローズアップされた当時の段階まで低下してきていることがわかる。雇用の質は若年層から改善が進んでいるのである。

図表1-16 年齢階層別の非正規雇用者比率

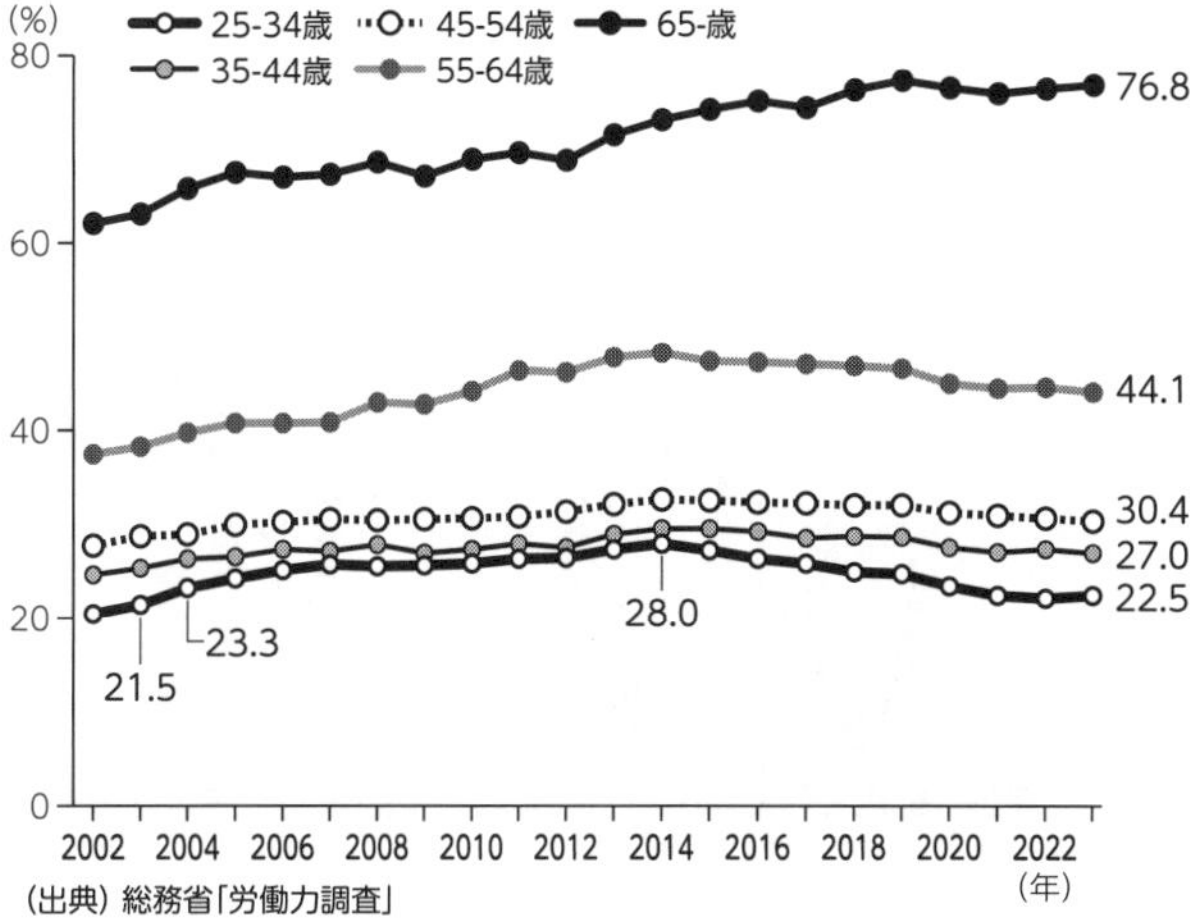

(出典) 総務省「労働力調査」

これは賃金に関しても同様である。先述のように正規雇用者の賃金上昇は全体として鈍い状況ではあるものの、若年層はほかの年齢層に先行して上昇している様子がうかがえる。

図表１-17は学卒者の初任給の推移を取ったものである。２００５年に月額19・１万円だった学卒者の初任給は２０１０年代半ばまで20万円に満たない水準で推移していた。しかし、２０１３年の19・４万円を底に上昇基調に転じ、２０２３年には21・１万円まで上昇している。初任給の引き上げ率をみても２０２４年には86・８％と急上昇している。足元では若年層に対する賃上げ競争の動きが活発化しているのである。若年層の労働時

図表1-17 大卒初任給の推移

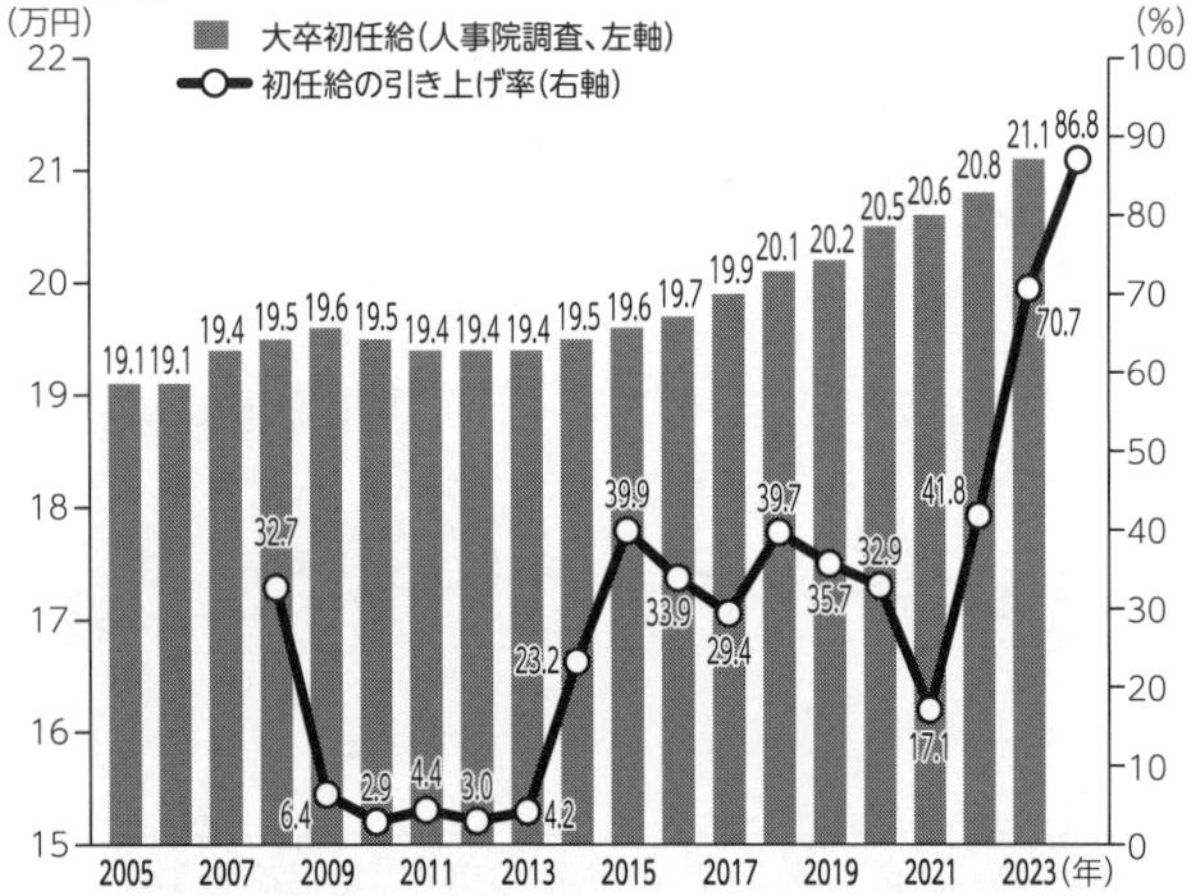

(出典) 厚生労働省「賃金構造基本統計調査」、労務行政研究所「新入社員の初任給調査」

間が急速に減少していることも踏まえれば、若い労働者の待遇改善は近年大きく進んでいると評価することができる。

バブル崩壊以降、若年労働者の雇用はその時々の市場の需給環境に振り回されてきた。労働市場の需給が緩んだ時代においては、企業は新規採用を厳しく抑制し、結果として非正規雇用として働くことを余儀なくされた若者たちも存在していた。

非正規雇用という社会問題がこれまでの政治や経済に与えた影響は大きかった。しかし、改めてこうした現象がなぜ生じたのかを考えれば、政府の規制のあり方に責任の一端があるという意見もあるだろうが、より本質的には労働市場の需給が緩かったからだと考えることができる。過去、労働市場に余剰人員が多数存在する中で、企業としては労働力をいくらでも確保できる状況が生じていた。企業の力が求職者の力よりも強ければ、求職者としては企業側に有利な条件での雇用契約を呑まざるを得ない。

しかし、そうした時代とは打って変わって、改めて現在の局面に目を移してみると、失業率は低位で安定しており、選ばなければ職はいくらでもある時代になっている。これまで企業は自社の利益最大化を目的として、コストが安い非正規雇用に活路を見出してきたが、労働市場の需給がひっ迫してきたいま、安い賃金で十分な質・量の労働力を確保することは難しくなっている。

労働市場の環境変化に応じて、企業側も行動を変え始めている。人手不足がさらに深刻化する将来に向けて、長期的な就労を見込める若い人たちを中心にフルタイムで働く意思のある人は正規雇用で優先的に確保してしまおうと企業側も戦略を変えているのである。こうした労働市場の構造変化は、非正規雇用比率の平均値だけをみていては見誤る。高齢労働者などが増える中で全体としては短い時間で働く人が増加しやすい環境にあるなかで、丁寧にみていけば非正規雇用のあり方は大きく変わってきていることがわかる。

今後を展望すれば、高齢者人口の高まりから非正規比率はある程度高い水準で推移するだろうが、雇用の質は今後も着実に改善していくとみられる。労働市場の潮流は確実に変化しているのである。労働市場の基調の変化に合わせて機動的に戦略を変えることができない企業は、必要な人員の採用や従業員の定着において他企業に劣後することで、事業継続がままならなくなっていくだろう。

変化5　賃金は上がり始めている

日本人の賃金が安すぎるという認識が近年広がっている。しかし、賃金を国際比較する際にはその時々の為替の影響などを避けることができず、日本人の賃金が本当に安すぎるのかを検証することは実は難しい。また、少子高齢化に伴う社会保険料負担の増加や、国際商品市況の価格上昇による国民所得の漏出など、日本人の賃金が抑制されてきた原因は企業側だけに求められるわけでもない。しかし、労働市場の需給がこれまでの賃金の動向に確かに影響を与えてきたことも事実だ。そして、その構造は近年明らかに変化している。

実質の年収水準は下がり続けているが……

図表1－18は、厚生労働省の「毎月勤労統計調査」から実質の年収水準の推移を示したグラフであるが、これをみると確かに、2020年基準の実質の年収水準は1996年に430・5万円でピークをつけた後、2023年には369・5万円へと長期的に低下している。これは国際比較をしても同様である。年収水準を国際比較してみると、イタリアを除けば日本以外にこんなにも長期にわたって年収水準が上昇していない国は見当たらない。

図表1-18　実質の年収水準の推移

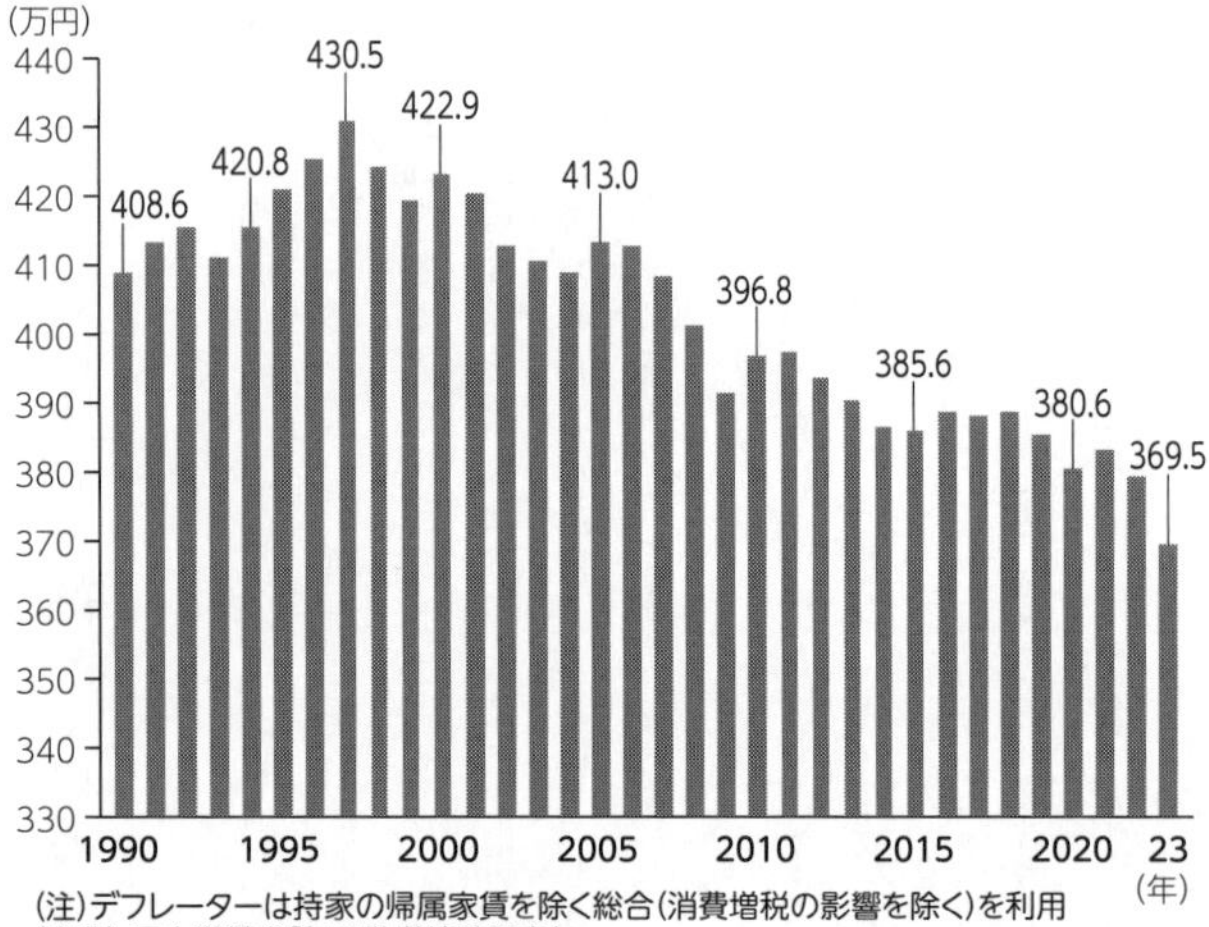

(注)デフレーターは持家の帰属家賃を除く総合(消費増税の影響を除く)を利用
(出典) 厚生労働省「毎月勤労統計調査」

しかし、まずそもそも賃金は年収水準で比較をすべきだろうか。たとえば、1990年代当時、働く人は壮年《そうねん》期の男性がほとんどだったとみられる。しかし、近年では女性や定年後のシニアなど短い時間で働く人は著しく増えている。あるいは、現代においては新入社員であっても過去のように長時間残業をしてまで働く人は少ない。

これは賃金をどう定義するかという問題であるが、経済の基調を見たいのであれば、基本的には単位労働当たりの賃金、つまり時給で考えるべきだ。

たとえば労働者側の視点に立ったとき、年収が2倍になったとしても、それに伴い年間の労働時間が2倍になっていれば時給では同額である。これを喜ぶ人は少ない。逆に企業側とすれば、従業員の年収水準を2倍に引き上げなくてはならなかったとしても、2倍働いてくれるのであれば経営的にはそれで問題はない。一方で、従業員の時給が2倍になれば企業の経営は危機的な状況に追いこまれるだろう。仮に従業員の時給が高くなれば、労働力の過度な利用は人件費コストの上昇につながるため、経営者はこれを節約しようと考える。

このように経営者が利潤最大化の意思決定にあたって考慮するのは、従業員の年収水準というよりも、単位労働当たりのコストである時給水準である。これは労働者も同様だ。労働者にとって時給水準の変動は余暇と労働の相対価格を変化させることで、その人の労働供給量の決定にも影響を及ぼす。経済主体の意思決定を記述するうえで重要な指標は、あくまで時間当たりの報酬水準なのである。近年、賃金統計の母集団を構成する労働者の属性は大きく変わってきている。平均労働時間が急速に減少するなか、年収や月収水準の平均値を追うのみでは経済の実態は摑《つか》めない。

このため、本書で賃金について言及する際には、基本的には時給水準を指すことにまず留意をしておきたい。実際に、FRB（連邦準備制度理事会）の政策決定に大きな影響を及ぼし、世界のマーケット関係者に最も注目されている統計である米国雇用統計は、平均時給を賃金指標のヘッドラインとして用いている。

日本で賃金に関する代表的な統計として用いられるのは、厚生労働省「毎月勤労統計調査」である。同統計調査は、毎月多数の同一事業所の賃金の状況を調査しており、賃金の動向を時系列で分析する際には最も信頼できる統計である。しかし、同調査がヘッドラインとして公表している現金給与総額はあくまで月給である。人々の働き方が急速に変化しているなかで、各種メディアで報道される現金給与総額だけを見ていると日本人の賃金の趨勢《すうせい》を見誤ってしまうということをまず最初に指摘しておきたい。

時給水準は2010年代半ばを境に上昇基調へ

現実の経済主体の行動を規定するのは時給水準であり、さらに言えば特に重要なのは実質値である。実質的な時給水準が高まるなか、自身が必要な時間数を働きながら豊かな生活を送ることができるようになって初めて、日本人の生活水準は向上したといえる。

それでは、肝心の時給水準は近年どのように推移しているのであろうか。**図表1-19**では、厚生労働省「毎月勤労統計調査」、総務省「消費者物価指数」から労働者の時給水準と年収水準を実質化したものを掲載している。なお、実質化にあたっては、物価指数に何を採用するかがその形状を大きく左右するが、ここはわかりやすさのため消費者物価指数を用いている。

図表1-19　実質時給と名目時給

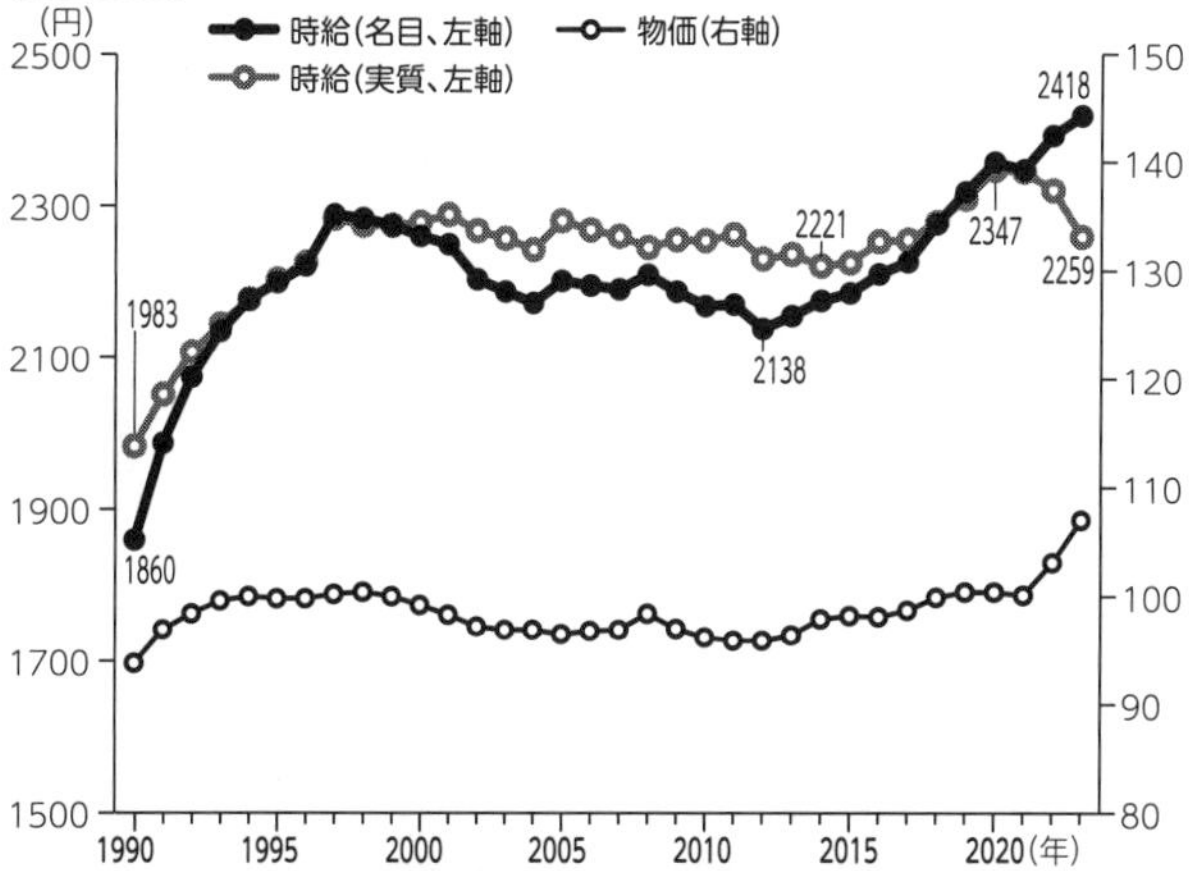

(注) デフレーターは持家の帰属家賃を除く総合(消費増税の影響を除く)を利用
(出典) 厚生労働省「毎月勤労統計調査」、総務省「消費者物価指数」

時給水準をみても、過去日本人の賃金は長期にわたって低迷してきたことが確認できる。実質時給は１９９７年に２２８８円まで大きく上昇したあと、２０１５年の２２２５円まではほぼ横ばい圏内で推移してきた。

バブル崩壊後は、雇用・設備・債務の３つの過剰が指摘されるなど、日本経済はバブル期に拡大しすぎた生産能力の調整に迫られた。労働市場に目を向ければ、労働力のプールが豊富に存在するなかで、有効需要は不足して、日本の労働市場の需給は緩んだ状態が続き、賃金上昇圧力も長く高まらない状態が続いてきた。そうした意味では、この時期にやはり労働の価格が安い状態に抑制されてきたという側面はあったのだと考えられる。そして、労働市場の需給の緩みと時給水準の低迷は物価の基調にも大きな影響を与え、日本経済はデフレーションの時代を長く経験することになる。

こうしたなか、グラフからは賃金の基調が近年変化しつつあることもうかがえる。上昇基調に転じ始めたのは2010年代半ばだ。実質時給は2014年に2221円で底をついたあとじりじりと上昇していき、2020年には2347円まで緩やかに伸びていて、年収とは逆の傾斜を描いていた。足元では、円安進行による輸入物価上昇などからまた実質賃金は低下基調に転じているが、現下の円安は日本銀行の大規模金融緩和や海外要因による影響が大きく、外生的で短期的な側面も強いと考えられる。

名目の時給水準をみると、労働市場の局面変化がより鮮やかに浮かび上がる。先のグラフには名目の時給水準も掲載しているが、名目時給は2012年の2138円を底に単調に上昇を続けている。2023年には2418円と、この10年間で12・2％の増加となった。このグラフからも賃金について、1990年代半ばから2010年代前半までの期間と、2010年代半ばから現在に至るまでの期間とでは明らかに局面が変わっていることがわかる。賃金は長い低迷期から脱出し、上昇基調に転じているのである。

近年、時給が上昇しているのは、年収が微増にとどまる一方、労働時間が大幅に減ってきたからだ。同じく10年前と直近の数値を比較すると、年間総実労働時間は1753時間から1653時間へと大きく減っている。つまり時給が上がっているのに、収入が上がっていないという認識が生まれるのは、労働時間が大幅に減っているからだといえる。

時給上昇という果実を労働時間の縮減に使うか、年収の増加に使うかという意思決定はあくまで働く人それぞれの選択である。より短い時間でそれなりの報酬を得たいという人が増えたから、現在のような労働時間の減少を伴う賃金上昇が起きているのである。

地方、中小企業、エッセンシャルワーカーから賃金上昇の動きが広がる

賃金上昇の動きはどういったところから広がっているのか。まず、業種別の賃金上昇率の比較をしてみよう。**図表1-20**は各業種の時給（名目）水準について2013年から2023年の変化を算出したものである。この10年で時給が最も増加した業界は飲食・宿泊業である。2013年の1201円から2023年には1489円と、10年間で24・0％増と上昇している。建設業（2163円→2623円、21・3％増）や卸・小売業（1948円→2271円、16・6％増）、運輸・郵便業（1984円→2263円、14・1％増）も堅調に増加している。

一方で、賃金上昇率が相対的に鈍い業種も存在している。教育・学習支援（3012円→

図表1-20 業種別の名目時給の変化

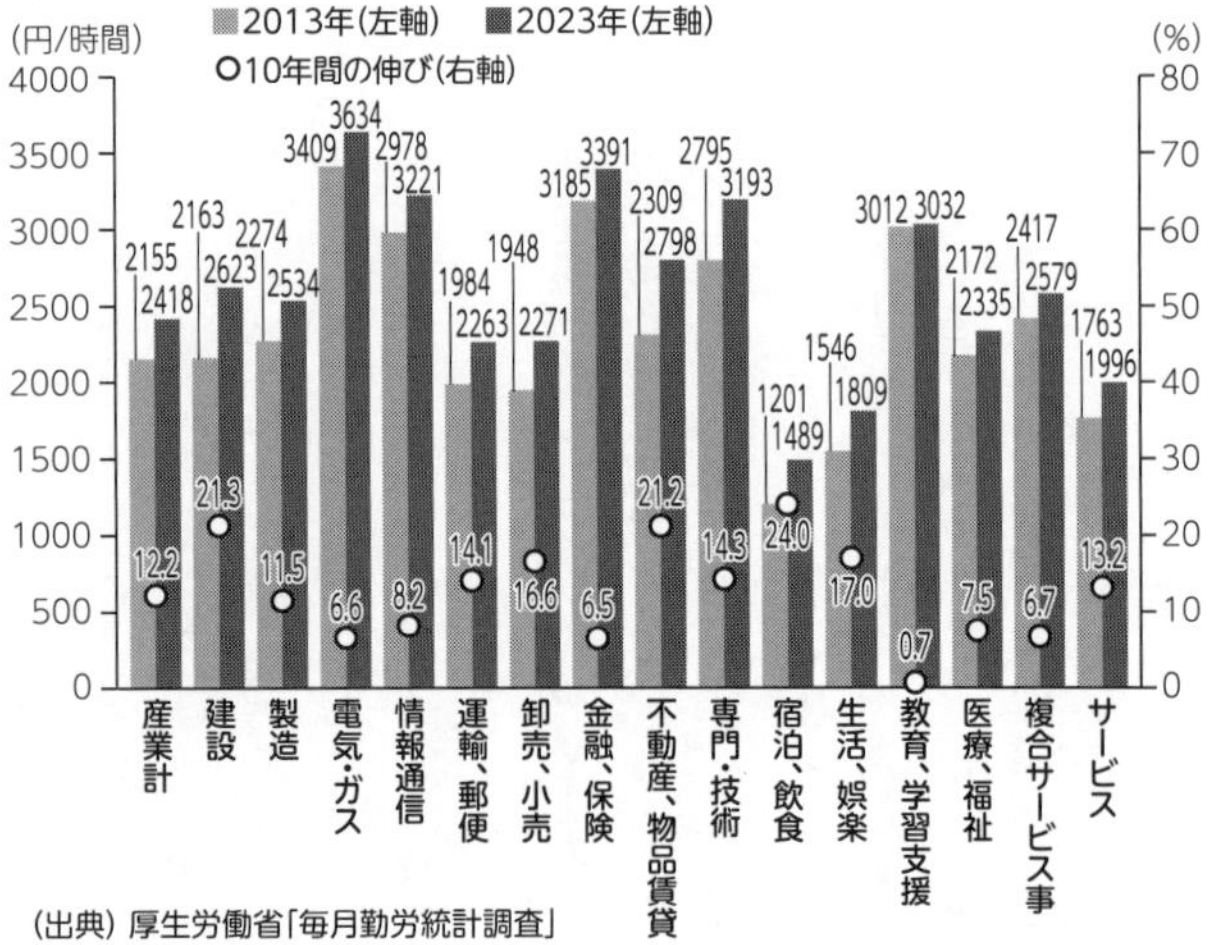

（出典）厚生労働省「毎月勤労統計調査」

３０３２円、０・７％増）、金融・保険（３１８５円→３３９１円、６・５％増）、医療・福祉（２１７２円→２３３５円、７・５％増）などである。この中でも特に医療・福祉は就業者数が多く、全体の賃金の趨勢に与える影響が大きいが、賃金の上昇率は相対的に鈍い水準にとどまっている。

続いて、都道府県単位で時給（名目）水準の推移をみたものが**図表１－21**になる。横軸が２０１３年時点の時給水準、縦軸が２０１３年から２０２３年にかけての時給水準の変化率を取っている。これをみると、この10年間で最も時給が上がった都道府県は北海道だった。２０１３年の１８０４円から２０２３年には２１５１円まで上昇している。10年間の上昇率

図表1-21　都道府県別の名目時給の変化

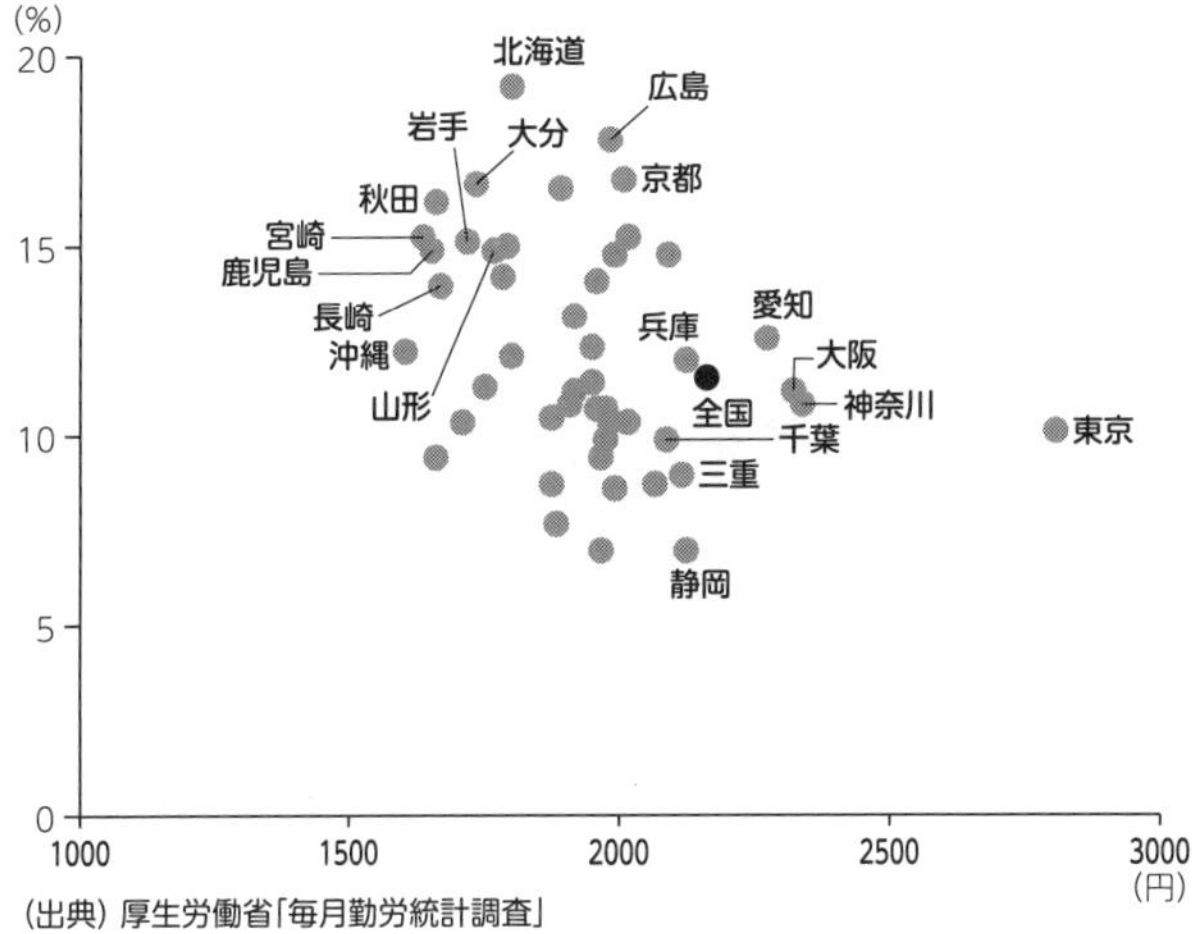

（出典）厚生労働省「毎月勤労統計調査」

は19・2％。そのほか、岩手県（1720円→1981円、15・1％増）、大分県（1739円→2028円、16・6％増）、鹿児島県（1655円→1900円、14・8％増）、山形県（1773円→2036円、14・9％増）などもともとの時給水準が低かった都道府県が賃金の伸びが強い傾向にあることがわかる。

一方で、大都市圏では賃金上昇率は実はそれほど高くない。愛知県（2274円→2558円、12・5％増）は全国平均より上昇率が高いが、東京都（2808円→3091円、10・1％増）や大阪府（2318円→2576円、11・2％増）や神奈川県（2339円→2591円、10・8％増）などにおいてはそこまで伸びていない。

図表1-22 事業所規模別の名目時給の変化

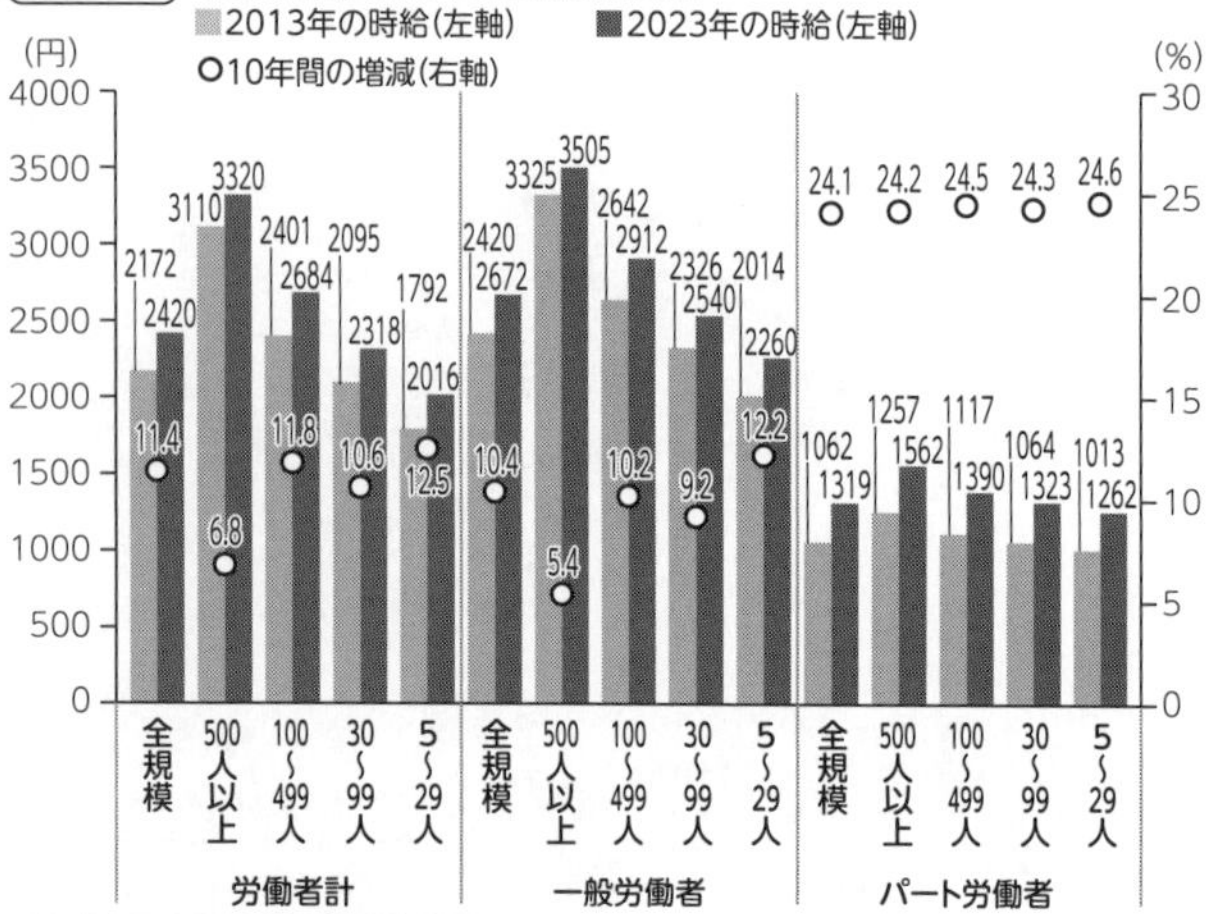

（出典）厚生労働省「毎月勤労統計調査」

最後に、企業規模別に賃金上昇率を算出したグラフを紹介しよう（**図表1-22**）。企業別に時給（名目）の変化を確認すれば、実は賃金上昇は中小規模の事業所から広がっていることがわかる。一般の労働者について、500人以上の事業所では10年間で時給は5・4％しか上昇していないが、5〜29人の事業所では12・2％増加している。また、雇用形態に着目すれば、パート労働者の時給は事業所の規模によらず大幅上昇している。

以上、賃金の動向をあらゆる角度から検証してきたが、これらの現象はなぜ生じているのだろうか。もちろん最低賃金による外生的な影響もあるとみられるが、失業率が安定的に低位で推移していることとも踏まえれば、本質的にはこういった業界や地方、中小規模の企業ほど人手不足が深刻だから賃金が上がっているのだと考えることができる。

地方や中小企業の経営者などからは、人口減少と少子高齢化に若者の都心流出が拍車をかけ、近年はとにかく人が採れないと話を聞くことが増えた。しかし、人が採れないという言葉の裏には異なる意味が隠されている。多くの経営者が言う人手不足とは、従来通りの賃金水準では人が採れなくなったという側面が強い。過去、報酬を引き上げないでも容易に人手を確保できた状況が長く続いてきたなか、賃金を上げなければ人が採れない現在の労働市場の構造は経営者に不都合な現実として立ちはだかっている。

市場メカニズムを前提とすれば、特定の地域や業種で人手不足が深刻化すれば、人員を確保するために、企業は否が応でも賃金を引き上げざるを得なくなる。実際に、地方の中小企業のほとんどは人員確保が事業継続の死活問題となっており、より良い労働条件を提示するための経営改革に迫られているのである。

賃金とは、本来はこうした労働市場のメカニズムの中で決定される変数である。人手不足で労働市場からの賃金上昇圧力が高まって初めて賃金が上昇するのだということを、これらのデータは明確に示している。深刻化する人手不足の陰で「人が安すぎた時代」は、少しずつではあるが着実に終焉《しゅうえん》に向かっている。

変化6　急速に減少する労働時間

労働力は経済の最も大きな投入要素であるから、経済を拡大させようと考えるのであれば労働投入量を増やす必要がある。しかし、個々人の厚生を考えれば、いくらたくさんの稼ぎが得られたとしても、生活のほとんどを仕事に費やす人生は決して豊かなものとは呼べない。近年、人々が働く時間には大きな変化がみられる。ここでは、労働者の労働時間の変化を探る。

労働時間は大きく減少している

長い間、日本は国際的にみても労働時間が顕著に長い国であった。しかし、近年、日本人の労働時間は長期的に減少を続けている。

図表1－23で主要国の労働時間の推移を取っているが、国際的にみても日本の労働時間の減少は際立っている。２０００年当時は年間１８３９時間と平均的日本人は米国人と並んで長時間労働をしていたが、足元の２０２２年には１６２６時間と欧州先進国の水準に近づいてきている。

図表1-23 年間労働時間の推移（国際比較）

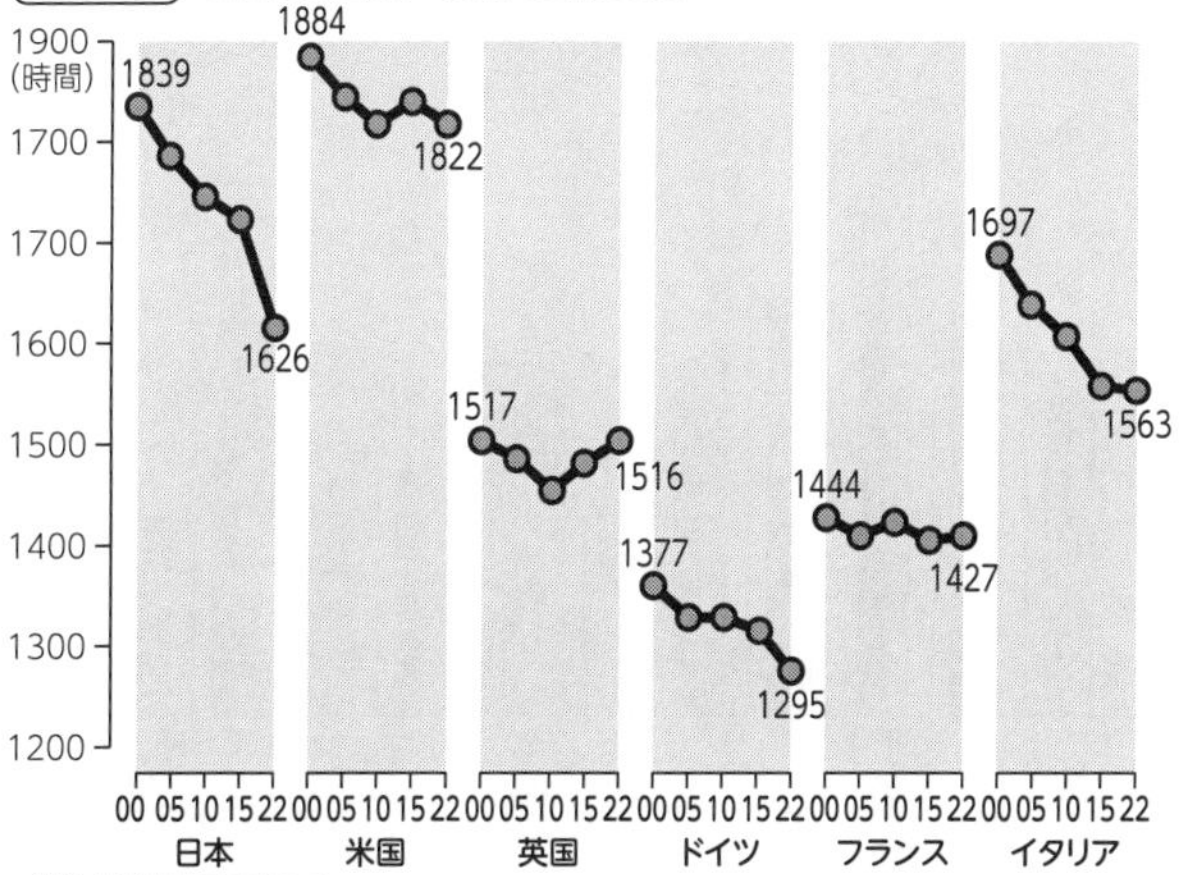

（注）対象は雇用者のみ
（出典）OECD

２０００年から２０２２年までの労働時間の減少率も11・６％と、６ヵ国間で最大の減少率になる。さらに、減少率も逓減《ていげん》しているわけではなく、ここ数年は減少の勢いが加速しているという点でもかなり特異な状況にあると言える。

特に近年では、２０１９年の働き方改革関連法施行もあり、長時間労働の是正や有給休暇や育児休業の取得促進など労働条件改善の動きが広がっており、働き盛りの労働者の働き方は大きく変わっている。

総務省「労働力調査」から、性・年齢階層別に労働時間の変化をみても、あらゆる年齢層で労働時間が減少していることが確認できる（**図表1-24**）。特に男

図表1-24　年齢階層別の週労働時間の変化

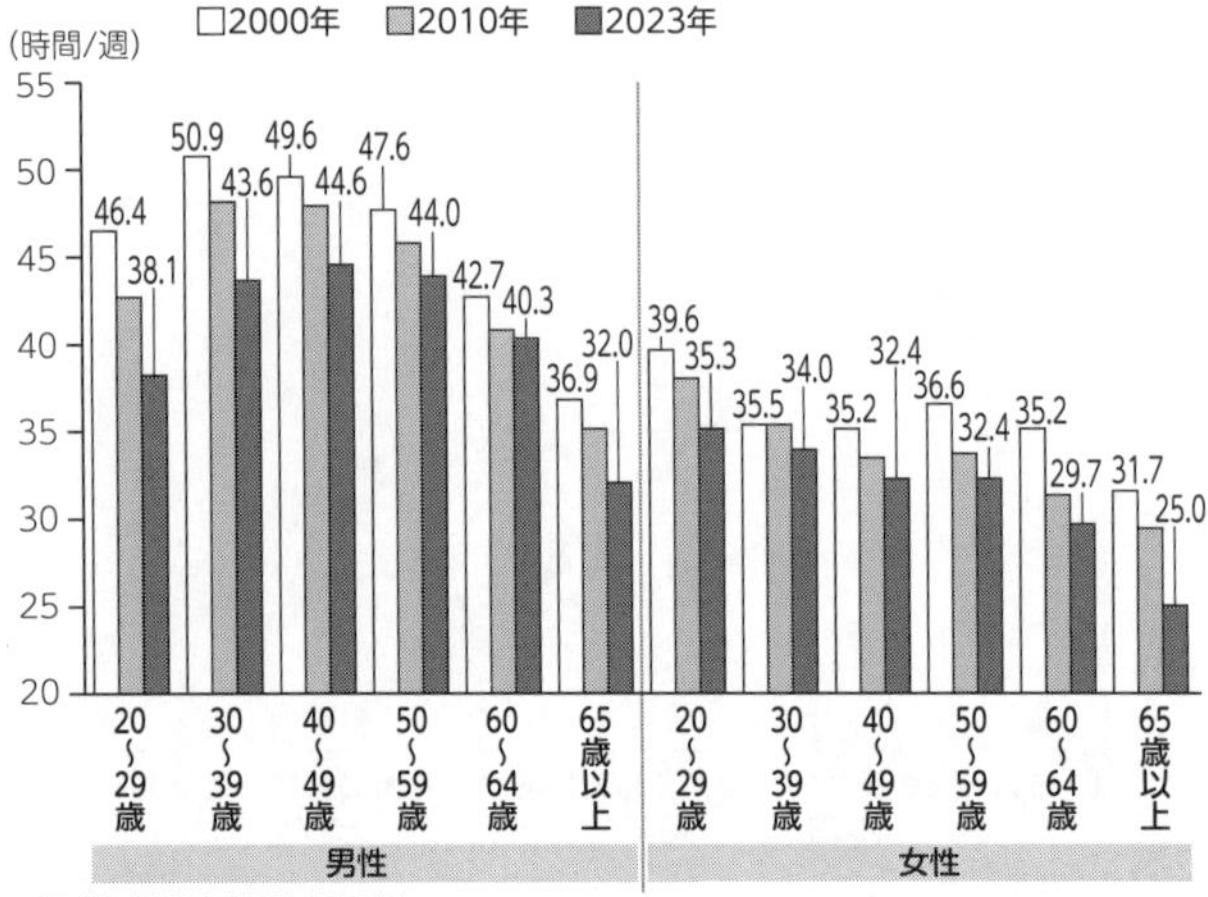

(出典) 総務省「労働力調査」

性若年層の労働時間の減少が顕著になっている。20代男性の週労働時間は２０００年時点の46・４時間から２０２３年には38・１時間まで減少している。20代は進学率の上昇なども影響しているとみられるが、同様の傾向は30代男性も確認される。30代男性は２０００年の50・９時間から２０１０年の48・１時間、２０２３年には43・６時間まで減少した。実際に多くの企業で長時間労働が是正されており、このような変化を実感できる企業人は多いだろう。

労働時間の減少は賃金水準にも影響を与える。たとえば、ある会社の新入社員の年収水準が現在と20年前で変わっていなかったとしても、週労働時間が50時間から40時間に減っていれば、その人の時給水準は25％上昇する。こうした事象が日本全国の企業で起こっていると考えられる。

残業に対して本来支払うべき割増賃金が支払われていない、いわゆるサービス残業についても近年かなり減ってきていると考えられる。サービス残業の実態は事業所が管理していないことから把握が難しいが、労働政策研究・研修機構が２０１１年に行ったアンケート調査によると、月間平均サービス残業時間は非管理職で13・2時間、管理職で28・9時間にのぼっていた。当時の月間総労働時間に占めるサービス残業の比率は、非管理職で7・1％、管理職が15・6％となっており、日本人の賃金に与えていたインパクトは相当大きかったはずだ。

これが現在どのくらいの水準になっているかは不明である。ただ、おそらくはサービス残業は近年大幅に減少しているだろう。統計上、労働者に回答を得る労働力調査などではサービス残業を含めて労働時間を捕捉できているはずである。しかし、毎月勤労統計調査など事業所が回答を行う各種賃金統計に関しては、法令違反であるサービス残業は反映されない。こうした点を踏まえれば、本来の時間当たりの賃金は、毎月勤労統計調査などから算出される水準以上に上昇しているのが実態だと推察することができる。

高まる余暇への選好

現代日本人は、なぜ長時間働かなくなったのか。近年の労働時間の減少は、2019年に施行された働き方改革関連法など法規制の影響を受けているとみられる。しかし、それと同時に労働時間というものは、社会的な規制や企業からの要請を踏まえながらも、労働者個々人が選択するものでもある。そう考えれば、人々の労働時間が減少したことはやはり個々の労働者の意思の反映とも考えられるはずである。

自身の賃金水準を所与としながら、余暇と労働に1日24時間をどう配分するかを決める。それが個人の労働時間選択の基本的な決定メカニズムである。つまり、より高い収入を得たいのであれば労働時間を延ばす必要があるが、そうなれば当然余暇の時間を削ることになるため、このトレード・オフの中で人は労働時間を決める。そう考えれば、現代人は過去よりも余暇に重点的に時間を配分するほうが自身の幸せに適《かな》うと考え、その結果として平均労働時間の減少が生じているのだろう。

人々の働くことへの意識変化はデータからも確認できる。日本生産性本部と日本経済青年協議会が新入社員に対して行っていた調査である「新入社員『働くことの意識』調査」(同調査は2019年でとりやめになっている)をみると若い人の働く意識は過去から大きく変化している様子がうかがえる(**図表1-25**)。

図表1-25 新入社員の働く意識

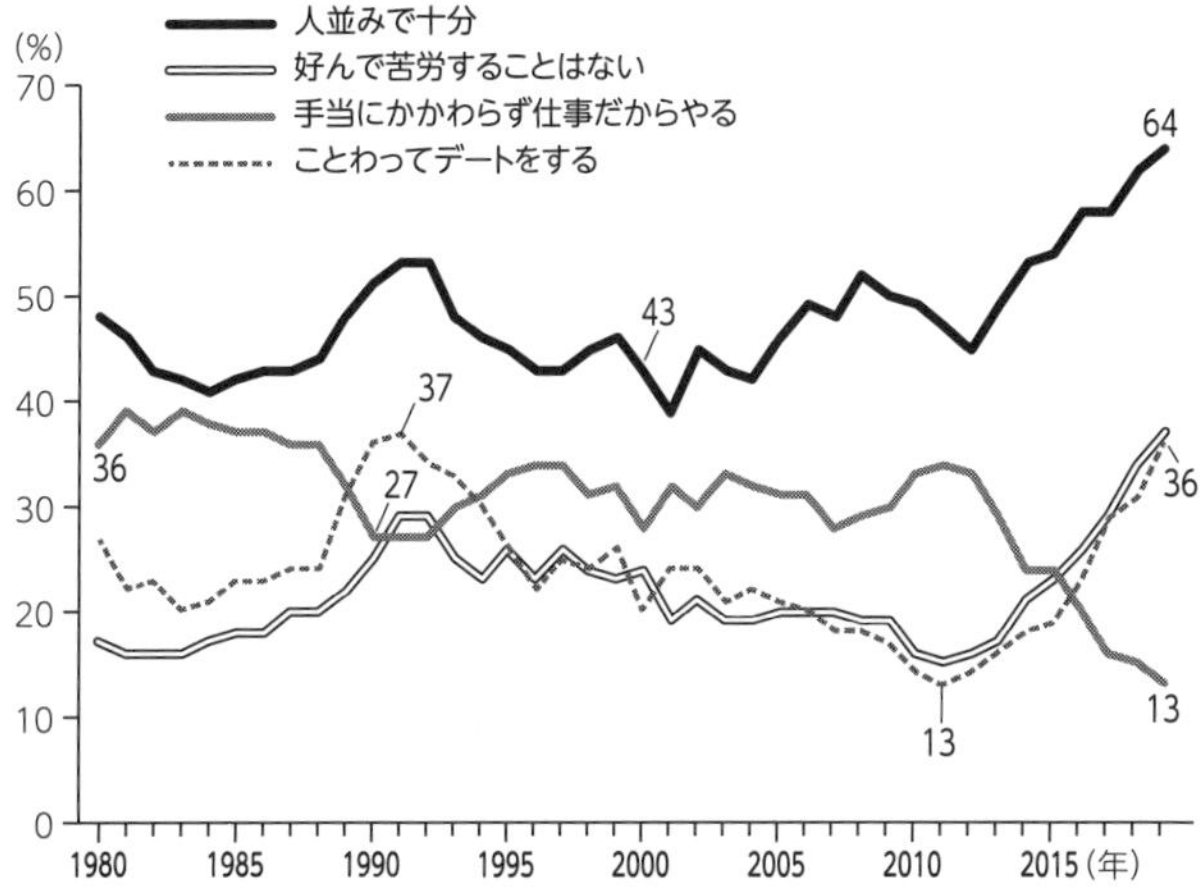

（出典）日本生産性本部「新入社員『働くことの意識』調査」

同調査によると、「あなたは、人並み以上に働きたいと思いますか。それとも人並みで十分だと思いますか」という設問では、「人並みで十分」と答えた人が２０１９年時点で64％にのぼり、２０００年時点の43％から21％増加している。

人々の働く意識について、現代ではZ世代特有の価値観という点に焦点があたることが多い。そういった世代論的な解釈やあるいは制度的な背景を指摘することもできるだろうが、時系列のデータを眺めていると、若い世代の意識は市場の需給から一定の影響を受けているようにみえる。

たとえば、「残業について、あなたはどう思いますか」という設問に「手当にかかわらず仕事だからやる」と答えた人の割合は、１９８０年の36％から１９９０年に27％まで下がり、その後高い水準を維持した後、２０１９年には13％にまで大幅に減っている。あるいは、「デートの約束があったとき、残業を命じられたら、あなたはどうしますか」という質問に対して「ことわってデートをする」と答えた人の割合も、１９９１年に37％とピークを付けた後、２０１１年に13％まで下がり、２０１９年には再び36％まで急上昇している。

これらのデータを見てバブル世代は不真面目だったと解釈する人もいるかもしれないが、こうした人々の意識もその時々の市場環境に応じて形成されている。つまり、労働市場の需給が緩く、労働者の立場が弱かった時代であれば、企業のためにサービス残業をしてまで働かなければ、自身の立場は危うくなる可能性が高い。一方、現代のように人手不足が深刻化している時代においては、所属している企業の労働条件が気に入らなければ、労働者は他の企業に活躍の場を移せばよい。市場の需給が労働者の意識に影響を与え、結果として行動も変容させているという側面もあるのだと考えられる。

さらにいえば、世の中が豊かになるにつれて、そこまで働かなくてもそれなりには暮らせるようになっているという長期的なトレンドもあるだろう。ケインズは、１９３０年当時、１００年後には英国や米国など豊かな国々では、テクノロジーの進歩によって週15時間労働が達成されると予測した。テクノロジーが進歩すれば労働者の労働生産性は上昇するため、それなりの消費生活を前提にすれば、人は労働時間をそこそこに抑えて充実した余暇を過ごすことができるようになるというのが当時の予想であった。残念ながら週15時間労働という予想は大きく外れることになったが、この予想は現代においてもいまなお緩やかに当てはまっていると考えられる。昨今、週休3日制が新しい働き方として注目を集めているが、過去週休1日から週休2日に移行したように、長期的にみればそのような動きが徐々に広がっていくこともあるかもしれない。

改めて、近年の労働時間減少の要因を個人の観点から捉えてみれば、あくまで個々人の合理的な選択の結果としてそれは実現しているのだと考えられる。つまり、より短い時間でそれなりの報酬を得たいという人が増えたから、現在のように労働時間が短い労働者の数が増加しているのである。

タスクは細切れになっていく

労働時間減少の原因として、そもそも人が長時間働かなくなったことに加えて、短時間労働者が労働市場に参入している影響も大きい。女性や高齢者などこれまで日本では働いてこなかった人たちが労働市場に参入した結果として、平均の労働時間が減っているのである。

長時間労働の是正は、企業にとってどのような意味をもつだろう。労働者にサービス残業をさせることで利益を上げていたような企業があるとすれば、労働者が長時間働いてくれなくなることは痛手になる。しかしその一方で、法令を遵守《じゅんしゅ》している企業であれば、基本的には時間外労働の分だけ割増賃金を支払わなくてはならないことから、残業が減れば人件費を節約することができる。その意味では残業時間が減ることは事業者にとっても必ずしも悪い話ではない。

残業時間が減ると、従業員の労働生産性はどう変化するか。従業員が日々の仕事の中で取り組む仕事にはさまざまなタスクがある。たとえば、営業職を思い浮かべれば、大口の契約が取れる見込みが高い顧客との商談から、契約の見込みが低い顧客への提案、また付随して発生する事務作業なども多くある。これまでより短い時間で成果を上げなければならないということになれば、基本的には優先度の低い業務から諦めていくことになるはずである。そうなれば、フルタイムで長時間働いていた人にとっては、労働時間の減少はおそらくは平均的な労働生産性の上昇を促すことになる。こうしたメカニズムが、近年の労働生産性の向上や時間当たりの給与水準上昇の背景にある可能性もある。

また、短時間労働者の増加は、角度を変えれば労働者のタスクが細切れになっていると

図表1-26 週間労働時間の分布

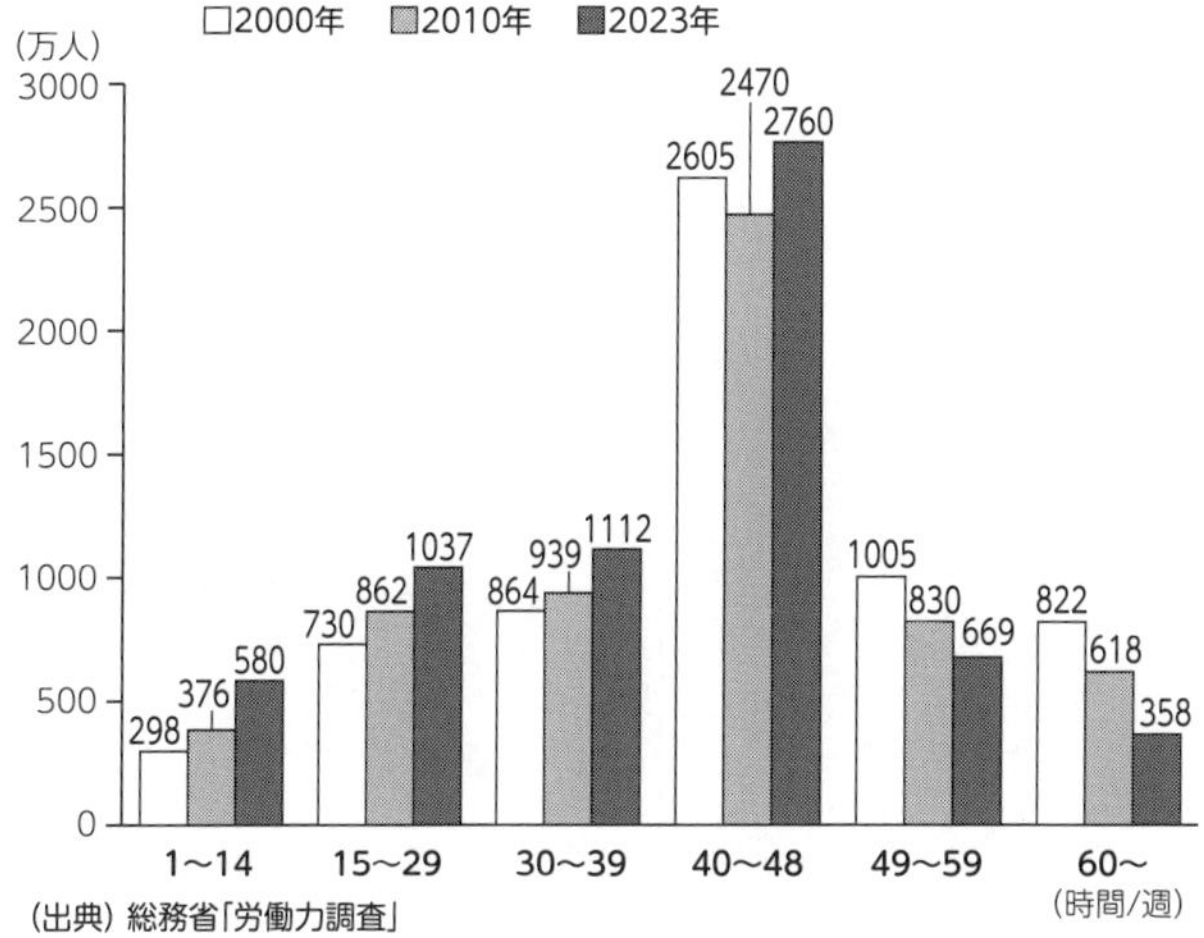

(出典) 総務省「労働力調査」

いう見方もできるだろう。**図表1－26**は、労働時間別の就業者数の推移を取ったものである。2000年時点で週1～14時間働く人は298万人であったが、2023年には580万人に増えており、この二十数年で倍増している。週15～29時間働く人も増えている。

過去、壮年期の男性が労働市場の多数派を占めていた時代においては、さまざまな業務がフルタイムの働き方を前提に構築されていた。しかし、短時間労働を希望する人の比重が増える中で、企業は既存の人事制度や業務プロセスを組み立て直す必要性が生じてきており、ビジネスの現場では業務プロセス全体を抜本的に見直すBPR（ビジネス・プロセス・リエンジニアリング）という考え方が注目を集めている。

将来的には、高齢者など短時間しか働けない人はますます増える。長時間働ける労働者が急速に減少する中で、企業はこうした人たちに活躍してもらわなければ人員確保がままならなくなっていくだろう。そうなれば、これからも企業はタスクを細分化させ、短時間労働で働きたいという労働者の希望を叶《かな》えるように業務を再構築せざるを得なくなる。

仕事を細かくタスク分解していった先には何があるか。同様の性質を持つタスクを寄せ集めることができれば、そのタスクは労働者でなければ担うことができないタスクではなく、ＡＩ（人工知能）やロボットなどでも代用できるタスクに近づいていく。そうなれば、資本を投下して人が担っていた仕事を自動化していくことも可能になる。人しかできない仕事を人が担い、機械でもこなすことができるタスクは機械に任せることができれば、社会全体の生産性は高まっていくはずである。

デジタル技術が進歩している現代において、１週間フルに働くことを前提とした旧来型の働き方ではなく、タスク分解を行い、短時間でも希望した人が働きたいときに働ける環境を整備する。企業がタスクを切り出していくことは、これからもビジネスの潮流となっていくはずだ。

変化7　労働参加率は主要国で最高水準に

近年の日本の労働市場では、これまでであれば働いていなかったような人たちの労働参加が急速に拡大している。女性や高齢者の急速な労働参加は、これまでの日本の賃金の動向にも大きな影響を与えてきた。そして、その影響は労働市場の内部だけにとどまらない。財・サービス市場なども含め、経済全体にも広範な影響を与えてきたと考えることができるのである。

全員参加型経済への移行

ＯＥＣＤのデータベースから男女の就業率の推移を取った**図表1-27**から国際比較をすれば、日本の労働市場で女性や高齢者の労働参加の拡大がいかに顕著に進んでいるかを改めて確認することができる。

近年の日本の労働市場を振り返ったとき、大きな出来事としてあげられることにはなんといっても女性の労働参加の急伸がある。２０００年に56・７％であった日本の15～64歳の女性就業率は、足元で72・４％まで上昇している。ドイツでも女性の就業率が急上昇し

図表1-27 **15〜64歳の就業率（国際比率）**

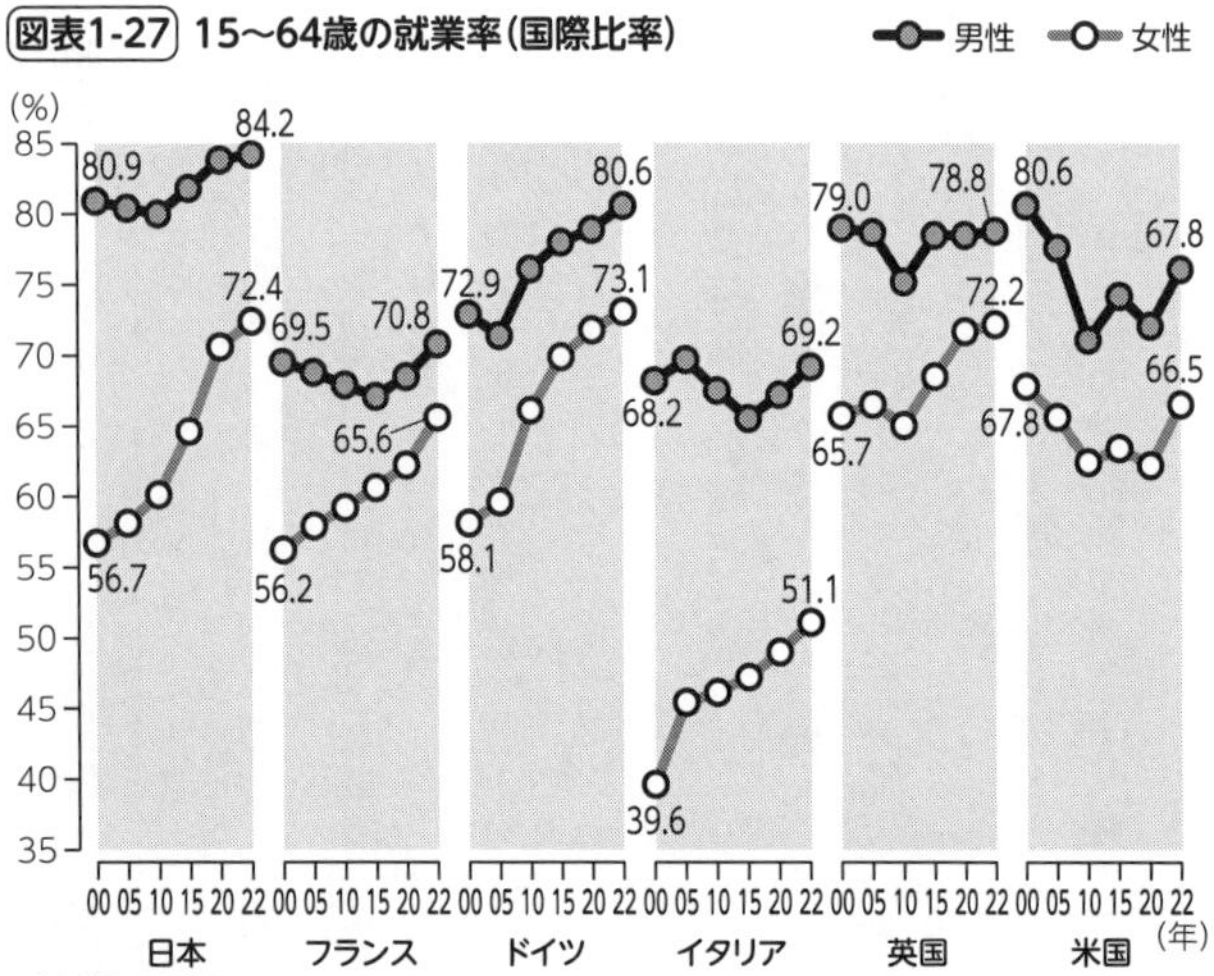

（出典）OECD

ているなど、女性の社会進出は世界的な潮流となっているが、その傾きは日本が最も急である。

　女性の就業率について、他国と比べて特徴的なのは変化幅だけではなく、水準でも同じである。２０２２年の時点で日本の女性就業率は既に米国や英国などよりも高く、主要国ではドイツ（73・1％）に次ぐ水準となっている。ここでは掲載していない北欧など一部の小国や都市国家では日本よりも高い就業率を達成しているものの、日本の女性就業率の水準や近年の伸びは特筆すべきものだと言える。近年のトレンドを踏まえれば、数年後には日本が少なくとも主要先進国では最も女性の労働参加が進んでいる国になるだろう。

就業率が高いのは女性だけではない。15～64歳の男性就業率に関しては既に日本が最も高い（2022年：84・2%）。イタリア（同：69・2%）やフランス（同：70・8%）など、働いていない男性が多数存在する国もある中、日本の男性就業率は突出した水準になっている。

もちろん、日本の労働環境における男女間格差については批判も多い。たとえば、日本では女性の管理職比率が著しく低く、男女間の賃金格差も大きいなどさまざまな課題が指摘されている。女性の管理職比率をいかに高めていくかなどはさまざまな議論もあるだろうが、少なくとも就業率のデータをみてわかることは、日本は男女にかかわらずとてもよく働く国だということである。

この傾向は高齢者でも同様である。日本の高齢者の就業率もまた近年急上昇している（**図表1-28**）。過去の世代においては、女性が働かないことが当たり前であった時代背景もあって高齢女性の就業率は低い水準にあった。しかし、この20年の間に60代後半の女性の就業率は23・7%から41・3%まで急上昇しており、60代後半男性の就業率も同じく大きく上昇している。

高齢者の高い就業率は日本特有の現象である。日本と米国、フランス、ドイツなどの年齢階級別の就業率を見てみると、日本の高年齢者の就業率は突出して高い。60代後半男性

図表1-28 65～74歳の就業率(国際比率)

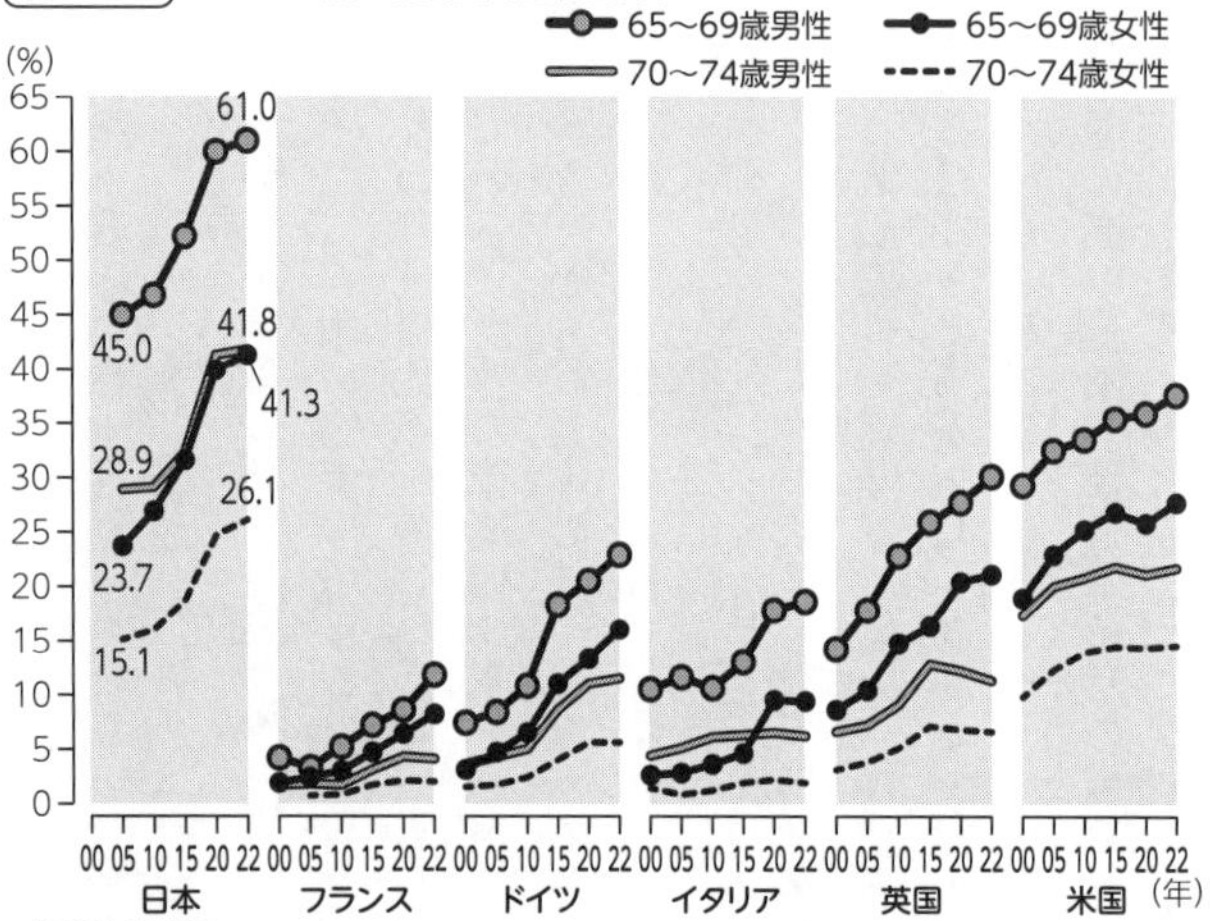

(出典) OECD

は日本が61・0％と既に多数の人が働いている一方で、米国（37・6％）、フランス（11・8％）、ドイツ（22・9％）など他国はいずれも日本より就業率が低い。70代前半で働いている人の割合も日本では41・8％に達しているが、米国で21・7％、ドイツが11・5％、フランスにいたっては4・1％しか働いていない。

労働参加の急拡大と低所得者の急増

日本ではこれまで周縁労働者と考えられてきた女性や高齢者の労働参加が急速に進んでいる。このような急速な労働参加の拡大は、日本人の賃金の動向にも大きな影響を及ぼしてきたと考えられる。

続いて、国税庁「民間給与実態統計調

図表1-29 雇用者の年収分布

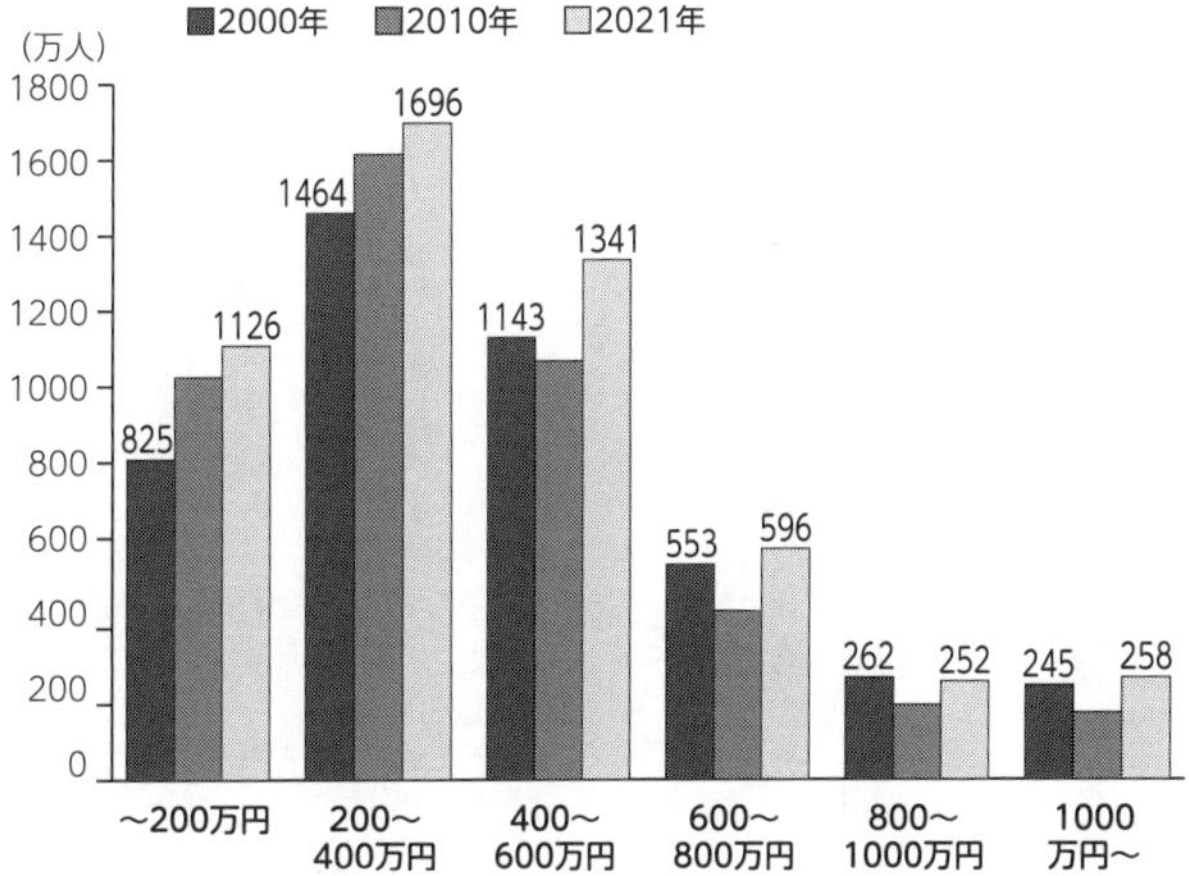

(出典) 国税庁「民間給与実態調査」

査」から、1年以上継続勤務者の賃金分布の変化を確認する(**図表1-29**)。

すると、この四半世紀ほどで日本人の賃金構造はかなり変化していることがわかる。まず、低・中所得者が大幅に増加している。年間200万円以下の給与を得ている人は2000年の825万人から2021年には1126万人に、200万円から400万円の層も1464万人から1696万人に増えた。

年収水準が低い労働者の増加はどのように解釈できるだろうか。低所得者が増えているのだから日本全体が貧困化しているのだと主張する人もいるかもしれない。しかし、さまざまなデータを分析していくと、日本において貧困問題が深刻化している様子や格差が急拡大している姿は見えてこない。先の賃金データの分析でもあったとおり、マクロの平均時給は足元では伸びてきており、むしろ非正規雇用者をはじめとする低所得者の待遇改善の方が先行して進んでいるのである。

さまざまなデータを組み合わせて考えてみると、年収水準が低い労働者が増えている理由の多くは、女性や高齢者が労働市場に急速に参入してきたことや、労働時間が短くなっていること、あるいはこれまでであれば自営業者として働いていたような人が雇用されて働くように変わってきていることなどによってかなりの部分が説明できると考えられる。実際に同図表をみると、年収400万~600万円の人数は1143万人から1341万人へと中間所得者層のボリュームも大幅に増えている。

厚生労働省「賃金構造基本統計調査」から性・年齢別の年収水準を取ると、女性や高齢者の賃金は全体平均よりかなり低くなっている。こうした人たちが急速に増えることが労働市場全体における賃金の上昇圧力を抑制し、統計上の平均賃金をも押し下げきた側面があると考えられる。

労働力のプールが枯渇《こかつ》したとき、賃金はさらに高騰する

近年の日本で就業率が急速に上昇してきたのはなぜか。女性であれば保育所の拡充や育

児休暇の拡充といった各種制度、高齢者であれば継続雇用制度の義務化など政府の政策による影響は大きいだろう。あるいは女性や高齢者であっても働くことは当たり前だとする人々の意識の変化や、高齢者であれば年金の給付水準の抑制といった財政的な事情も大きな影響を与えているとみられる。

こうしたなか、労働市場のメカニズムから考えれば、本来は賃金水準も労働者の就労の意思決定と関係しているはずである。労働者側の視点からすれば、たとえば定年後の人が新たな仕事を探すとき、時給８００円の仕事しか見つからないのであれば、多くの人が働かずに引退しようと考える。しかし、時給１２００円の仕事が見つかるのであれば、それより多くの人が引退せずにしばらくは働き続けようと考えるはずである。このように、賃金水準の上昇は労働参加を拡大させる効果を持つ。

一方、企業の視点で考えれば、労働市場に潜在的な労働力が大量に存在するのであれば、人手確保のためにわざわざ高い水準に賃金を設定しなくてもよいと考える。女性や高齢者が労働市場に参入しやすくなっている環境においては、企業が積極的に賃金を上げなくても、大量の労働者が自然に市場に流れ込んでくるからである。そう考えれば、これまで日本の労働市場は、大量に存在していた潜在的な労働力のプールが日本人の賃金水準を抑え込んでいた側面もあったのだと考えられる。

このように賃金水準と労働参加の動向は相互に関係している。そして、近年の日本の労働市場においては、わずかな賃金上昇であっても労働参加が急拡大するという意味で労働供給量は賃金に対してかなり弾力的な状況にあったのではないかと推察される。

しかしその一方で、ここまでの現象はあくまで過去の日本の労働市場において起きたことである。つまり、これまでの賃金や就業率の水準においては、労働供給が賃金に対して弾力的であったということであり、これ以降もそうであるという保証はない。

今後の労働市場を考えたときに焦点になるのは、日本人の就業率の上昇余地があとどれくらいあるのかということになる。総務省「労働力調査」から就業者と就業希望者、失業者の推移をとってみると、これまでの局面ですでに就業希望者の多くが就業者に移行しており、失業者数も低い水準を維持している（**図1－30**）。こうしたデータをみると、潜在的な労働力のプールが枯渇に向かっていることは確かだろう。

将来、労働参加が限界まで拡大し、就業率が天井を迎えたときには、いよいよ賃金が上がっても労働供給量が増えない局面が訪れることになるはずだ。生産年齢人口が急速に減少する一方で医療・介護需要が増え続ける未来において、日本経済は労働供給が賃金に対して弾力性を失う局面をおそらく経験することになる。そうなれば、賃金上昇率はこれまでよりも加速することになるだろう。

図表1-30 就業者・就業希望者・失業者の推移

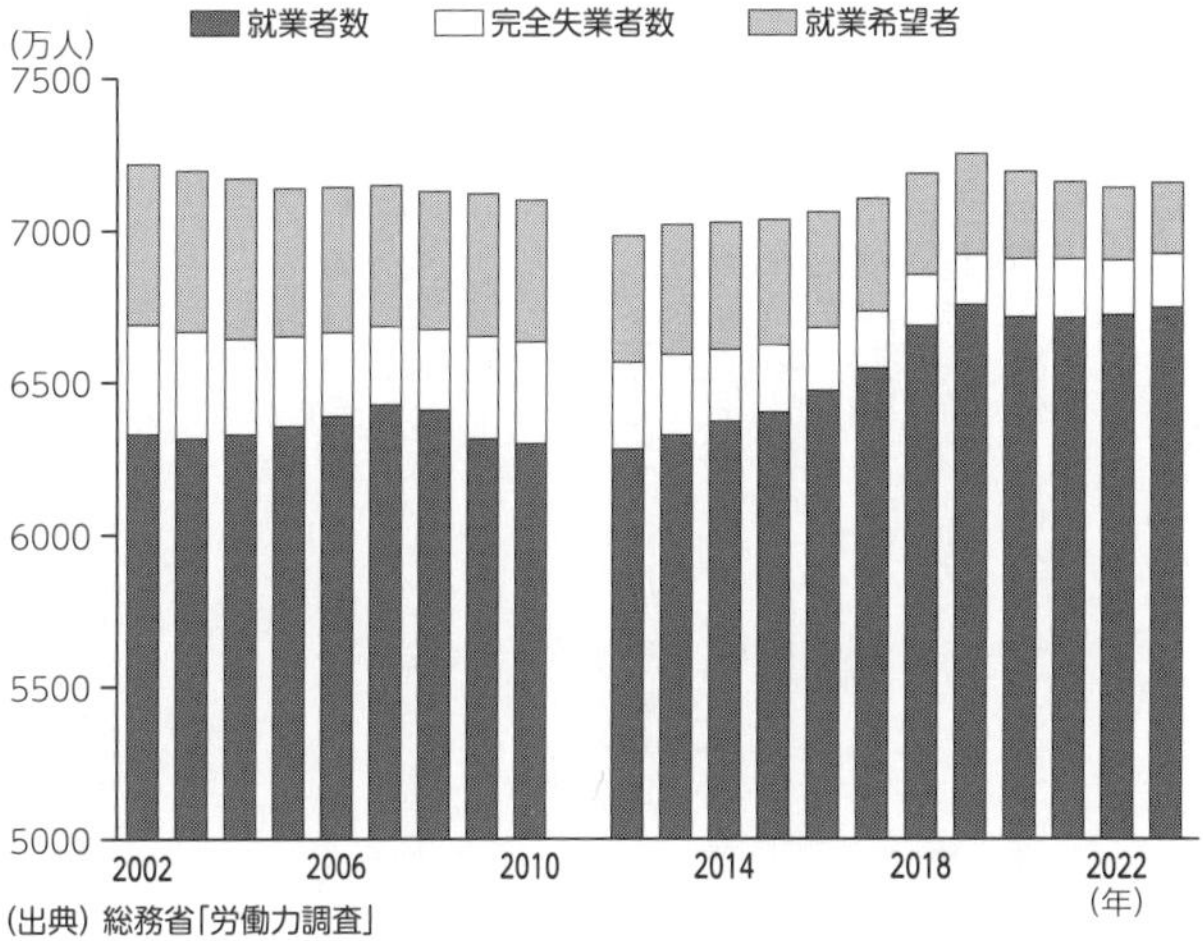

(出典) 総務省「労働力調査」

それがいつになるかまではわからない。しかし、2010年代半ば以降そうした兆候は少しずつ顕在化してきている。

就業率の推移をみていると、特に高齢者については労働参加の余地がまだ十分に残っているような感じもするが、70歳を超えても80歳を超えても現役世代と同じように働き続けられる高齢者はそう多くはない。相対的に健康な高齢者は既にかなりの程度働きに出ているとも考えられるだろう。

そう考えれば、労働力のプールが枯渇することで賃金がさらに高騰していく未来は、そう遠くない先に訪れるかもしれない。

変化8　膨張する医療・介護産業

産業構造は、経済の発展段階に応じて変化する。近年の日本の産業構造の変化で最も影響が大きなものは、医療・介護産業の拡大であり、医療・介護産業はマクロの市場の需給に大きな影響を及ぼしている。産業構造の変化に焦点を当て、日本経済の構造がどのように変化しているかを探る。

製造業、保建衛生などで付加価値が増大

多くの国の発展段階をたどると、まず第1次産業を中心とする経済をはじめとして、農業の生産性が向上し労働力が都市部に移動するなかで工業化が進む。工業化が一巡すると、第2次産業の技術進歩やグローバリゼーションの影響により、製造業は徐々に安価な労働力を求めて他国に生産拠点を移す。そして、人々の所得が上昇し、生活水準が向上していくなかで、教育、医療、娯楽、情報産業などのサービス業の比率が高まっていくという道をたどる。

内閣府「国民経済計算」から2000年以降の実質GDPの推移を調べてみると、日本

図表1-31 業種別付加価値額の推移

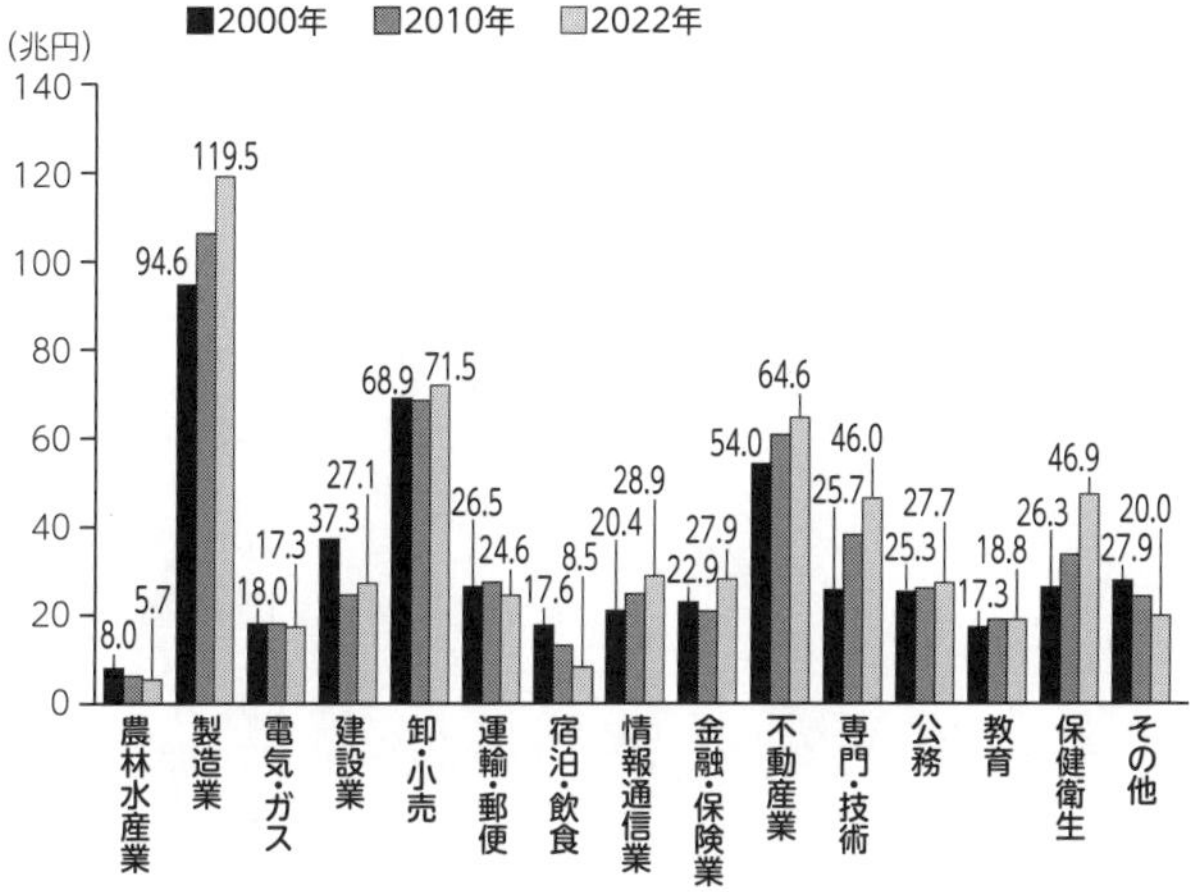

（出典）内閣府「国民経済計算」

の国内総生産は２０００年の４８７・３兆円から２０２２年には５５４・７兆円に増加しており、21年間の経済成長率は13・８％になる（**図表１－31**）。

２０００年以降で日本経済の付加価値額の増加に最も寄与した産業は製造業である。製造業が生み出す付加価値額は２０００年の94・６兆円から２０２２年には１１９・５兆円と26・２兆円増加した。産業機械の高度化やＡＩやＩｏＴ（モノのインターネット）などデジタル技術の活用によって工場のファクトリーオートメーションも進んでおり、生産性は長期的に高まっている。また、２０００年代以降、製造業の大企業は海外に多くの工場を新設するなど海外直接投資を増やしてきたことから、海外で生まれた収益の一部は日本本社の利益となり、日本人の所得向上にも貢献をしている。

製造業に続いてこの二十数年で付加価値の増加幅が大きい産業は、保健衛生・社会事業（22年間で20・6兆円増）、専門技術・業務支援（20・3兆円増）、不動産業（10・6兆円増）などとなる。保健衛生・社会事業は、病院や診療所における医療業務、介護老人保健施設や訪問介護事業などにおける介護業務、そのほか保育所における子どもの保育や保健所における業務などが生み出す付加価値が含まれている。高齢化により医療や介護を必要とする消費者が増えており、保健衛生産業の付加価値額は大きく増えている。専門技術・業務支援については、法律事務所や会計事務所、経営コンサルタント業務など企業の活動を支援する業務が近年広がりを見せていることが要因とみられる。また、広告業や職業紹介、労働者派遣業など対事業所サービスの付加価値増加も寄与している。

医療・介護産業が日本最大の産業に

産業別の付加価値額に注目してみることで、この数十年間の日本経済の成長に貢献した産業が見えてくる。しかし、付加価値額が増加したから成長に貢献しているというのはやや誤解があるかもしれない。安い労働力を大量に利用し、効率性を高めないままにその産

図表1-32 業種別就業者数の推移

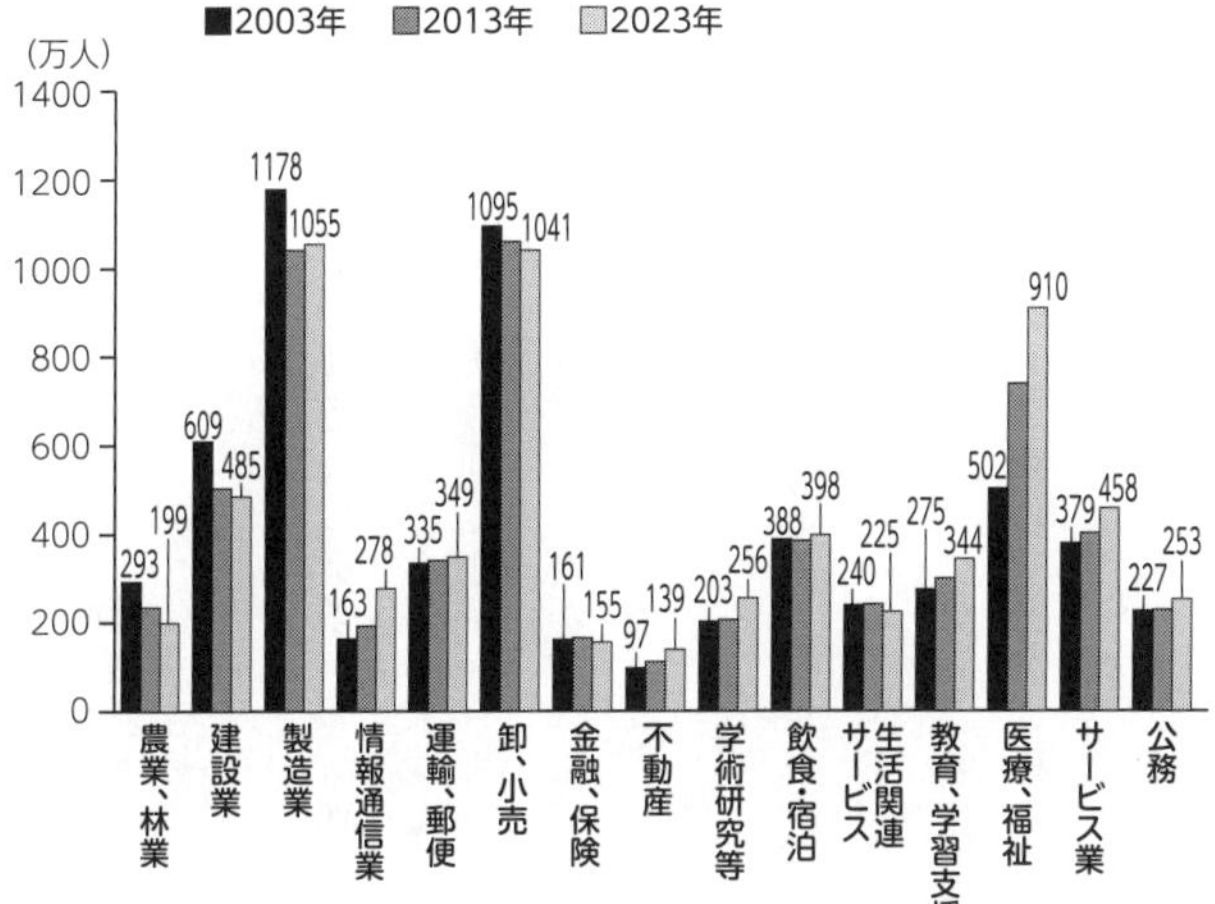

(出典) 内閣府「国民経済計算」

業の経済規模が大きくなったのだとしたら、それは必ずしも好ましい変化とは言えないからである。

この点でみれば、付加価値額に加えて、各産業にどのくらいの人が従事しているのかという視点も重要である。**図表1-32**は総務省「労働力調査」から各産業の就業者数の推移をみたものである。

就業者数に視点を移してみると、先ほどとは異なる光景が広がっている。まず、製造業に従事している人の数はこの20年ほどで減少している。2003年に1178万人いた製造業従事者は2013年に1041万人に減り、2023年も1055万人にとどまっている。20年間でみると10・4%の減少となる。この間、日本全国の就業者数は6316万人（2003年）から6747万人（2023年）と、6・8％増加していた。製造業の就業者が就業者全体に占めるシェアを算出すると、18・7％から15・6％まで低下している。結果として、現代においては日本の就業者の多くがサービス業に従事している。

製造業と並んで就業者数が多かった卸・小売業も2003年の1095万人から2023年の1041万人へと減少傾向にある。小売業界に関しては、過去、全国の各地域に張り巡らされていた専門個人商店が時代を経る中で消失し、近年ではコンビニエンスストアや大規模ショッピングモールが台頭している。また、ECサイトが普及し、大手アパレルでは商品の企画から生産、販売までの機能を垂直統合した製造小売（SPA）の業態が世界的にも広がるなど、卸売業の必要性が低下している。農林業（293万人→199万人）、建設業（609万人→485万人）なども減少が著しい。ここからは、多くの業界が限りある労働力を効率的に活用するための努力を継続している様子がうかがえる。

一方、就業者数が増加している業界も存在している。特に増加が著しいのは医療・福祉産業である。2003年の502万人から2013年に738万人、2023年には910万人と、この20年間で倍近く増えた。この20年間の医療・福祉産業の就業者数の増加数は408万人となるが、これは同期間の全産業の就業者数の増加幅（431万人）とほぼ同じ規模になる。近年、日本全体で増えた労働力のほぼすべてを、医療・福祉産業が吸収しているのである。

医療・福祉産業の就業者数の増加スピードは衰えることなく、この10年間ほどでみても年平均2・1％で伸び続けている。日本社会の少子高齢化の勢いはとどまることなく、このペースで医療・福祉産業が膨張していけば、2030年には日本で最大の雇用を抱える産業になるだろう。

生産性が低いサービス業に人が集まる

改めて付加価値額の増減と労働投入量の増減との関係を見てみるとどのような関係があるか。**図表1－33**は、内閣府「国民経済計算」から縦軸に労働生産性の変化を取り、横軸に労働投入量の変化を取って、その関係性を見たものである。

この散布図をみると、労働投入量変化と労働生産性変化には緩やかな負の相関があることがわかる。つまり、労働生産性が上昇している業界は労働投入量が減少している傾向がある。逆に労働生産性が停滞している業界は、労働投入量が増大する傾向にある。このように生産性が上がらない産業に労働力が集中する現象は一般にボーモル効果と呼ばれるが、近年の日本の産業構造をみると、そうした効果が確かに顕在化している様子が見て取れる。

図表1-33　労働生産性と労働投入量の変化（2000年から2022年の変化率）

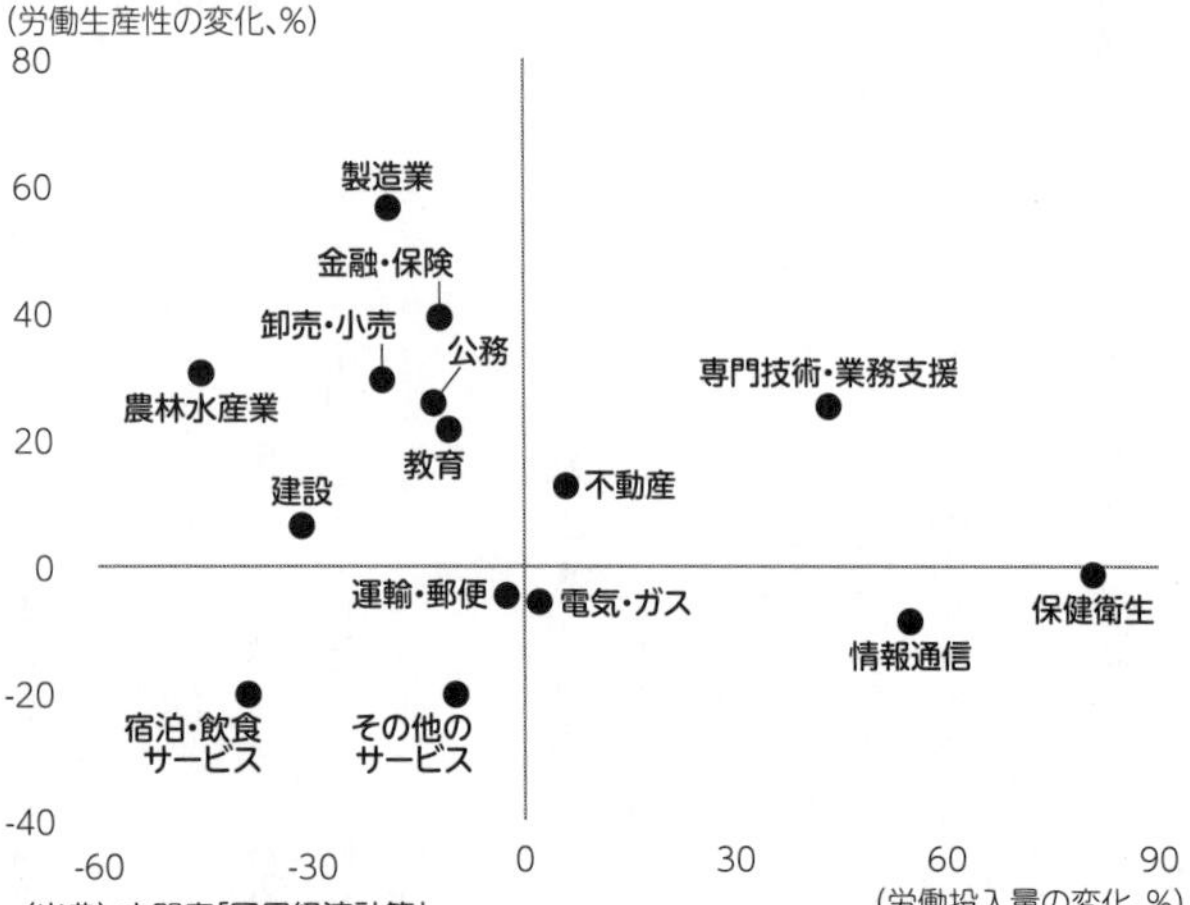

（出典）内閣府「国民経済計算」

産業別にみたときにこうした現象が生じるのは、供給能力が向上しやすい業界と需要が増加しやすい業界が一対一に対応していないことが要因になっていると考えることができる。先述のように製造業ではオートメーション（自動化）によって生産性が上昇した結果、より少ない労働力で付加価値を上げることができるようになっている。しかし、モノの需要は供給能力の上昇に比例して増加するわけではない。たとえば、工場における生産技術が向上し、自動車産業の生産能力が高まることでより安価で高機能な自動車の生産が可能になったとしても、それで国内の自動車需要が急増するわけではない。

逆に、保健衛生などの産業では高齢化に伴って需要が長期的に増加を続けている。しかし、たとえば介護業務の食事介助や入浴介助などのプロセスが数十年前と比べて変わっているかといえば、実態としてそのプロセスは大きくは変化していない。医療・介護の領域に関しては、機械化による効率化が進まないなかで、それと並行して需要だけが堅調に伸びてしまっているのである。これは医療従事者や介護従事者のみではなく、ドライバーや建設現場の作業員、販売員、調理師、保育士などいわゆるエッセンシャルワーカーとして働く人で構成される産業に広くみられる現象である。

この現象をどう見るか。経済成長には需要の喚起が重要だと考えるのであれば、医療・介護産業は日本経済をけん引している産業だと捉えることができるだろう。しかし、経済成長には供給能力の強化が不可欠だという考え方に従えば、生産性が上昇しないまま膨張する医療・介護産業を評価することはできない。

こうした観点でみれば、過去のように人手がいくらでも余っていた時代であれば、膨張する医療・介護産業は労働市場のスラック（需給の緩み）を埋めてくれる貴重な産業であったといえる。しかし、人口減少経済ではそうはいかない。希少な労働力を企業が奪い合う未来においては、各業界で限りある労働力を有効活用する取り組みが求められる。これからの時代においては、需要を喚起することよりも供給能力を強化することがより重要になるのである。

過去、需要が不足していた時代においては、企業が雇用を創出してくれることもまた望ましいことであった。しかし、そうした考え方も現代には徐々にそぐわなくなってきている。製造業に関して、過去には海外直接投資によって国内の雇用が失われることを懸念する声もあったが、日本経済はもうそのような局面にはないのである。働き手が減少していくこれからの日本の人口動態を前提とすれば、日本におけるすべての産業がこれまで蓄積してきた資本や技術を活用しながら、少ない人手で生産する業態に変容していかなければならない。そのためにはボトルネックになっている産業の生産性を高め、より少ない人手で効率的に生産できる体制に変革させることが重要となる。

変化9　能力増強のための投資から省人化投資へ

経済の主な投入要素は労働と資本である。本書では主に労働に関する事柄を中心に経済環境の変化を記述しているが、労働市場と資本市場は密接に関係をしている。ここでは、国内経済が人口減少局面へ移行していくにあたって、企業の投資構造にどのような変化が起きているかを概観する。

労働力を輸出する国から輸入する国に

図表1－34は日本の国際収支の動向をみたものである。国際収支の長期推移をみると、貿易収支の黒字幅が縮小していることがわかる。近年では2011年から2015年に5ヵ年連続で貿易収支の赤字を記録したほか、2022年は15・7兆円の赤字を記録するなど、大幅な貿易赤字を計上する年も増えてきている。

2010年代前半の貿易収支の赤字は資源価格の高騰や東日本大震災に伴う火力発電のシェア拡大が大きな影響を及ぼした。また、足元ではウクライナ危機などに伴う原材料価格の高騰も貿易赤字の原因となっている。このように貿易収支の赤字転換はその時々の短

図表1-34 経常収支の推移

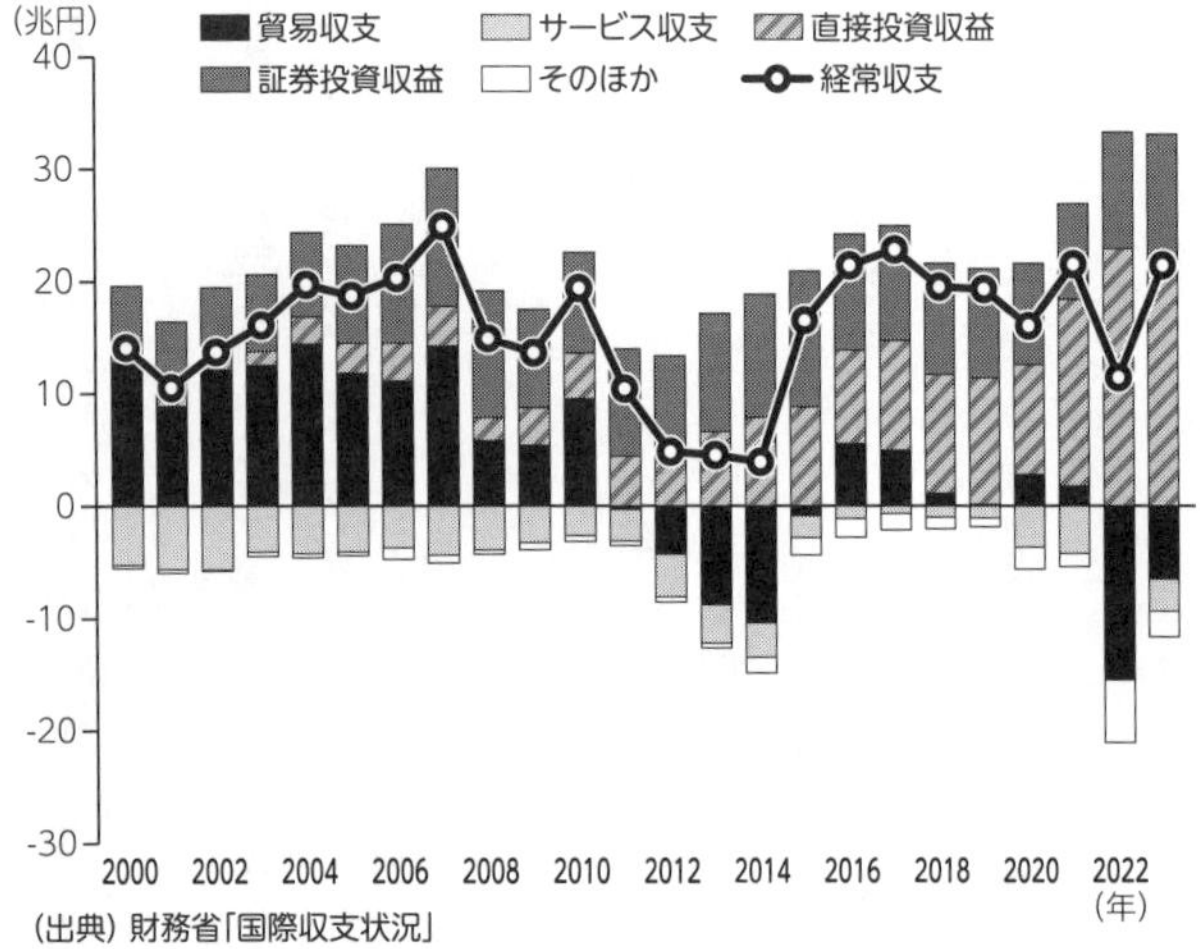

(出典) 財務省「国際収支状況」

期的な要因によるところも大きいが、長期的にみれば日本の貿易収支が黒字であるというこれまで日本経済を支配してきた常識は、近年、明らかに通用しなくなってきている。

貿易収支が赤字基調に転じた背景には、製造企業の大規模な生産拠点の海外移転がある。海外直接投資の純資産残高は２０２３年末時点で２５７・２兆円に達している。同資産残高は２０００年末時点で26・2兆円、２０１０年末時点で50・２兆円、２０２０年末時点で１６９・４兆円であったことから、近年も海外への投資が急速に伸びていることが確認できる。国内市場が相対的に縮小することが予想されるなか、企業は世界の旺盛な需要を取り込むために海外への投資を長期的に拡大させているのである。

貿易といえば、自国の技術の比較優位をもってして、海外へ財を輸出するといった側面がある。それと同時に輸出とは他国の代わりに製品を生産してあげる行為であり、逆に輸入は自国に代わって他国に財を生産してもらう行為にあたる。こうした観点からみると、輸出は労働力が豊富な国からそうでない国に向かって行われるという側面もあり、時には二国間の貿易の不均衡をもってして失業の輸出をしているというような言われ方をすることもある。これまで本書では国内の労働市場を主に分析の対象としてきたが、労働市場は必ずしも国内で閉じるものではない。開放経済のもとでは、国内の労働市場は海外のそれとも緩やかにつながっているのである。

国内の企業が海外の労働力を利用しようと思ったときに選択肢になるのは、前述の海外直接投資があげられる。投資を行おうと考えたとき、企業はあらゆる選択肢の中で最も投資収益率が良い投資先に投資しようとする。投資対象国のマーケットが今後大きく成長し、高い収益を期待できるのであれば、国内への投資より当該国への投資を優先しようと考える。あるいは、投資対象国において安くて質の高い労働力が豊富に手に入るのであれば自国で生産するよりも容易に利益を確保することが可能であるため、企業は海外で生産しようと考える。

国内投資から海外投資へ

今後、日本の人口が減少するなかで、国内マーケットの世界におけるプレゼンスが相対的に縮小していくことは明らかである。企業の合理的な行動を前提とすれば、今後の日本で国内への投資が急速に拡大に向かうことは考えづらい。多額の資金やグローバルに通用する技術を有する国内企業は、今後も国内外問わず、最も収益を期待できる市場にその資本を投下していくことになるだろう。

これから先の長期の視点で見ると、日本の国際収支はどのように推移していくだろうか。

国際収支については、発展段階説が広く知られている。経済が未成熟の段階では自国の生産能力が低く、物資を輸入に頼らざるを得ないことから貿易収支が赤字となり債務が拡大する。その後、経済が発展していけば、次第に安い労働力を活用して輸出産業が成長し、貿易収支が黒字に転じる。そこからしばらくは貿易収支や所得収支の黒字幅拡大が続き、債権国に移行していくことになる。そして、やがて高齢化や賃金上昇などに伴って生産拠点としての国際競争力が低下し、債権を取り崩す段階へと移行していく。

国の経済発展と国際収支構造の変化をたどると、このように未成熟の債務国から成熟した債務国、未成熟の債権国、成熟した債権国へと移行していくことになる。このような理論に従えば、現在の日本は成熟した債権国の段階にあると考えることができる。

成熟した債権国の要諦は、海外の成長力をいかにして取り込み、それを国民所得の向上につなげていくかという点にある。これまで形成してきた資本や技術を活用して、効率的に高い収益を生み出すための仕組みを構築する必要があるのである。海外直接投資や海外証券投資の拡大によって所得収支が増加している現在の日本の状況は、このようにして理解することができる。

一方で、近年は現代ならではの注目を要する動きも見受けられている。インバウンドによる旅行収支の増加に反してサービス収支の赤字幅が拡大する傾向が生じているのである。これにはGoogleやApple、Amazon、Microsoftなど米国のビッグテックへの支払いが急増していることが背景にあると考えられる。これらの企業が提供しているサービスは一見すると無料で提供されているように見えるが、消費者が直接支払うサービス購入料金やサブスクリプションはもちろんのこと、企業による広告掲載料金やクラウドサービスの利用料などを含めて、直接・間接を問わず、多大なサービス利用料が日本から米国に支払われている。いわゆるデジタル赤字と言われる米国へのサービス料の支払い増加が日本の国民所得漏出を招いており、このような動きが強まっていけば、想像よりも早く債権の取り崩しの段階に入っていく可能性も否定できない。

国際収支はあくまで多国間でその収支がバランスすることが大切であって、黒字だから良いとか赤字だから悪いとかそういう考え方をすることは必ずしも適切ではない。しかし、非資源国でありかつ世界に先駆けて人口減少と高齢化が進むであろう日本においては、国民所得向上のためにも、また日本円の信認を維持するためにも、これまで日本が築き上げてきた資産を最大限活かしながら、国際収支の黒字基調を極力維持することが重要になる。

省人化のためのソフトウェア投資は緩やかに増加

日本においては、国内投資は過去のような勢いでは伸びていかない状態が続いている。それは、国内のマーケットがこれ以上拡大していかないことに企業が気づいているからである。人口減少が約束されている日本の市場において、生産能力を増強するような設備投資はこれからも趨勢として伸びていくことはないだろう。しかし、だからといってすべての投資が日本国内から失われていくわけではない。

財務省「法人企業統計」から設備投資の動向を確認していくと、その中身が少しずつ変わってきている様子が確認できる。省力化のための投資が伸びているのである。

図表1-35は同統計から設備投資（ソフトウェア投資を除く）とソフトウェア投資の推移を表したものであるが、有形の固定資産投資が抑制されている一方で、ソフトウェア投資は

図表1-35　設備投資とソフトウェア投資の推移

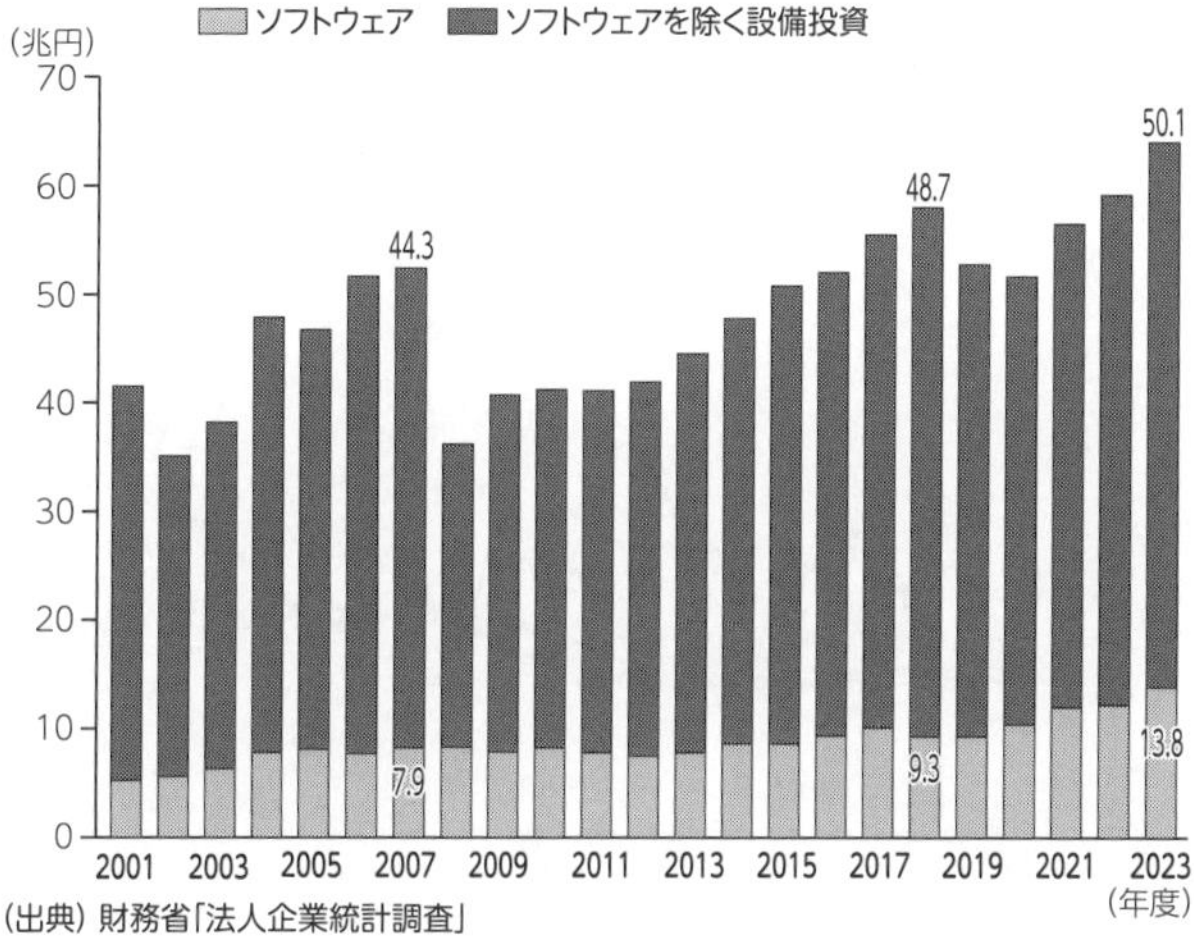

(出典) 財務省「法人企業統計調査」

長期的に拡大している様子が確認できる。ソフトウェアを除く設備投資については、２０２３年で50・１兆円となっており、リーマンショック前の水準（44・３兆円）と比べて大きくは成長をしていない。一方で、ソフトウェア投資については７・９兆円から13・８兆円へと堅調に伸びている。従来型の設備投資が能力増強のための投資であって、ソフトウェア投資はそうではないといった明確な区分けは難しいものの、後者の投資が効率化や省人化のための投資の色合いが強いということは確かだろう。

ソフトウェア投資が伸びている業態を見てみると、たとえば建設業や小売業があげられる（**図表１-36**）。建設ではＢＩ

図表1-36　業種別ソフトウェア投資の推移

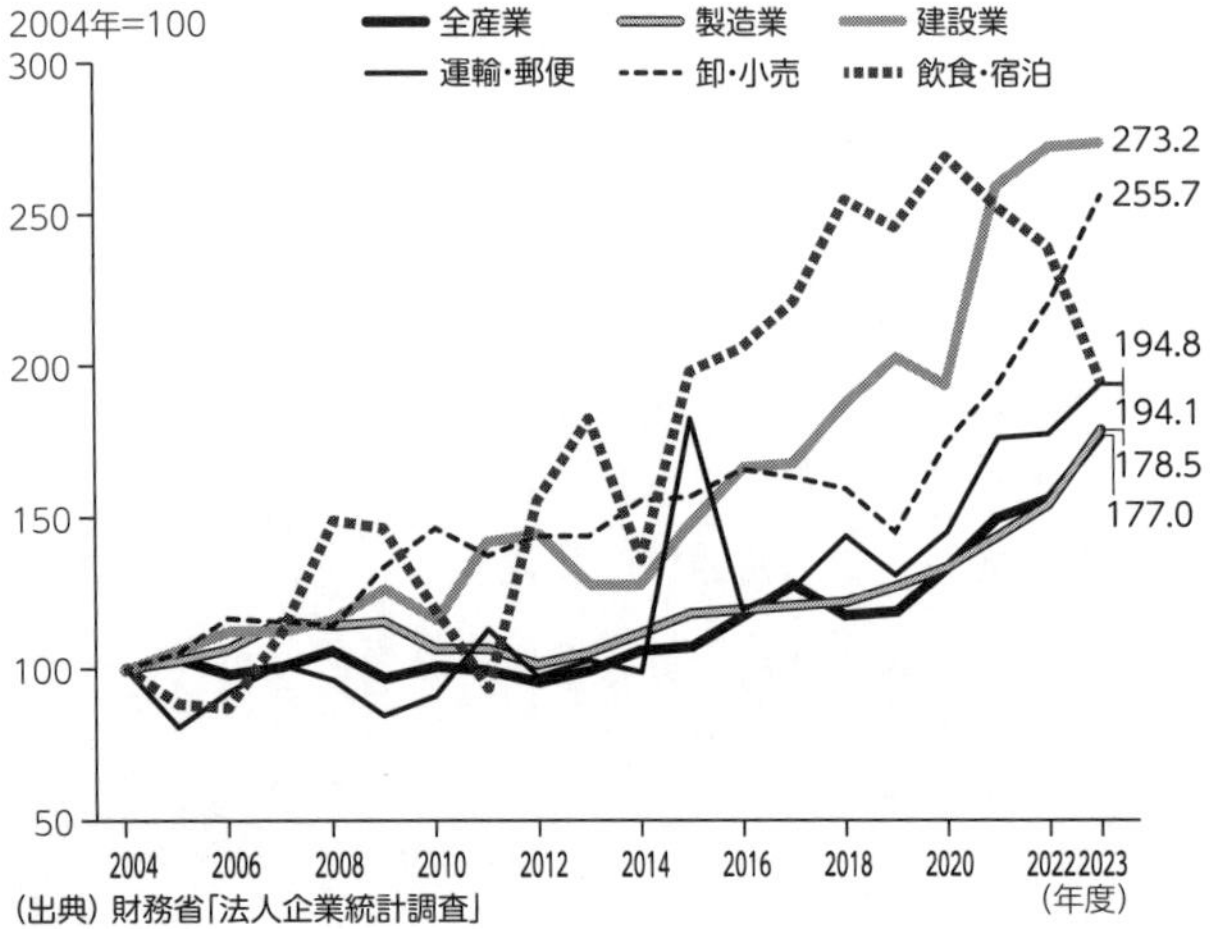

（出典）財務省「法人企業統計調査」

M（Building Information Modeling）による建設設計が普及し、建設機械の自動化施工も広がりを見せている。また、小売業ではセミセルフレジやセルフレジの導入が本格化してきており、多くの事業者が少ない人手で効率よく生産できる体制を整え始めている。多くの人にとってなじみが深い事務の領域でみても、ビジネスチャットやwebの会議ツールをはじめ、会計ソフトや勤怠管理ソフト、経営に関するさまざまな情報を統合的に管理するクラウドサービスなど効率化のためのさまざまなシステムが近年浸透してきている。

　このように設備投資というと、工場などで生産能力拡大のために産業機械を導入するといった従来型の投資を思い浮かべる人が多いだろうが、情報技術の革新によってソフトウェアに比重が移りつつある。人手不足業種を中心に省人化のための投資はこれからも広がっていくだろう。

近年の日本の資本市場においては、国内マーケットの縮小懸念から投資需要が抑制され、金利も長く低い水準に抑えつけられてきた。そして、財・サービス市場でもデフレーションが進行する中で、実質政策金利を自然利子率以下の水準まで引き下げることができない、いわゆるゼロ金利制約に長く悩まされてきた。このような構造も労働市場がひっ迫していくこれからの経済環境の中では、変わっていく可能性が高い。

サービス関連業種の投資に関しては額自体がそこまで多くないことから、設備投資全体の基調をけん引していくかまではわからない。また、中小企業も含めてあまねく企業に先進資本の導入が進んでいくためには、新しい技術に安価にアクセスできる環境が不可欠であり、そのためにはさらなる技術革新を待たなければならない。しかし、労働力が希少なものとなり、賃金水準がますます高騰する未来において、資本への代替の動きはさらに活発化していくだろう。人手不足による労働市場からの圧力が、日本経済のデジタル化を推し進めるのである。

変化10　人件費高騰が引き起こすインフレーション

人手不足の深刻化によって、日本人の賃金は今後継続的に上昇することになるとみられる。賃金上昇は労働者にとって好ましいことではあるが、企業にとって人件費高騰は事業を営む上でのコストの上昇につながり、利益を圧縮させる要因になる。そうなれば、企業は人件費増加によるコスト増について価格にそれを転嫁《てんか》せざるを得なくなる。ここでは、労働市場と財・サービス市場との関係に注目することで賃金と物価との関係性を考える。

労働集約的なサービスの物価は上昇している

改めて日本における近年の物価の動向を振り返ってみよう。**図表1－37**は総務省「消費者物価指数」から物価の動向を財とサービスに分けて取ったものである。

物価の動向をみると、2000年前後以降の長い間、消費者物価指数は前年比マイナスか、プラスになってもその幅は小さく、構造的に上昇しにくい状況にあった。しかし、2010年代半ば以降、財・サービス価格の上昇幅は少しずつ高まりつつある。特に足元では、消費者物価指数（総合）は前年比で3％を超える時期も出てくるなど大きく上がり始

図表1-37 物価の対前年比の推移

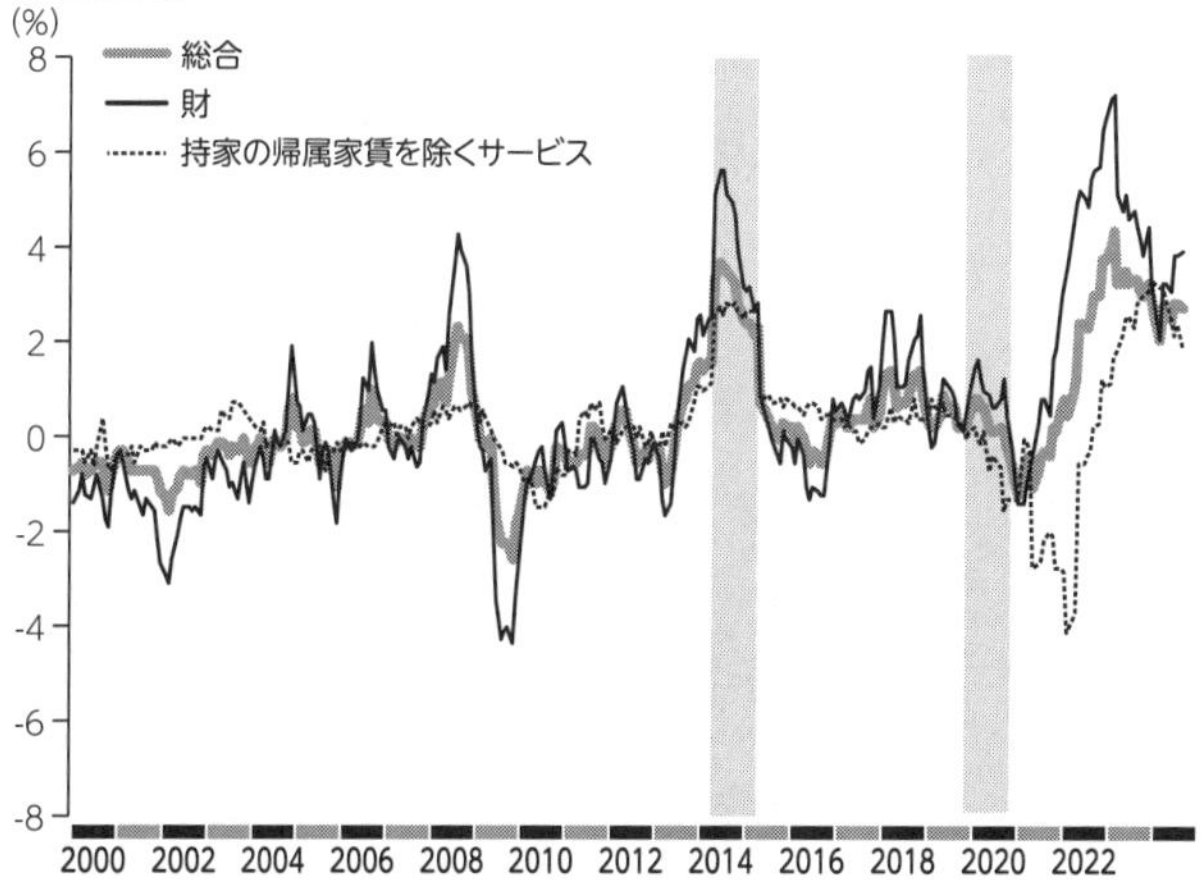

(注)網かけ部分は消費増税の影響がある動向を表している
(出典) 総務省「消費者物価指数」

めている。

今後の物価の動向を占ううえで焦点になるのは、賃金上昇の影響を受けやすいサービス物価の動向である。**図表1-38**は、同じく「消費者物価指数」からサービス物価を構成する各品目の2000年からの価格上昇率を算出し示している。このデータをみると、一口にサービスといっても、品目によって価格上昇の動きに大きな傾向の差があることがわかる。

サービス物価の動向から物価がどのような要因で変動するのかを考えていこう。サービス関連品目で最も際立った動きをしているのは通信費である。通信費は2000年から2023年までの間に53・2%低下した。通信費の大部分を占める

図表1-38 サービス品目別の物価の推移

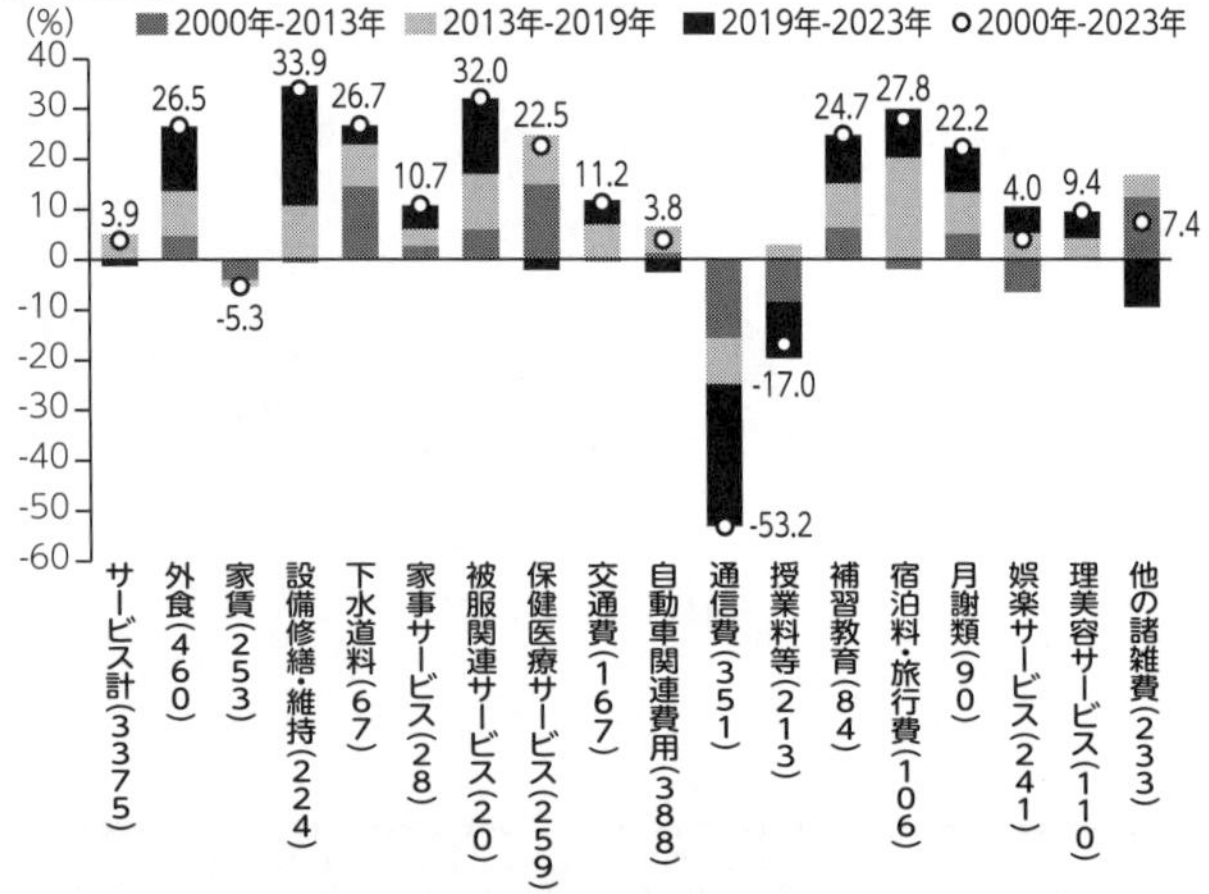

(注) カッコ内は各品目のウエイトを示している(単位は1万分の1)
(出典) 総務省「消費者物価指数」

のは携帯電話料金である。携帯電話料金が低下した理由は、政治的な要因もあるが、本質的には通信技術が急速に進歩したからだろう。携帯電話通信各社が提供するプランにおけるデータ通信量の大容量化やコスト削減が進展したことから、現代の消費者は過去に比べれば比較にならないほど膨大な通信量を安い価格で利用できるようになっている。通信費は消費者物価全体に占めるウエイトが1万分の351と比較的大きく、サービス物価全体の趨勢に最も大きな影響を与えている。

家賃も近年低下が続いている品目である。家賃に関しては測定上の問題も指摘されているが、地方部の人口減少による地価の低迷を反映しているものと考えられる。授業料も大きく低下しているが、これは高校授業料無償化など政策的な要因によるものである。

一方で、このような品目を除けば、サービス物価を構成する品目は、近年、上昇し始めていることがわかる。

個別にみていけば、まず設備修繕・維持に関する費用の上昇が著しい。同品目は、火災・地震保険料（消費者物価全体に占めるウエイト：1万分の67）、外装塗装費（同：1万分の47）、駐車場工事費（同：1万分の25）、屋根修理費（同：1万分の67）で構成される。先述のように、建設業界は厳しい人手不足のもとで、時給水準が上昇している。資材価格や人件費の高騰によって、各種工事費は上昇しているのである。

外食費（同：1万分の460）も価格上昇が激しい品目である。飲食業界でも原材料価格の上昇に加え、アルバイト・パート従業員の時給水準が上昇し、これに引っ張られる形で正社員の給与水準も上がってきている。飲食チェーン各社では配膳ロボットの導入やテーブルオーダーシステムを導入するなど懸命に生産性向上策を図っているが、生産性向上で吸収できないコストは価格転嫁せざるを得なくなっているものとみられる。

宿泊業も近年円安によるインバウンドの増加によって需要が急増しているものの、人手がそれについてこれずに人件費が高騰している。宿泊料（同：1万分の81）は、2000年から２０１３年までは６・０％低下していたが、２０１３年から２０２３年までの間には32・１％上昇している。そのほかも、鉄道料金やバス代などが含まれる交通費、学習塾の料金など補習教育費、習い事などの月謝類、理美容サービス、クリーニング代など被服関連サービスといった品目も、２０００年代にはほとんど価格が上昇してこなかったが、この10年間では価格上昇に転じている。

輸入物価高騰による物価上昇から、人件費高騰がけん引する物価上昇へ

ここでは２０００年以降のサービス物価の動向を簡潔に振り返ってきたが、改めて物価とはどのような要因で変動するのだろうか。

物価を説明する考え方にはさまざまなものがあるが、長期的な物価の動向を規定しているのは、生産にあたって発生するコストである。競争市場においては同じようなサービスを提供する企業は多数あることから、過度に高い価格を提示してしまえば顧客の離反にあってしまう。その反対に、過度に安い価格でサービスを提供すれば企業は利益の確保が困難になる。このため、独占企業を除けば、企業が提示する商品の価格は生産に当たって生じるコストに収斂《しゅうれん》していく。価格というのは、基本的には原材料費や人件費など生産コストに応じて決定されることになるのである。

図表1-39 物価と為替レート

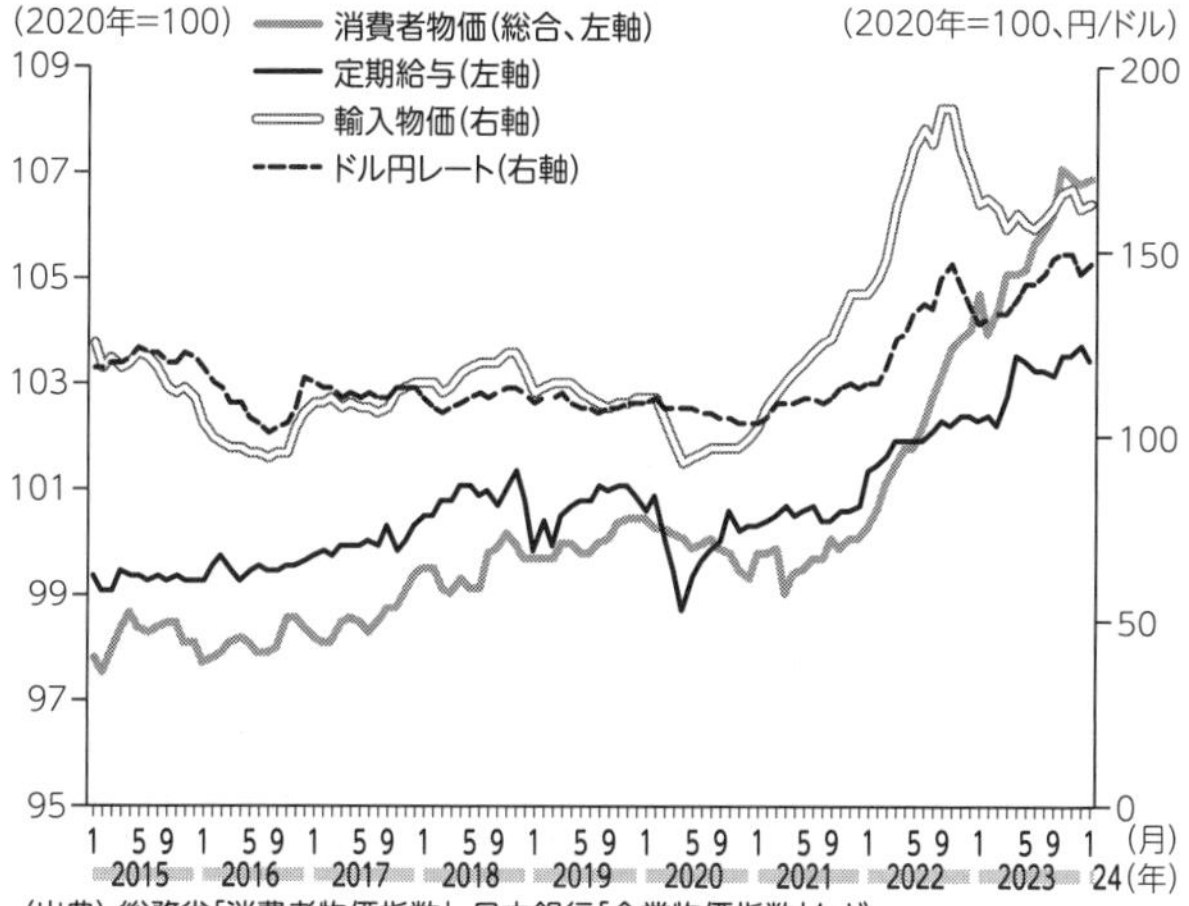

(出典) 総務省「消費者物価指数」、日本銀行「企業物価指数」など

ここ数年間における短期的な物価上昇は、円安による輸入物価の上昇がけん引している側面が強い（図表1－39）。為替が円安方向に振れれば、輸入品の日本円ベースでの価格が上昇することから、原材料コストの上昇に直面した企業は財やサービスの価格に転嫁せざるを得ない。実際にドル円レートと輸入物価は連動しており、輸入物価の上昇が全体の消費者物価の上昇に影響を与えていることがわかる。ただし、永遠に円安が進むということがないように、原材料価格の変動は為替や海外要因などその時々の短期的な影響にとどまる側面が強い。

一方で、サービス価格にとって長期的に物価の動向を規定する重要な要因となるのが、サービスを提供する際に発生するコストに相当する賃金である。賃金が持続的に増加していく局面においては、賃金上昇が生産コストの上昇につながり、物価はそれに合わせて上がることになる。こうした見方をすれば、日本経済がこれまで経験した長期にわたるデフレーションの要因について、その大きな背景の一つに賃金の低迷があったと考えることもできる。労働市場の需給が財・サービス市場の価格にも相当程度影響を与えてきたのである。

そして、このように労働市場との関連で物価の動向を考えてみれば、将来の物価上昇率はこれまでとは異なるものになると予想することができるだろう。つまり、労働力が豊富にあった時代には労働市場の需給のゆるみは、財・サービス市場でのデフレーションにつながっていた。しかし、人口減少経済においては人手不足が深刻化することで賃金が上昇することから、持続的な賃金上昇が物価の継続的な上昇を引き起こすと予想されるのである。

当然、物価はサービスだけではなく、輸入品の価格が大きな影響力を持つ財も含めたさまざまな品目で構成される。人件費はあくまで企業活動に伴うコストの一部分にすぎない。しかし、人手不足の深刻化とそれによる賃金上昇が、近年のサービス物価上昇の背景にあることは確かだ。今後も人件費の高騰が日本全体の物価上昇をけん引する形で、緩やかな物価上昇が持続することになるだろう。

技術革新によって物価高騰を抑制することができるか

物価の動向は基本的には生産コストの動向に依存する。そして、人件費に加えてその生産コストを左右する要因として重要なのがイノベーションの動向である。

ここまでサービス品目の長期的な動向のなかで、通信費の価格が持続的に低下してきたことについてふれた。通信費の価格が低下した背景には、情報技術の発展があることは間違いないだろう。通信費にかかわらず、イノベーションが進展することでより効率的に財やサービスを生産することができるようになれば、その財やサービスの価格は低下する。そして、生産技術の革新によって質の高い財やサービスがより安価に買えるようになれば、消費者の暮らしはより豊かなものになる。

イノベーションと言っても、それは一様ではない。既存の財やサービスをより効率的に大量に生産することを可能にする技術革新は、一般にプロセスイノベーションと呼ばれることがある。一方、財やサービスの品質を抜本的に改善したり、全く新しい商品を作り出したりするような技術革新はプロダクトイノベーションといわれる。

技術が進歩して人々の暮らしが豊かになる過程においては、プロセスイノベーションもプロダクトイノベーションもともに必要である。しかし、この二つのイノベーションは、経済の需給への働きかけが異なるものになる。つまり、プロセスイノベーションは既存の生産技術を改良するものであるから、供給能力を高める一方で需要の拡大にはつながりづらい。一方、プロダクトイノベーションは新しい技術を活用してこれまでにない製品を生み出すことから、供給能力の向上よりも需要の拡大に働きかける側面が強い。カイゼンという言葉に象徴されるように、一般的には日本の企業はプロセスイノベーションには強いが、プロダクトイノベーションには弱いと言われることが多い。こうした認識のもと、デフレーションが進行していた局面においては、需要に働きかけるプロダクトイノベーションを日本でいかに生み出すかという視点で、これまでさまざまな議論が行われてきた。

しかし、今後の展開は少し異なるものになるだろう。人口減少経済においては賃金が持続的に上昇し、人件費の高騰に伴って物価も緩やかに上昇していくことになる。そうなれば、これまで日本企業が得意としてきたプロセスイノベーションの重要性にも再び光が当たることになると考えることができるのである。

生産コストが持続的に上昇していく時代において、過度なインフレーションを防ぐためには、企業による絶え間ないイノベーションが必要になる。今後、消費者の暮らしをいまより豊かなものにすることができるかどうかは、先進技術を活用した企業による生産性向上のための真摯《しんし》な取り組みにかかっている。

第2部　機械化と自動化
——少ない人手で効率よく生産するために

物価と賃金の上昇に伴って生産性は上昇するか

第1部ではさまざまな統計データを分析しながら、日本経済の足元の状況を確認してきた。改めて足元の日本経済の状況を振り返ると、人手不足が進行する中で賃金は上昇に転じ、人件費高騰による物価上昇も緩やかに進みつつある。

私たちはこのような状況をどのように評価したらよいだろうか。確かに賃金上昇は労働者にとっては望ましい現象である。しかし、賃金が上昇することがすべての経済主体にとって望ましい現象なのかというと必ずしもそうではなく、企業にとって人件費の高騰は利益を縮小させる要因になる。実際に最近の人手不足の進行とそれに伴う賃金上昇によって、経営が危機的な状況に追い込まれている企業は少なくない。

消費者についても同様のことがいえる。たとえ賃金が上昇したとしても、物価がそれに合わせて上昇することになれば、高齢世帯など働いていない世帯を中心に実質的な消費水準は低下していくことになる。名目賃金が上昇し、これに並行して物価が上がること自体が人々の暮らしを豊かにするというわけではないのである。

一方で、賃金と物価が上昇するなかで生産性も高まっていくのであれば、今後の展開はこれまでとは異なるものとなる。企業側の視点で考えれば、仮に労働者の1時間当たりの賃金が上昇したとしても、これと並行して労働者の1時間当たりの生産性が高まれば、総人件費の高騰を抑制することが可能になる。消費者にとっても、労働者の賃金が上昇して財やサービスの生産コストが上昇したとしても、そのコスト増を生産性上昇によって吸収することができれば商品やサービスの価格高騰を抑制することが可能になる。そうなれば、消費者の実質的な消費水準も上昇していくだろう。

長期的には実質賃金と労働生産性は連動することから、持続的な実質賃金上昇のためには絶え間ない生産性上昇のための努力が不可欠である。そうした意味では、これからの経済の局面にとって重要なテーマは、恒常的な人手不足が企業の生産性向上の努力を促し、それが経済全体の供給能力向上につながっていくかどうかという点になる。賃金上昇が単なる物価上昇を引き起こすだけに終わるのか。それとも緩やかな物価上昇を伴いながら生産性も上昇していく軌跡を描くのか。そこに問題の核心は移ることになるのである。

人件費高騰に危機感を持った企業が生き残りをかけてAIやIoT、ロボットなどをはじめとするデジタル技術を活用した業務効率化に取り組み、生産性向上を実現する。あるいはその過程の中で生産性が低い企業が市場から退出を迫られる。そして、生き残った企業は、提供するサービスに見合った適正な価格設定が可能となることで、上昇する人件費の原資を獲得し、さらなる賃金上昇につなげる。こうした好循環を描けるかどうかが、今後の日本経済や人々の生活の行方を大きく左右するのである。

エッセンシャルワーカーの仕事と機械化・自動化の進展

日本経済が人口減少局面を迎える中、一人ひとりの生活者がいまよりも豊かな暮らしを送ることができるかどうかは、物価や名目賃金の行方ではなく、あくまで生産性が上昇するかどうかで決まる。

労働の生産性を向上させるには、二つの方向性が考えられる。第1には、労働のインプットを維持もしくは拡大させる中で、それを上回る規模の付加価値額の拡大を達成するという方法である。第2に、付加価値の総額を維持もしくは拡大させながら、労働投入量を減らしていくという方向性である。生産性の上昇といって多くの人がイメージするのは前者の経路とみられる。実際にこれまでは人口規模が増加していくなか、拡大再生産を志向することは世界の経済の常識であった。あるいは技術革新が失業を発生させないためにも、供給能力を向上させるとともに新たな需要をいかにして喚起するかということが、これまでの経済においてはしばしば論点になってきた。

しかし、今後の日本経済が進むべき道がこれまでとは異なるものになることは明らかである。今後の日本経済においては、人口減少や超高齢者の増加に伴い、医療・介護サービスなどの分野を中心に慢性的な超過需要を経験することになるとみられる。構造的な人手不足が進む今後の日本経済においては、失業者の増加を心配するよりも、供給能力の上昇が需要の拡大に追い付かないことを心配しなければならない。

そう考えれば、人口減少経済においては、より少ない人手で効率よくサービスを提供するという考え方が支配的になっていくはずである。少ない人手で効率的に生産する体制を整えるためには、これまで人が担ってきた仕事を機械などによって代替し、自動化をしていく必要がある。

機械化・自動化を進めるために鍵を握るのは技術の動向であるが、近代において、テクノロジーが経済の効率性に貢献してきた領域はもっぱら製造業が中心であった。あるいは1990年代以降、IT革命が浸透したことによって情報通信業の生産性は高まり、事務職などホワイトカラーの業務効率性は大きく向上してきたと考えられる。

しかし、現代において人々が需要している多くのものはサービスなのである。ではサービスの領域で、はたして生産性は上昇しているか。たとえば運輸関連のサービスについて、近年、ドライバーの運輸技術水準が向上してより多くの物品を輸送することは可能になっただろうか。あるいは、介護の仕事に従事している人の技能が向上し、より多くの介護サービスを利用者に提供できるようになっただろうか。現代において需要が高まっているこれらサービス分野の多くは、近年の技術水準においては生産性を上昇させる余地が少なかったことから、需要の高まりに対して生産能力の上昇が追い付いていない状況にある。その結果として、現代の労働市場においては、サービスを直接提供する現場の労働者の人手が慢性的に不足している。

今後の日本の経済成長にとって重要になるのは、これまで仕事の効率化が難しかった領域である運輸や飲食・宿泊、医療や介護などの労働集約型産業の業務をいかに高度化していくかということになるだろう。いわゆるエッセンシャルワーカーと呼ばれているようなこれらの仕事について、ＡＩやロボティクスを活用したオートメーションがどこまで広がっていくかが、今後の日本経済の行方を大きく左右することになるのである。

生き残りをかけた企業の経営改革

このような問題意識のもと、第2部ではさまざまな事例を交えながら、これまでに生産性の上昇が難しい領域であったサービス関連の業種の現場で働く方々の仕事に関して、そのタスクが今まさにどのように変わりつつあるのかを紹介していく。多くの事例を見ていけば、このような業態においても、労働者のタスクが少しずつ高度化しつつある兆しを確認することができる。

経済の高度化の行方を決める上で重要な要素は、テクノロジーの進展の具合である。技術が実体経済に与える影響を考えるにあたっては、技術革新そのものがいかに進展していくかということに加えて、それが現場のビジネスでどの程度適用可能なものになるかという点が重要になる。また、現場で適用可能な新しい技術が生まれたとしても、実際問題として地方の中小企業などあらゆる事業の現場で運用されるようになるには相当な時間がかかる。新しい技術の適用可能性に関しては、企業の現場や労働者のタスクの現状を丁寧にひも解いていかなければ、その構造を理解することはできない。

実際の労働現場に新しい技術が浸透していくかは、市場環境にもかかっている。日本全体として人手不足が深刻化しているということは、市場メカニズムが日本社会全体の供給能力を上昇させるように強力な圧力をかけるということでもある。多くの企業は労働市場の需給がひっ迫するなかで、人手の確保に困難をきたしており、賃金上昇に伴う人件費上昇の圧力にさらされている。過去の時代においては、人件費単価を抑えながら人手を増やしていた企業も多くあったが、これからの時代は、人件費単価の上昇についていくためにも人手を減らしていくことが、企業の合理的な行動になっていく。こうした環境下においては、企業は生き残りをかけて労働生産性を上昇させることで、必要な人員を減らそうと考えるはずだ。さまざまな事例からは近年の市場の環境変化が企業行動に影響を与えている様子も垣間見ることができるだろう。

実際に多くの企業は経済の局面が変化してきていることに気づき始めている。そして、企業経営者は日本経済の将来の姿を見据えたうえで、これまでとは異なる局面に対処するための懸命な努力を続けている。第2部では企業で行われている経営変革の実際の様子を取り上げる。

事例として取り上げるのは、建設や運輸、販売関連など生活に身近なサービス関連の職種である。さまざまな業界における事例を見ていく中で、多くの仕事について、同一の職種内に技術的に業務を大きく機械化・自動化できるタスクもあれば、そうではなく人手によらなければ到底遂行できそうもないタスクも存在するなど、現実の労働の現場においては多種多様なタスクが複雑に混在している現実が見えてくる。

機械に任せることが可能な業務としては、繰り返しの作業が多く含まれるルーティンの業務があげられる。しかし、ルーティンの業務であっても身体的なきめ細かな作業を伴う業務については、技術面やコストの面での障壁が高く自動化は難しい。こうした現実を前提とすれば、多くの領域においては、ロボットが人に完全に置き換わることで人が働かない未来を実現させることは現実問題として不可能であると理解できる。その一方で、近年の技術は確かに現場における働き方を少しずつ変えつつあることも事実である。そう考えれば、現下の先進技術への注目の高まりを過去のＡＩブームなどと同列視し、一過性のものだととらえるような見方も誤りだろう。

　市場環境の変化やＡＩやロボティクスなど科学技術の進展に伴って、企業経営の現場はどのように変わっているのか。また、各現場における労働者のタスクはどのように変化しているのか。第2部では、現場における労働の実態について、私が行った企業へのヒアリングから探ることで、これからの日本経済の行方を考えていきたい。

建設　現場作業の半分はロボットと

足元では2025年の大阪・関西万博開催やリニア中央新幹線の整備、半導体製造工場の建設ラッシュなどもあり国内の建設需要は堅調に推移している。日本では高度成長期に多くのインフラが敷設され、その修繕・更新は大きな社会課題となっていることから、今後も建設需要は高い水準で維持されると見込まれる。こうした中、労働時間の上限規制適用や職人の高齢化などによって人手不足は深刻化しており、建設業界は変革の必要性に迫られている。

協調領域と競争領域を区別し技術開発を進める

建設業界の今後について話を聞いたのが、建設RXコンソーシアムの会長を務める鹿島建設専務執行役員・伊藤仁氏。「建設業の魅力と生産性の向上を目指す」という趣旨で2021年9月に発足したのが、建設施工に活用するロボットおよびIoTアプリ等の共同開発・技術連携を目的とする共同事業体「建設RXコンソーシアム」である。ゼネコン大手の鹿島建設と竹中工務店、清水建設が幹事会社となり、中堅13社を合わせて16社でスタートしたコンソーシアムは2024年6月末時点で、ゼネコンで構成する正会員29社、ITベンダーや専門工事業者などの協力会員233社まで拡大している。国内産業としては異例の同業他社との大規模な技術連携となる。伊藤氏にはコンソーシアムの目的や活動状況を聞くとともに、鹿島建設が描く建設現場のビジョンを語ってもらった。

建設業は他産業と比べて特殊な業態構造を持つ。発注者から工事一式を直接請け負い、工事全体の施工管理を行うのはゼネコン（総合工事業者）だが、基礎工事や躯体《くたい》工事、仕上工事といった各種工事はゼネコンや大手サブコンからそれぞれ専門工事業者に振り分けられる。こうした構造から現場で働く作業員のマネジメントが難しく、「屋外作業や高所作業などで作業職場は3K（きつい・汚い・危険）のイメージを持たれがちで、少子化も相まって新たな作業員のなり手が全体的に不足しています」と伊藤氏は指摘する。

さらにゼネコンやサブコンの施工管理者の応募者数も減少している。「理由は作業効率の悪さです。全国の建築面積自体は増えていないのですが、コンプライアンス的な面からたとえば配筋検査ではすべての鉄筋をチェックし写真に撮るなど、エビデンスを残す作業が格段に増えました。このままでは施工管理の仕事は煩雑かつ多忙、という印象が定着しかねません。第1に作業員、第2に施工管理者のなり手を確保することが、業界全体の喫緊の課題です」。

建設RXコンソーシアムの取り組みは国内産業として異例の同業他社との大規模な技術連携となるが、「協調領域と競争領域を区別して、建設RXコンソーシアムでは協調領域の技術開発に取り組みます」と伊藤氏。協調領域とは、どのゼネコンの建設現場でも作業員や施工管理者が共通して行う作業のうち業界共通で汎用化・低価格化を目指すものを指し、機械化が可能な部分をロボットやITアプリに代替することで就業者の負担を軽減するとともに、開発・製造コストを抑えるのが狙いである。

工程のデジタル化は進み、課題はロボットとの物理作業に

建設RXコンソーシアムではテーマごとに分科会を設置して共同研究開発を進めており、現在、12の分科会が立ち上がっている。

たとえば、重量物を運搬する、汚れた場所を掃除する、高所作業を行う、といった「3Kの解消」につながる開発としては、資材を指定された場所に自動運搬する水平搬送ロボット、作業所廃棄物のAIによる分別処理、タワークレーン遠隔操作システムの機能向上などの取り組みが進んでいる。さらに、新しく会員の提案により結成された分科会が「市販ツール活用分科会」、ドローンやパワーアシストスーツといった市販製品や技術の情報を共有し、建設現場のニーズに沿った改良を開発メーカーに促す。

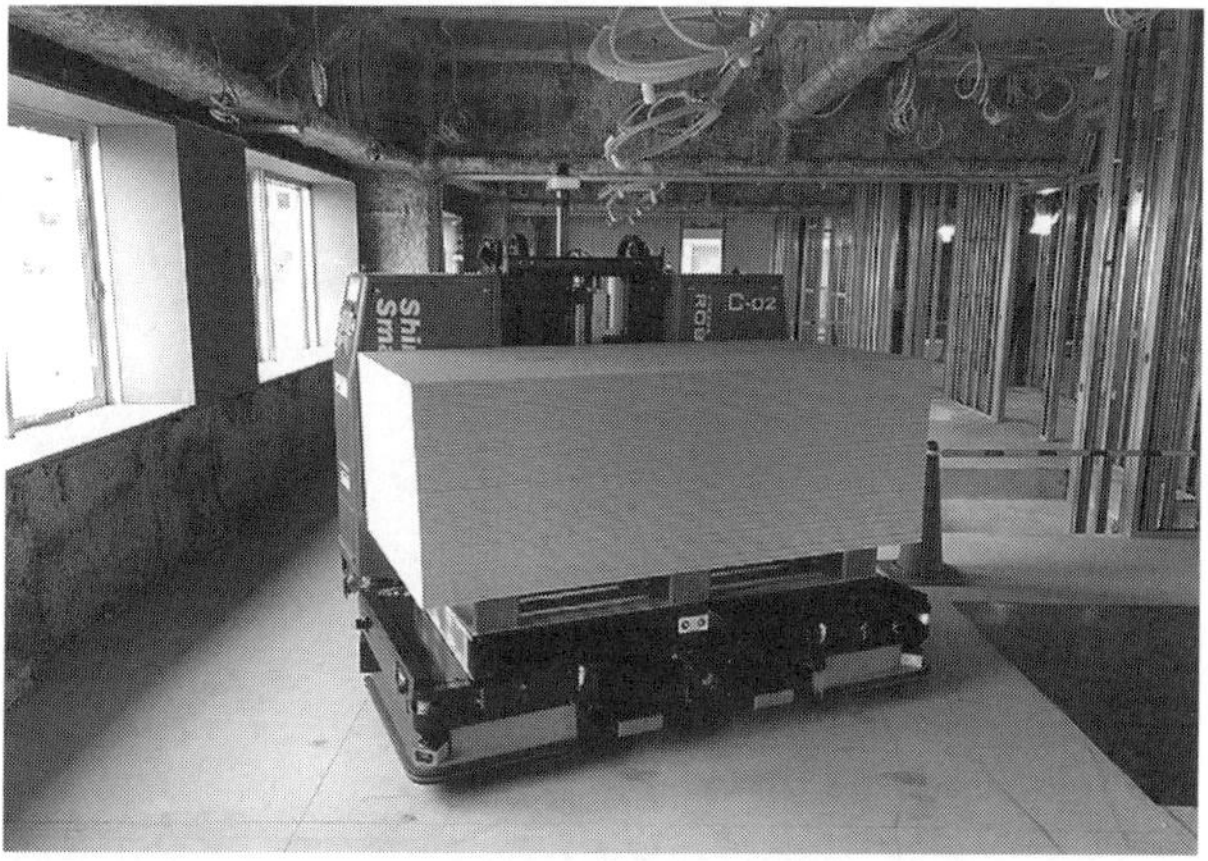

資材の水平搬送ロボット Robo-Carrier（ロボ・キャリアー）

一方で、就業者不足への対応や働き方改革実現への道筋を具体的にイメージする手掛かりになるのが、2018年に鹿島建設が発表した「鹿島スマート生産ビジョン」である。労働基準法改正により建設業の残業上限規制がかかる2024年までの達成を目標に策定された。

そのコアコンセプトは、「作業の半分はロボットと」「管理の半分は遠隔で」「全てのプロセスをデジタルに」の3つ。このうち「作業の半分はロボットと」に関して伊藤氏は、「建設業のロボットは移動が必要で、現場の状況がさまざまに異なるといった点から無人での操作は難しい。また建築には建具の取り付け、墨出し、搬入など50種に上る作業があり、そのうちロボットの実装が可能なものを洗い出すとちょうど50％でした」と説明する。「建設現場の完全自動化は早くても２０３０年から２０４０年以降になると見ているので、それまでは従来作業員３人で行っていた作業を『二人＋１台』といった形で省力化を図ります。とはいえ、ミリ単位の緻密な作業が必要なのでこの部分が最も難しい。一方、『管理の半分は遠隔で』は、ＩＴの活用によりほぼ達成されています」。

「全てのプロセスをデジタルに」については、ＢＩＭ（Building Information Modeling）を活用している。ＢＩＭは建造物の３Ｄモデルをコンピュータ上に再現し、部材や性能情報などの属性データを付加した建築プロセスのデータベースであるが、「我々はそこに工程とコストを加えて、『５Ｄ』と呼んでいます」と伊藤氏。

鹿島が開発したBIMLOGI®（ビムロジ）では、建物を構成する一つひとつの部材に個別ＩＤとＱＲコードを振り、図面を承認した日時、工場での生産や検査を行った日時などを読み込ませることにより、効率的な現場搬入を可能にしている。現場では作業状況がリアルタイムに確認できるので、工程管理も容易になっている。

「現在はモデル現場にしか導入していませんが、10年経たないうちには標準化されるでしょう。鹿島建設では既に設計図をＢＩＭで書き始めています。そうなるとすべての生産・施工プロセスが一気通貫でデジタルにつながります。既にシステムはほぼ完成していますが、データ形式の統一や積算の制度化などの課題があり、この部分を鹿島・竹中・清水による『BIM－ECコンソーシアム』で検討するとともに、建設RXコンソーシアムの『生産BIM分科会』では会員が共有できる仕組みを議論しています。これが実現すれば革新的な省力化が期待できます」

こうしたIT化は、遠隔システムやBIMLOGI®を通して現場に行かなくても進捗管理ができるという点において、施工管理者の負担の軽減にもつながる。施工管理者の仕事は大きく「管理」と「検査」に分けられ、鹿島では検査と同時に進捗状況を表示するソフト開発も進めている。

「重機オペレーターについてはクレーンだけでなく、建設重機はすべて遠隔操作が可能と見ているので人員確保に不安はありません。むしろ若いオペレーターはゲーム感覚で競い合うようになるでしょう」と伊藤氏。「デバイスを使いこなすデジタルネイティブ世代の就業者が増えれば、ロボット化・IT化は加速度的に進行します。その日に向け、建設RXコンソーシアムと鹿島単体の両輪で取り組んでいきます」。

大規模土木工事から自動化施工が進捗

建設工事は大きく建築工事と土木工事に分けられる。建築工事は高層住宅や商業施設などのビル、工場、医療施設、公共施設などを建てる工事、土木工事は道路、トンネル、鉄道、橋梁、港湾施設、ダム、上下水道などのいわゆるインフラを建設する工事である。

工種（タスク）は現場によって多種多様だが、ビル建設であれば調査（測量）、企画設計、各種申請業務、基礎工事、躯体工事（鉄骨組立など）、内装工事（塗装、溶接、建具設置など）、外装工事、検査などになる。土木系については、たとえばトンネル工事であれば準備工事（道路整備、資器材運搬、照明設備の準備）、岩盤の準備工事（薬液の注入）、掘削工事（発破作業、掘削作業、照明設備の設置）、覆工《ふっこう》工事（側面のコンクリート吹付け、崩落防止作業、電気設備の設置）、法面《のりめん》工事（出入り口付近の崩落防止、緑化工事）、完成検査などと多岐にわたる。

建設現場は屋外作業が多く、基本「一品生産」である。一つひとつをオーダーメイドで作らなければならないため、製造業のように産業用ロボットをはりめぐらせることで工場を自動化すればよいというわけにはいかない。

建設業に従事する労働者の仕事を「土木工事」「建築工事」「測量・設計・調査」の領域に分けて考えてみよう。

道路、トンネル、鉄道、橋梁、港湾施設、ダム、上下水道などのインフラ建設の中で必ず発生するのが地面に関わるさまざまなものの建設・修繕を行う土木工事。建設業界の中では比較的自動化の効果が表れやすい領域になるとみられる。

土を掘り、運び、積み上げるといった基礎的な作業で、道路工事や河川工事、ダムの造成工事など幅広い現場で発生している。現在、同作業はバックホウで土砂を積み込み、重ダンプトラックで何往復もして運び、ブルドーザーで撒《ま》き出し、ローラーでならすといった作業を熟練オペレーターがこなしている。

こうした作業は将来的に効率化される余地が大きいだろう。鹿島建設の次世代建設生産システム「A⁴CSEL®（クワッドアクセル）」では、一人の作業員がタブレット型端末で指示を与えるだけで、複数の重機を自律的に操作できるようにしている。大林組も米国シリコンバレーで重ダンプトラックの自律走行やバックホウの自律運転を実現している。

将来的に自動化施工の技術が進展していけば、一人の作業員が端末上で複数台の重機を操ることで、施工現場の省人化が図れるようになるかもしれない。単純な繰り返し作業を自動で施工できるようになる一方で、熟練オペレーターは法面の形を精密に作るといったような、機械には難しい作業に集中できるようになる。

トンネル工事に目を移してみると、粉塵《ふんじん》が舞うトンネル先端部の「切羽《きりは》」における発破作業や「掘削ずり」と言われる岩石の屑《くず》の運搬作業は崩落や出水の危険と隣り合わせで、最も過酷なタスクの一つである。西松建設では切羽を削孔《さっこう》するドリルジャンボ、ずりを搬出するホイールローダー、覆工を行う吹付け機などの遠隔操作を実現し、オペレーターは安全な操作室内からこれらを操縦する。将来的にトンネル内の通信環境を整備していけば都心の本社での操作も可能になるかもしれない。

土木工事における現場での単純作業や苦渋作業が減っていけば、将来的には工事の全体を管理したり、機械をマネジメントしたり、現場の状況に合わせてチューニングしたりする作業など、機械ではできない仕事へ人は徐々にシフトしていくはずだ。

建築現場の作業は、ロボットとともに実施するように

建築工事を考えてみると、この領域は塗装、溶接、外装工事などミリ単位の緻密な作業が必要なことも多く、人手を排した完全な自動化は難しそうだ。

現在開発が進んでいるものとしては、たとえば建築部材を運搬する搬送ロボットや上下の柱を溶接するロボット、鉄筋結束ロボット、天井ボードの取り付けなど多様な作業をこなす多機能ロボットなどがある。従来、複数人で行っていた建具の移動について、大規模な建設現場では搬送ロボットが徐々に普及していけば、夜間の作業に必要な人手の一部を代替できるようになる。そのためには、人が行う作業と機械が行う作業について、業務プロセスを見直していくことも必要である。

また、溶接ロボットや鉄筋結束ロボットの導入によって、高所などで長時間、不自然な

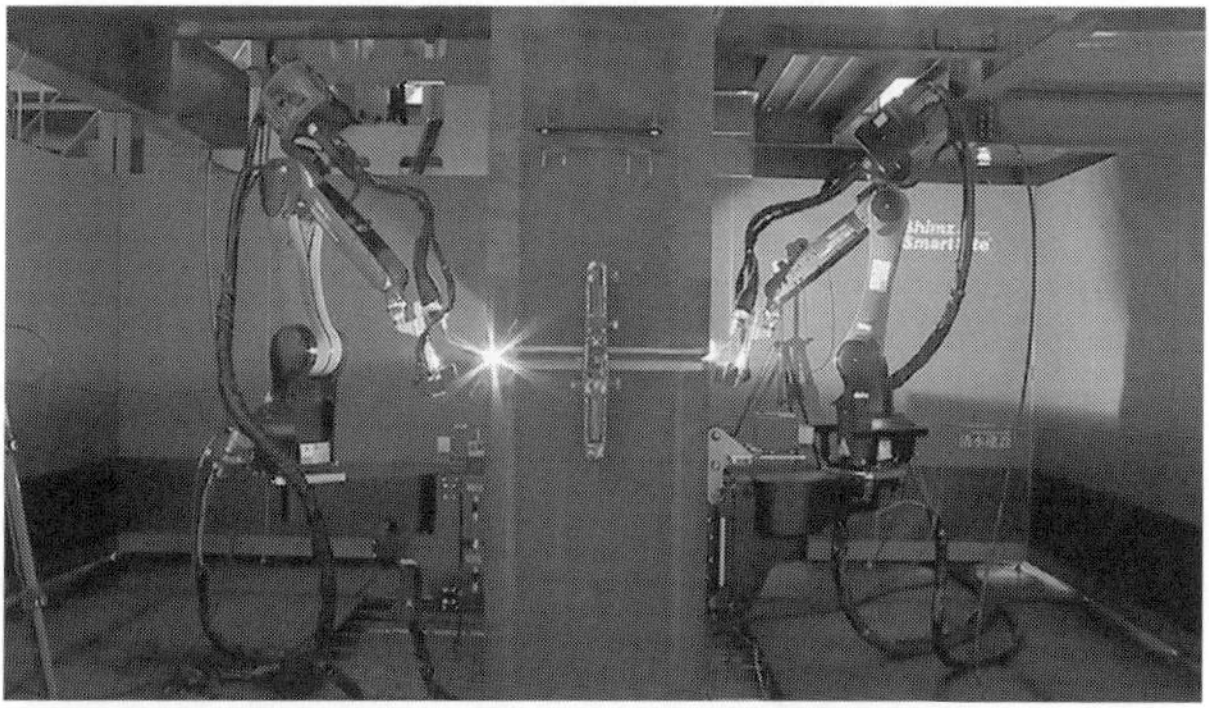

自動溶接ロボット Robo-Welder（ロボ・ウェルダー）

姿勢で行っていた取り付けや溶接、鉄筋の結束作業などからも労働者は少しずつ解放されることが期待される。高層ビルでのタワークレーン操作は現状長時間の作業を強いられているが、これも遠隔操作システムの実用化などで地上からのオペレーションが可能になりつつある。

しかし、どうしても人手が必要な作業はまだ多く残ると見られる。コンクリート打設などの繊細な作業は全自動で行うことは難しく、フローリングや壁紙の施工などはきれいに仕上げようとすれば人手なしにこれを実現することは不可能だ。

将来的には、資本力のあるゼネコンが中心になってロボットの導入や遠隔操作、デジタル化の取り組みを実現していくことで、人とロボットの協働がスタンダードになっていくことが期待される。土木工事同様、建設現場で機械化が進展していけば、現場の技術者は従来の業務の中でロボットでは扱い切れない業務を補完したり、各種のロボットを組み合わせ、配置や手順などを最適化したりするための調整が求められるようになる。

3次元データの活用で変わる測量・設計・検査業務

最後に、測量・設計・検査などの領域である。これに関しては、物理作業が伴わないものも多いことから省人化を進めることはできそうだ。

国土交通省が建設現場の生産性革命を目指す「i-Construction（アイ・コンストラクション）」では、調査・測量、設計、検査などのあらゆるプロセスで3次元データを活用し、現場作業や資料作成の負荷軽減に取り組む。従来は、測量士らが現場で測量機器による作業を実施し、高さ、幅、長さなどのデータを一定間隔で測定し、２次元の図面を作成していた。現在のドローン測量では、ＵＡＶ（Unmanned Aerial Vehicle：無人航空機）による写真測量などで得られた3次元点群データからなる面的な竣工《しゅんこう》形状の作成を可能にしている。これによって、従来手計算だった工事の発注に必要な施工量（切り土、盛り土量）や概算コストの自動算出が可能となった。

完了時の検査についても、たとえば施工延長２００ｍにつき１ヵ所、現場での検査作業が必要だったものが、ＧＮＳＳ（Global Navigation Satellite System：全球測位衛星システム）による検査の導入で検査日数が大きく短縮した事例も出ている。データ化の取り組みを進めることで検査書類も大きく減るだろう。

これまでは測量と施工では役割が断絶しており、二者のやりとりは紙で行われているケースが多かった。ドローンによる3次元データの取得が行われるようになれば、取得データを共有して管理でき、効率や品質の向上につながる。建築現場においてもBIM導入により、従来はタワーマンションの現場で施工管理者が毎日3～4時間かけて一部屋一部屋点検して進捗をメモしていたものが、BIM上の仮想空間で確認作業を完結できるようになったという声もあった。

運輸　自動運転は幹線輸送から

物流業界では、長距離ドライバーの高齢化や時間外労働時間の上限規制導入に伴う2024年問題に直面している。一方で、国内貨物輸送の需要は衰えることはなく、宅配便取扱個数に関しては右肩上がりで上昇している。経済産業省によれば2030年には34・1%の輸送キャパシティが不足すると見込まれているなど需給ギャップは広がっている。ここでは、物流の付加価値額の圧倒的多くを占めるトラック運送業におけるドライバーの働き方に着目する。

省人化効果マイナス43%を達成

ドライバー不足や積載率低下などの課題に直面する物流業界では、「ドライバー不足によりモノが運べなくなる」という危機感が高まっている。これに対して日野自動車が一メーカーとしての立場を超え、「CASE（Connected：コネクテッド、Autonomous：自動運転、Shared：シェアリング、Electric：電動化）」のような要素技術の活用で解決を目指すために2018年に設立されたのがNEXT Logistics Japan（以下NLJ）である。幹線輸送の効率化や物流センターの自動化などで既に高い成果を上げつつある同社の取り組みについて、担当者に話を聞いた。

同社は「より少ないドライバーとトラックでより多くの荷物を運ぶ」ことを目標に掲げ、将来にわたる安定的な輸送力の確保を目指す。

「物流業界では既に個社の最適化の取り組みは始まっていますが、これを横串で貫く『全体最適』の取り組みがありません。このままだと業界全体がシュリンクするのではないかという危機感を持っています」と語る。

同社では課題解決に向けた高効率輸送スキームの構築のため、荷主となる食品メーカーや物流事業者と出資・パートナー契約を結び、ドライバー一人当たりの輸送量の最大化や物流業界・支える人の付加価値向上を共通の目標に掲げる。当初6社でスタートしたパートナー企業は2022年3月時点で20社に達している。

ドライバー一人当たりの輸送量最大化のためには、輸送時の積載量や積載率の向上が必須条件となる。現状の平均的な積載率は40%程度とされ、キャパシティの半分も活用できていない。原因としては往復便の行きには荷台が満載でも帰りは空っぽで帰ることがあることや、商品の多品種少量化・短納期化に伴い、荷主サイドの要望に応えるには少ない荷物でも運ばざるを得ないといった事情がある（**図表2-1**）。

図表2-1 少ない車両・ドライバーでより多くの荷物を運ぶ方法

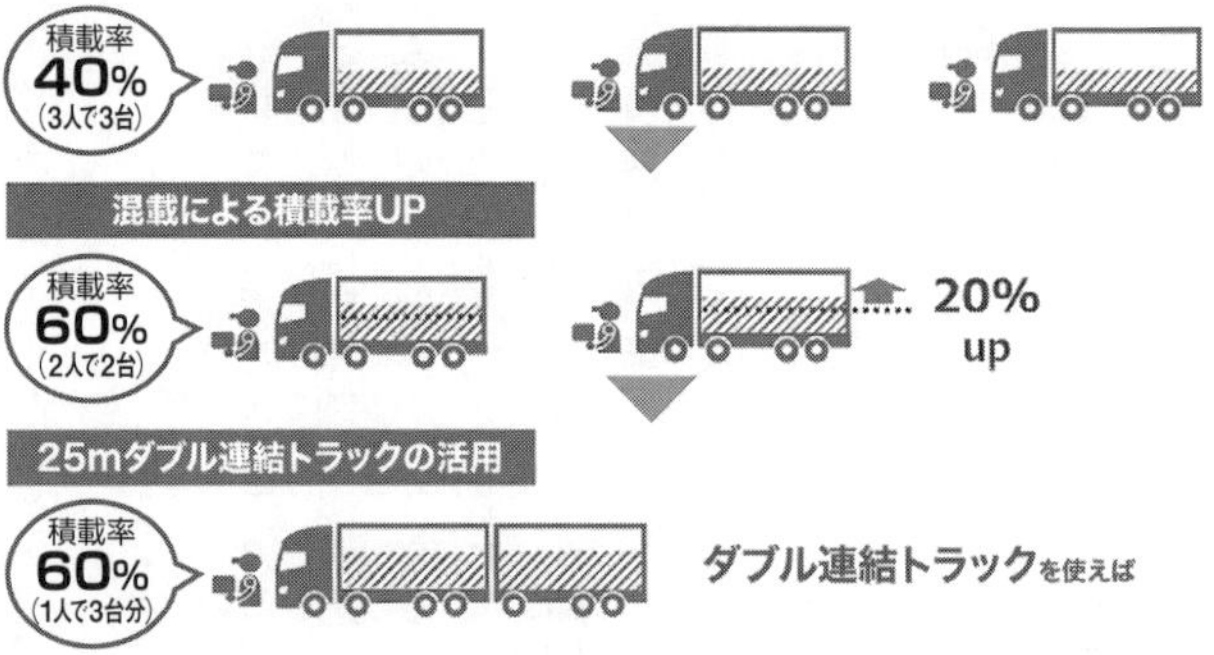

「言ってみれば空気を運んでいるような状態で、非常に無駄が多い。これに対して我々の取り組みでは第1に、さまざまな荷物を『混載』することで積載率を2割上げて60％とし、3人分の荷物を二人で運ぶようにします。次にトラックを2台つないだ『ダブル連結トラック』の活用により3人分の荷物を一人で運べるようにします」と進化のステップを紹介する。

「こうした方法で最適バランスを割り出し、積載率70～80％の世界を実現するためのベストな基準を模索しています。そもそも製品がケースに入っていない場合などもあるので、荷主さんの協力を得ながらパレットを使った荷姿の標準化やラックの活用による上下段の積み分け、容積を最大化する車両の開発などにも取り組んでいます。これらにより2022年3月時点で既に省人化効果がマイナス43％、CO_2低減効果はマイナス30％を達成しています」

荷下ろし／荷積みの自動化で荷役作業者の省力化を目指す

同社では東西をつなぐ高速の幹線物流とその先の支線物流の中継地点（神奈川県の相模原と兵庫県の西宮）にクロスドックセンターを設置し、荷物の積み替えを行っている。こうした物流拠点でもこれまでは、フォークリフト操作をオペレーターの経験や勘に頼っており、高齢化により人手不足が顕在化しつつあった。そこでNLJでは自動運転フォークリフトによる荷下ろし／荷積みの実証実験を行い、荷下ろしの動作確認や荷積み時の荷列のバラつきや隣接隙間などの検証を行っている。

「実験ではパレット間の隙間を5ミリ以内に積み込むという厳しい条件もクリアし、社会実装の条件を満たすレベルであることが確認できました。今後、自動フォークリフトの実装を目指します」と言う。ドライバーの業務生産性を低下させている大きな要因として荷物の積み下ろしなどの荷役作業や待機の負担があるなか、NLJではドライバーは運転に専念してもらい、荷役は荷役専門の事業者に業務委託する体制をとっている。「業務に関する契約関係を明確にすることが、物流業界の付加価値向上にもつながるはずです。こうした合理的な分業ができる社会を作り上げるために、企業は政府とも一緒になって改革を進めていくべきです」と強調する。

自動運転フォークリフトによる荷下ろし／荷積み

輸送量や積載率最大化に向けた大きな課題の一つが荷姿の標準化である。ある荷主の荷姿が整っていても、混載する場合、複数の荷主の荷姿やサイズの異なる荷物のバランスを常に取っていく必要がある。業界では荷物を搭載するパレットの標準化の議論が進むが、「高さの標準化」も必要だと主張する。

「物流センターでの無人フォークリフト実証実験でわかったのですが、自動化を進めるにはやはり一定の高さや荷姿に整える必要があります。今回の実証では複数の食品メーカー様と荷姿の標準化に取り組むことで積載率90％近い数値を確認できました」。経済産業省では業界横断でパレットの標準化などを目指す「フィジカルインターネット」の議論も進んでおり、その中でも高さの標準化の必要性を訴えていく。

ＮＬＪの取り組みは目下、幹線輸送の改革が中心だが、物流業界は中小企業が大半であり、ダブル連結トラックなど大型車の個別導入は容易ではない。「今後、2024年に残業規制が適用されるなど、現在と同様の運用による長距離輸送を続けることが困難になる可能性があります。そうしたときの一つの選択肢として、我々のスキームを利用してもらいながら、共存できればいいのではないかと思います」。

一方、実験が進む後続車が無人の隊列走行については、自動車間通信の安定性や安全面での環境整備の課題についての解が出きっていない。「たとえば物流を担保するために隊列走行の専用レーンを設けるという話も出ていますが、橋梁の強度の問題などもからんできて容易ではありません。一年でも早く実現できるよう、開発を進めていきたいと思います」。

幹線輸送から自動運転が少しずつ広まっていく

経済産業省では、物流MaaS（Mobility as a Service：サービスとしての移動）の実現像として、物流を幹線輸送、結節点、支線配送の3つの領域に分けている（**図表2－2**）。食品メーカーなどの荷主、運送事業者、完成車メーカー（商用車OEM）などのプレイヤーが個別に開発を行うのではなく、データ連携による異なるメーカーでの隊列走行、パレット・梱包資材の標準化で車内の積載効率向上や荷役の自動化、ラストワンマイルでの異なる事業者

図表2-2 物流MaaSの実現像

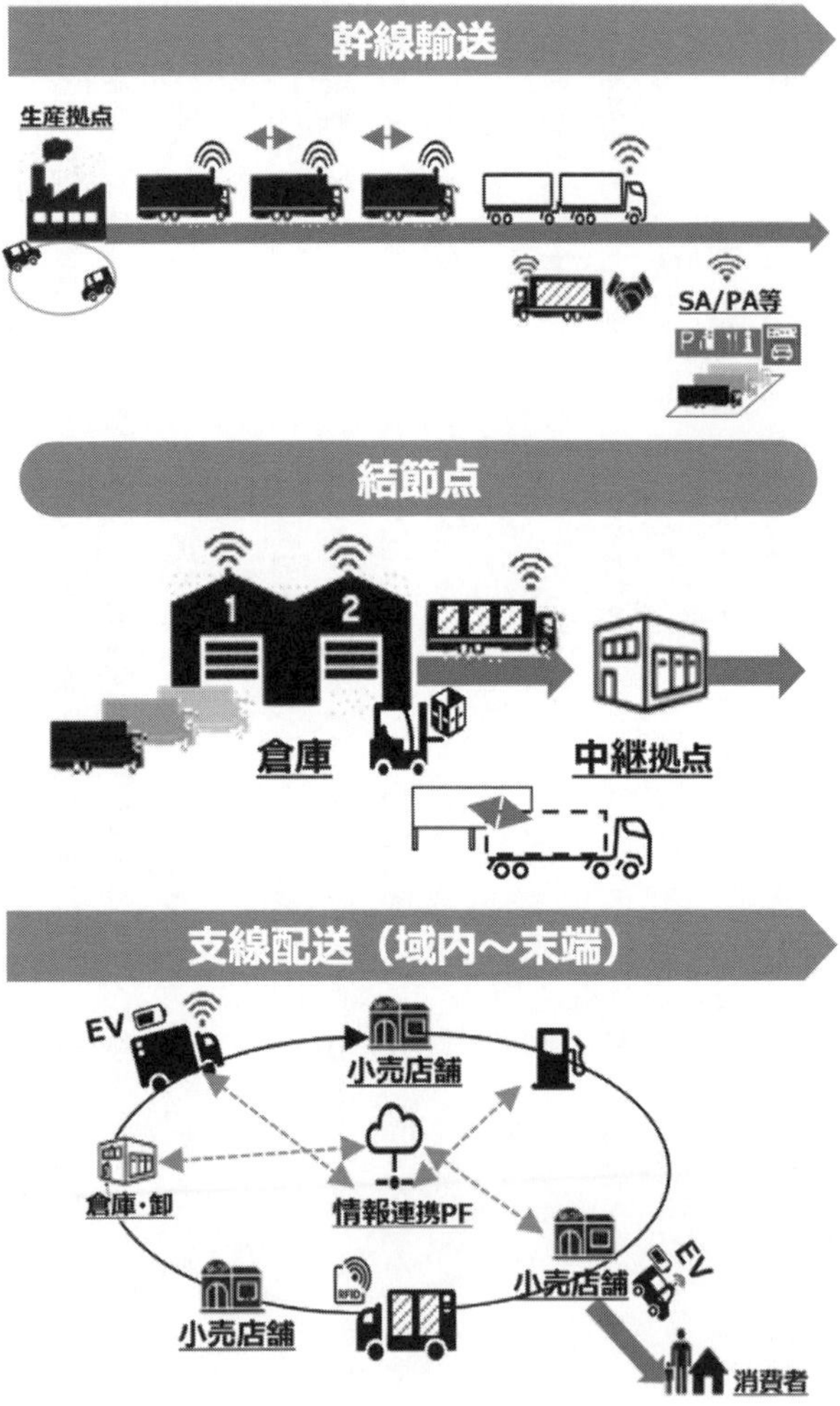

の共同輸送、混載配送などを行うことで、最適物流を実現しようとする考え方は「物流MaaS」と呼ばれている。

高速道路や幹線道路を含めた長距離トラック輸送を指す幹線輸送に関しては、自動運転の実現が最大の課題になる。国土交通省の「総合物流施策大綱」などでもトラック複数台による隊列走行や自動運転の実現が掲げられており、実装に向けた取り組みも始まっている。2019年には1台で2台分の輸送が可能な「ダブル連結トラック」による輸送が一部対象路線で解禁され、運用がスタートしている。

隊列走行については経済産業省・国土交通省により2021年に新東名高速道路の遠州森町PA〜浜松SA（約15㎞）において、後続車の運転席を実際に無人とした状態での3台のトラックによる後続車無人隊列走行技術を実現しており、高速道路に関しては2025年までには一部で実装可能な地点まで来つつある。有人の隊列走行についても、高速道路の専用道路の検討、安全性確保などの条件が揃えば投資対効果が期待できるようになると見込まれる。ドライバーが完全に不要になる完全自動化は技術的な問題やインフラ上の課題などを踏まえると短期的な実現は困難だろうが、できるところからの実装は少しずつ進んでいくとみられる。

こうした取り組みによって、長距離輸送のドライバーの働き方も変わるだろう。現状では、ドライバーは発荷主のもとから着荷主のもとまで荷物を配送する場合、各地域の支線配送に始まり高速道路の入り口から出口までの幹線輸送、そしてその先の支線配送を含めてそのすべてを一人のドライバーが担当していることが多い。このため、たとえば関東―関西の長距離ドライバーの場合、サービスエリアでの休憩時間も含めた長時間拘束、深夜勤務が不可避となる。

関東―関西のルートにおいて、途中に中継地点を設けることで荷物のリレー、折り返し運転が可能となれば、ドライバーは車中の泊まり込みや長時間拘束から解放されることになる。有人での自動運転が実現すれば、ドライバーはハンズオフ、アイズオフで運転業務からも解放される。自動運転の精度が上がれば、車内ではモニターでの後続車の監視や物流拠点との連絡業務などを行うこともできるようになるだろう。

逆に言えば、将来においても、隊列走行や自動運転はあくまで高速道路など一部での運用に限られるとみられる。スタート地点から目的地までのすべての道程を無人で走行することは遠い将来においても不可能である。また、新しい運転技術を有する車両の導入などには事業者の大規模投資も必要となり、普及には相当な時間がかかるはずだ。大手の事業者が先行し、支線配送事業者とのすみ分けが緩やかに進んでいくだろう。食品業界など部分的にでも荷姿の標準化が進めば、積載率が向上し、拠点での荷物の積み下ろしの大半は自動フォークリフトに任せられるようになることから、過酷な荷役作業からも解放されていくことが期待される。

過疎地域ではドローンの監視役、都市部の大型施設では手渡し不要に

物流に関する業務のうち、ラストワンマイルと言われる支線配送は最も効率化が難しい領域になる。一般道における自動運転については、特区など特定エリアにおいて低速での無人走行車両による配達が一部では実現するかもしれないが、ブレインオフのレベル4の自動運転技術が一般道で適用可能になるのは遠い未来の話になると考えられる。荷台への荷物の積み込み作業などについても、支線配送においては荷姿がばらばらであり、先進的な拠点など一部においてロボットアームによる積み込みなどで部分的に作業負担が軽減されるところも出てくるかもしれないが、自動化することは簡単ではない。

客先での荷下ろしは自動化がさらに難しい。車の荷台から一個ずつ荷物をピックアップし、エレベータがないマンションの個別住戸や都市圏の雑居ビルに入っている事業所などに人手を使わずに荷物を送り届けることは、技術が発展したとしてもしばらくは困難であると予想される。現状のように配達員が荷台を使って荷物を運搬する姿が人々の生活圏で見られなくなる日は当分こないだろう。ただ、大規模マンションや大企業のオフィスビル、

大型商業施設などについては、館内物流を整備することで自動配送ロボットが稼働することは可能とみられる。

大量の荷物をドローン配送により一戸一戸の住宅に捌《さば》くことも簡単ではない。ドローン配送は配達員の不足や輸送効率の悪さが課題となっている過疎地域での配達など、当面、局所的な使い方になる。過疎地域では、いずれはドローン配達の適用区間が拡大し、配達員は管理センターでの監視作業がメインになる可能性があり、管理センターで監視するだけの世界が実現するかもしれない。

仕分けや梱包、移動などの作業は早期に自動化

最後に結節点となる物流拠点。物流にあたっては、大手物流企業が運営している物流センターや大手小売業者が所有する倉庫などの物流拠点が大きな役割を果たしている。物流拠点で働いている多くの倉庫作業員は、荷物の受け入れ、倉庫内移動、棚への収納、ピッキング、仕分け、梱包などの作業を担っている。

物流施設は保管、荷役、梱包・包装などの機能を担っており、従来は保管の役割が大きかった。しかし、近年はEC市場の拡大、多品種・小ロット化などにより、荷物の積み下ろしや仕分けなど荷役機能の重要性が高まっている。

物流需要の高まりを受けて、倉庫内の作業員も慢性的に不足している。ＥＣ運営者はフルフィルメント業務（受注、集荷、梱包、配送、販売、決済、返品、在庫管理、問い合わせ対応、顧客データ管理）をフルフィルメント・センターに一括で委託することで業務効率化を図っており、同種のセンターが拡大を続けていくだろう。米ウォルマートのようにリアル店舗自体を小さな「フルフィルメント・センター＝物流拠点」として扱うケースもあり、ＥＣサイトで受注した商品をリアル店舗で集荷して配送する店舗網も拡大している。

こうしたなか、大型物流施設においては、自動倉庫による保管に加え、仕分けや包装、搬送作業の機械化が進んでいる。物流業界の仕事を見ると、倉庫の自動化が技術的に最も容易であり、省人化の早期達成は可能である。関係者の話を聞いていると、場合によっては、２０４０年頃には今の業務の6～7割程度は機械化されているかもしれない。物流拠点における倉庫作業は、仕分け、梱包、移動などの単純作業についてはロボットへの置き換えが進み、人の仕事は機械の管理やメンテナンス、倉庫の運営計画などにシフトしていく。

一方で、ここでもやはり積み込みや荷下ろしの作業の自動化には大きな障害が残っている。特に、ラストワンマイルに接続する多品種の荷物の積み込みについては自動化が難しい。ＡＩによる荷物の内容の判断やロボットアームによる積載作業などの実験が始まっているが、実用化へのハードルはいまだに高い。

販売　レジ業務は消失、商品陳列ロボットが普及

２０２０年において３２９・１万人の就業人口を抱える販売員。この職種を従業員として多数抱えている業界には、スーパーマーケットやコンビニエンスストア、ドラッグストア、百貨店、家電量販店などさまざまな業態からなる小売業界がある。ＥＣ取引の浸透などから小売業界の店舗数は長期的に減少傾向にあるが、生活必需品を多く扱っていることもあり、消費者が日々の生活を営む上では欠かせない業態でもある。慢性的な人手不足に悩まされる小売業界で現状を打破するためには何が必要か。

レジ要員を３分の１に圧縮

販売関連職種のあり方については、関東圏のスーパーの中でＤＸを積極的に進めるカスミ代表取締役社長の山本慎一郎氏へのヒアリングを紹介したい。同社においてＩＴ活用による業務の効率化や省力化、また自動化で目指す未来について聞いた。

カスミは茨城を中心とする北関東から千葉・埼玉・東京にかけて店舗展開するスーパーマーケット。首都圏のスーパー３社が参画するユナイテッド・スーパーマーケット・ホー

スキャンアンドゴーで効率化を実現

ルディングス（U・S・M・H）の事業会社の位置を占める。

U・S・M・Hでは、スマートフォン決済「スキャンアンドゴー イグニカ（Scan&Go ignica）」の導入を進めている。来店客がスマートフォンにインストールしたアプリを自ら操作し、買い物途中の商品のスキャンから決済までを行う完全セルフサービスのシステムであり、カスミではほぼ全店での導入を終えている。さらに、次世代型スーパーの新業態としてカスミ独自が開発した「ブランデ研究学園店」では、有人レジを完全になくした。チェックアウトはセルフレジとスキャンアンドゴーのみで、チェッカーやキャッシャーと呼ばれる従来のレジ担当は存在しない。

山本氏は「従来の有人レジは顧客を待たせな

いようピークタイムに合わせたレーン数を設置するため、ピークタイム以外には稼働のないレーンもあり、非効率でした。しかしレジが混み出すと、たちまち『休止中のレーンを開けてほしい』という声をいただくので、常にある程度の人員を割かねばならない。これにどう対処するかが課題でした」と解説する。

スーパーでレジ部門を担当する従業員の割合は概ね全体の2割から3割。人件費に占める割合が大きいなかで、他部門のように発注や品出しといった複数の作業ができず、レジに立ちっぱなしで客を待つほかないという点も経営上の大きな課題となっていた。セルフレジ導入後はレジ6台につき従業員一人が管理することができるようになり、業務効率化が大きく進んでいる。

「顧客がセルフレジで精算処理に費やす時間は、経験則でいうと有人レジの2倍ほどかかります。このため、6分の1とまではいきませんが、必要な従業員数はこれまでの3分の1ほどに削減できたことになります」

レジ係の従業員の業務内容も、商品スキャンと決済から解放され、セルフレジでのトラブル対応や、セルフレジの傍らにあるスキャンアンドゴーの決済端末を使う客への案内などに変わった。

「レジが専従業務だったのは現金を扱うセンシティブな仕事だからです。また商品の捌き方一つにも理不尽なクレームをつけられることもありました。仕事の中身が問い合わせ対応や相談対応に変化したことにより、こうしたストレスから解放され、さらに顧客に感謝される機会が増えたことで従業員のモチベーションも上がったようです。業務内容の変化が周知されるにつれ、応募者増にもつながると期待しています」

店内作業を店外作業に転換し、3社共同のプロセスセンターも開設

スーパーマーケットの業務は、商品の調達から販売、精算に至るまで、あらゆるモノやヒトとの接点に「人」が介在する。労働力人口の減少が直撃する業種で、「募集してもなかなか人が来ない。かねがね人手不足を肌で感じ、大きな危機感を抱いていました」と山本氏。人材が集まらないのは、給与面の課題も一因である。「必要最小限の人手で店舗を運営し、かつ高水準の給与が保証できるよう生産性を上げることが、今後の日本の小売業のキーになるのは間違いありません」。

こうした観点からカスミではかねてより、集約化したほうが効率的な作業については、店内作業から店外作業への転換を進めてきた。一つは調理作業。鮮度を求められる刺身づくりなど店内でしかできない作業以外、たとえば精肉なら枝肉のカットから加工、パック詰めまでを、総菜なら事前調理をあらかじめ自社工場などで行って、店内では並べるだけ、

温めるだけ、揚げるだけとする形としている。今後はさらなる効率化を図り、U・S・M・Hの事業会社3社で共同運営するプロセスセンターも準備中である。

品出し作業では、各店のレイアウトに沿って物流業者が通路ごとに配荷する通路別納品を導入し、作業効率を向上させている。「新技術を活用して無駄を極力省くという点については、私たちは業界の中でも先進的に取り組んできたと自負しています。そしてこれまで手付かずだったのが、今回DXを進めたチェックアウト部門、そして商品の調達プロセスです」。

カスミの平均的な店舗に並ぶ商品数はおよそ1万5000SKU（最小管理単位）。その日に入る生鮮食品から消費期限の短いパンや豆腐などの日配品、保存性の高い酒類や日用雑貨まで、複雑な期限管理が必要なうえ、生活必需品だけに欠品が生じてはならない。現在は品切れ対応など自動発注の仕組みも導入しているが、「本質的にやるべきなのは入荷のコントロールです」と山本氏は語る。

「単に売れる商品を補充するだけでなく、トラックに積む商品の積載率を検討したり、入荷計画を先々まで提示したりできなければ、荷物の少ない車が走る、日持ちする商品が毎日入る、フードロスが発生する、などの無駄がなくなりません。発注の仕組みを最適化し、最終的には全体の作業量を最小化するというのが、ロジスティクスにおいて今目指している自動化のレベルです」

商品の調達に関しては、コロナ禍でネットスーパーの利用が増えるなど、消費行動のオンライン化が加速したことにより、新たなニーズが生まれている。カスミも既存のネットスーパーをU・S・M・Hオンラインデリバリーに統合し、注文のしやすさや特典の多さなど客側の利便性を高めている。

しかしその一方で、注文を受けた店側では店内の在庫や陳列棚から人の手で商品をピッキングしているのが現状である。

「ピッキングするのは店舗従業員ないしは専門業者ですが、ここにかかる手数やコストも無視できなくなりました」と山本氏。現在、カスミの新業態・ブランデでは自律型協働ロボット「PEER（ピア）」を導入、店舗従業員のピッキング作業の軽減につながるか検証を行っている。

自律型協働ロボット「PEER（ピア）」

将来的にはMFC導入も視野、スーパーを高付加価値産業に

「こうしたサポート型のロボットは、将来のスーパーを構成する一要素として、〝手始めに〟導入したという側面もあります」と山本氏。なぜなら、今小売業の世界で新たな物流の形態としてグローバルな潮流となっているのが、フルフィルメント・センターの小型化だからである。

フルフィルメント・センターとは、商品の発注から梱包、発送、決済、さらには返品やクレーム対応、顧客データ管理などまですべてをワンストップで行う施設のことで、Amazonが嚆矢となって開設した。これを原型に、オンラインオーダーの増加を契機として世界の小売メジャーが導入し始めたのが、MFC（マイクロ・フルフィルメント・センター）と呼ばれる小型化した施設である。従来のスーパーの店内、あるいは敷地内に開設してオンラインオーダーに対応するほか、店内に入らず駐車場で待つ客に商品を届けるテイクアウト的な使われ方もしている。多くのMFCが最新のICTを導入し、運用が自動化されている。

日本でもイオングループがCFC（カスタマー・フルフィルメント・センター）を併設した次世代型商業施設を開業しているが、設備投資費用も膨大にかかるため、多くの国内企業ではまだ導入が難しい。「そのため、当社では将来的にMFCまたはCFCの開設を見据え

て、その中で動くロボットを試験的に導入したわけです。ほかにも基幹系のシステムをバージョンアップして、店頭在庫をリアルタイムに可視化する取り組みを進めています」と山本氏は解説する。

「小売業の世界は、この先もずっと技術革新が続くものと思っています。MFCにしてもさらにコンパクト化が進んで、コスト的に導入しやすくなるかもしれませんし、自律型ロボットも把持機能などの精度が飛躍的に上がっていくでしょう。遅くとも2030年くらいまでには、実用化のレベルに到達してほしいですね」と山本氏。「私たちはこうした技術を引き続き積極的に取り入れ、省力化により必要最小限の人員で高い生産性を獲得するとともに、少数精鋭の社員がさらなる高付加価値を創造するという好循環を築き、スーパーを人が集まる業界にしていきます」と語る。

中小店舗でもセルフレジは急速に広がっていく

新エネルギー・産業技術総合開発機構（NEDO）では、小売業店舗業務全体を見渡すと、「レジ・接客」業務が全体の約3割の人時《にんじ》を占め、品出し・陳列・棚卸作業は約40%、その他が30%程度を占めると見積もっている。

レジ業務については顧客自身がバーコードの読み取りから精算まですべてのレジ業務を

行うフルセルフレジ、バーコードの読み取りを店員が行い、精算は設置機器で顧客が行うセミセルフレジの導入が進んでいる。

セルフレジによる決済は既に多くの人にとって見慣れた光景であると思われるものの、実はその導入比率はまだ高くない。「スーパーマーケット年次統計調査（2023年）」によると、セルフレジ導入率は近年大きく上昇しているものの、それでもまだ31・1％の企業にしか導入されていない。店舗規模の内訳をみると、51店舗以上を保有している大手企業では既に75・0％と高い設置率になっているが、26～50店舗の中堅で55・8％、4～10店舗と地域密着型では25・7％にとどまる。レジ業務は今後も無人化に向けた動きが加速していくだろう。フルセルフレジ、セミセルフレジが大手スーパーでは日常の風景となり、地域のスーパーにも拡大していくと見込まれる。

さらに、無人レジにはさまざまな形態がある。米国ではAmazonが展開する「Amazon Fresh」が購入した商品の種類や量などをカート内のカメラや重量センサーで検知する「Amazon Dash Cart」を導入している。客はカート付属の端末で個人認証を済ませた後、カートに購入商品を入れたまま店外に出れば、そのまま決済できる。国内では、福岡市に拠点を置くトライアルホールディングスが自動化の先端を走っている。同社が導入を進める「レジカート」はタブレット端末とバーコードリーダーを搭載しており、客はあらかじめプリペイドの会員カードに入金しておいて、カードや購入商品をバーコードリーダーで読み取る形式をとっている。買い物後は専用ゲートを通過すれば決済が自動的に完了する。トライアルでは年齢確認不要の酒販売も試験的に導入し、プリペイドカード登録時に顔情報と免許証などを登録することでカメラに顔を読み取らせれば酒類の決済が可能となる。

コンビニエンスストアではファミリーマートが無人決済店舗の出店を加速させる方針を掲げている。同店舗は天井にカメラを設置し、来店客が手に取った商品をリアルタイムで認識し、客が決済エリアに立つとタッチパネルに商品と購入金額が表示され、決済には電子マネーやクレジットカードなどが利用できるようになっている。

陳列作業は人とロボットが協働して行われる

「レジ・接客」業務の領域と比べて、多種多様な商品の陳列作業を自動化するのは難度が高い。当面は人と機械の協業を目指す形になるだろう。「陳列・補充・棚卸」業務は商品の品出し、整理、前出し、欠品チェック、補充、鮮度や損傷チェックなどの業務がある。この業務は店舗業務の3〜5割の人時を必要とし、バックヤードとの往復や中腰での長時間作業など身体的な負荷も大きい。また、在庫の棚卸作業は通常3ヵ月〜1年に1度のタームで行われるが、こうした業務も在庫と実際の会計上の数字の突き合わせが煩雑であり、通常業務と並行しての準備作業に前後の期間を拘束されるなど負荷が大きい作業になっている。近年では、ネットスーパーなどECと連携して店舗で商品をピックアップ、配送するなどのオペレーションも発生している。

飲料などは商品の重量が重く、品出しをする従業員の身体に負担がかかる業務である。イトーヨーカドーでは品出し支援ロボットを試験的に導入し、ロボットが自律搬送することで作業の負担を軽減する。コンビニエンスストアでも陳列ロボットの試験導入が行われている。スタートアップのTelexistenceは2020年開業のコンビニエンスストア「ローソン Model T 東京ポートシティ竹芝店」に遠隔操作ロボットを試験導入、オペレーターが店舗のバックヤードに設置した陳列ロボットを遠隔操作し、飲料やおにぎりなどを陳列する試みを始めている。日商50万円の店舗の場合、1日3000回の陳列作業があるという。それを安定的にこなすようになれば大きな省人化が可能となるだろう。

商品補充の観点では欠品を起こさないことが最重要課題となる。欠品が出ないように人が24時間売場を見張るには相当な労力がかかるが、将来的には人に代わって商品を監視するのはAIカメラの役割になる可能性もある。前述のトライアルホールディングスの「AI冷蔵ショーケース」ではAIカメラが取得した画像データから欠品情報を数値化し、発注時に過去の履歴から機会ロスが大きいと判定された商品についてアラームを発信してロスの解消に活《い》かしている。米国では店員の生産性を上げる「ＡＩバーチャルアシスタント」を提供する企業も登場し、ＡＩが来店客の質問に対する回答や在庫数の確認、在庫切れの商品のオンライン注文などをアシストする。

棚卸についてはＲＦＩＤ（電波を用いて、ＲＦタグのデータを非接触で読み書きするシステム）が普及すれば、その作業の多くを縮減することができるようになる。ユニクロでは既にすべての商品をＲＦＩＤによって処理している。従来のようにバーコードを一点ずつ読むことは時間のロスや人的なミスを生じやすいが、導入済みのワコールでは棚卸にかかる労働時間が５分の１になり商品のカウントミスなども大きく減少している。まずは衣料品など商品単価が高い業態でＲＦＩＤは浸透し、技術革新によってコストを低下させていくことができれば、スーパーなどの業態にも広がっていくとみられる。

品出しや陳列作業のすべてを完全に自動化することは短期的には難しいとみられるが、上述したような変化によって、代替が可能なところから少しずつ機械の導入が進み、人とロボットが手分けをする仕事の仕方にその姿を変えていく。店舗における繰り返しの作業が減っていけば、ＡＩカメラなどで収集したデータから、より顧客が迷わずより多くの商品を購入したくなる売場づくりに取り組むことができるようになっていくだろう。

接客・調理　デジタル化に伴いセルフサービスが広がる

飲食・宿泊業界を中心に活躍する接客・給仕の仕事には2020年時点で145・2万人が就いている。同業界において欠かせない調理の職種には、182・2万人の就業者が存在している。飲食・宿泊業界はインバウンドで需要が増える中、深刻な人手不足に陥っている。一方、賃金水準はあらゆる職種の中で最低水準となっており、産業構造の高度化に向けての課題は大きい。今も昔も変わらず必要とされている接客・調理の仕事は、今後どのように変わっていくのか。

紙台帳から始まったデジタル化の取り組み

神奈川県秦野《はだの》市の「陣屋」は、将棋・囲碁のタイトル戦の舞台としても知られる老舗旅館。大正時代に創業した名門旅館だが、2000年代に一時経営の存続が危ぶまれる状況を経験している。大手自動車メーカーの技術者だった宮﨑富夫氏が2009年に倒産寸前だった旅館の経営を親から引き継ぐと、旅館管理システム「陣屋コネクト」を開発し導入、妻で女将の知子氏とIoTの活用や従業員の働き方の見直しも同時に進め、約3年で経営を立て直した。株式会社陣屋代表取締役女将の宮崎知子氏は当時のことを次のように振り返る。

「以前は宿泊客の管理は紙の台帳が主体でした。また、従業員もサービス係、清掃係、フロント係などに細分化されており、フロントには長蛇の列ができているのに、清掃係は暇を持て余している、といったことがよくありました。顧客情報はサービス係の頭の中やメモ帳に囲い込まれ、調理担当に共有されることもありません。お客さまをよく知るサービス係が上、といったヒエラルキーも生まれ、職場の風通しも悪くなりがちでした。

私たちは経営を引き継ぐと、顧客の宿泊管理や従業員の勤怠管理などを紙からデジタルに移行して情報共有を進めるとともに、業務の無駄を省こうとしました。ちょうど面接を受けに来た元SEの方に開発担当者になってもらって『陣屋コネクト』を開発、2010年3月に運用を始めました」

陣屋では自社で予約システムを開発。それまで紙の台帳でフロントが集約管理していた顧客情報をオンライン化して、タブレット端末で従業員が誰でも見られるようにしている。予約状況の確認をはじめリピート客の料理の好み、浴衣のサイズといった「おもてなしに役立つ情報」を共有することでサービスレベルを向上させ、スタッフ一人ひとりが効率的に複数の業務をこなせるようにした。その後も機能の追加、改善を続け、現在は業務フローに関わる情報から同社の経営状況まで可視化されている。このシステムの発展形は現在クラウド型旅館・ホテル管理システム「陣屋コネクト」として外販され、他の旅館・ホテルでも導入が進んでいる。

「夫は本田技術研究所の元エンジニアで、自らプログラミングなどを学ぶのも好きでした。前職の経験が土台になって、デジタル技術やＩｏＴの有効性を認識したと思います。大手ホテルが導入しているシステムの知識も仕入れました。しかしホテルシステムは高額で、我々のような小規模の旅館では使いづらい仕様になっていたため、近年急速に普及しているクラウドサービスに目をつけました。クラウドサービスは初期投資があまりかからないことから、システムを自社開発することにしたのです」

部屋食など人手がかかるサービスを廃止

陣屋が行ったのは、陣屋コネクトによる業務効率化だけではない。並行して他の業務改革も実施している。たとえば、部屋食からレストラン食に変更した。このことにより、配膳などの作業を効率化し、コスト効率化に並行して食事の質を向上させている。

一連のさまざまな改革と同時に、従業員の働き方も変えた。今、陣屋の組織は「接客」と「調理」の２部門しかない。高級料亭並みの懐石料理を看板の一つにする陣屋は調理部門に力を入れ、正社員の半分を板前が占めている。一方の接客部門は、正社員とパート社員とが協力し、接客はもとよりフロント業務からゲストリレーション、清掃の管理まで、調理以外のすべての業務を担当する。「料理を運ぶ」「布団を敷く」といった一つの業務だけに専従するスタッフをなくしたことにより、無駄な空き時間もなくなり、必要な人手も最小限に効率化された。

「現在実施している週休3日も接客・調理の少数メンバーで2交代のチームをつくることが前提でした。マルチタスクでなければ実現できませんでした」と宮﨑氏は振り返る。一人の従業員が多くの業務をこなす「マルチタスク化」や、浴室にタオルの残数を知らせるセンサーを設けるなどのＩｏＴ化を通じたオペレーションの改善にも着手し、利用者の待ち時間も減った。

「こうした結果、2～3ヵ月ごとに訪れるリピーター客が増え、従業員もモチベーションを高めました。その場で聞いた話は入力しておけば後で役に立つなどと考え、コネクトを活用するようになったのです。自律的な判断を支えるのは情報であり、テクノロジーは情報の共有と伝達を加速させるツールだと考えています。指示待ちも、決断するだけの材料がないために起こります。

当社は、コネクト以外に音声認識のツールも導入しています。仕事中の会話はインカムとヘッドホンで、全スタッフが共有しています。これに伴い、広大な敷地のどこに誰がいるのか把握しやすくなり、『荷物を運びきれないので、近くにいる人助けて』といった、相互の助け合いも円滑になりました。インカムのやり取りを聞いて『1週間前に同じような質問があったときは、OKが出ていたな』など、他人の経験を自分の知見に加えられるのも、大きなメリットです」

現在では軌道に乗っている経営改革ではあるが、ここまでの状況に持ってくるには多大な苦労があった。当時は開発担当者と宮﨑夫婦以外には、パソコンを使える従業員すら一人だけという状態だったからだ。

「陣屋従業員のITレベルがあまりにもばらばらなので講習会もできず、とにかく仕事で使って体で覚えてもらうしかありませんでした。本番なら必死に取り組みますから。紙の台帳への記入を一切禁止し、台帳はカギを付けて私か夫が管理しました。システム導入の効果を社員に実感してもらうまで2年半くらいかかりました。それまでは、従業員の不平不満を耐え忍ぶ日々でした。使い勝手が悪いと普及も進まないので、この間にシステムの改善も繰り返しました。

当初、サービス係のなかにはコネクト画面を自分のメモ帳に書き写す人がかなりいました。部屋割りや宿泊プランなどの必要な情報が同じ画面にまとまっていないので、お客さま

「陣屋コネクト」でさまざまなデータが可視化された

の問い合わせにすぐ対応できないというのです。こうした声をもとに、ユーザーインターフェースを使いやすい形に変えていきました。

経営改革を始めたころは『収益が改善したら、一部を給与に還元する』と公約し、損益分岐点に対する達成度をグラフで毎日表示しました。グラフに可視化することで、高齢のスタッフも現状を理解し『週末の宴会で頑張ろう』などと発奮してくれるのです。人事評価の際に改善提案をしたかどうかを自己申告してもらい、プラスに評価する仕組みも設けました」

変形労働時間制を導入し、週休3日を実現

陣屋は現在、１週間のうち火・水・木曜日の３日間を休館日にしている。旅館は年中無休で営業するのが一般的で、陣屋も以前は365日稼働していた。2020年には就業規則を変更して従業員の働き方を変形労働時間制に切り替え、それまでの8時間×5日勤務を10時間×4日勤務に移行。休館日に合わせて全従業員が完全に休める週休3日を実現している。

「週休3日は従業員満足度を高めるため、かねてより目指していたことですが、実現に至ったのは、コロナ禍を契機に1日10時間勤務としたことが大きいです。人件費の圧縮により経営スタイルとして長く続けられ、雇用も維持できる見通しが立ったことで、週40時間勤務に伴う週休3日に踏み切りました。

陣屋のお客様は観光より、何もせずにゆったりと寛《くつろ》ぎたいという滞在志向の方が多いです。客層もビジネスパーソンの方が中心なので、宿泊客のチェックインは土曜に集中しています。もともと平日の売上は少なく、営業すると人件費など経費もかかることから平日休館には踏み切りやすかったです。また従業員としても、周辺は終業後に過ごせる施設があまりないので、毎日早く帰るよりも週末に集中して働き、まとまった休みが取れるほうがありがたい、という声が大半でした」

さらに「従業員の中にはもっと稼ぎたいという人もいるので、休日の副業を認めています」と宮崎氏。現在は、舞台やライブハウスの道具づくりなど、それぞれ自分の好きなジャンルで副業を見つけている人が多いという。また、グループ会社の陣屋コネクトで働く従業員もいて、プロジェクトごとに業務委託の形でサイトの構築や地方の観光協会との交渉などを担当している。

ここまでこぎつけることができたのは、やはりクラウドシステムを用いた経営を貫いたことが大きかったという。宮崎氏は次のように総括する。

「システムに関する技術的な知識は、ある意味でシステムを『使い倒す』ことでしか身につかないと思います。文系出身者が多いのですが、先輩に同行して他の旅館に足を運ぶなど、ＯＪＴを通じて必要なスキルを獲得していますし、本人が希望すれば講座の受講もサポートしています。

仕事のやり方を変えたいと思っている人はなかなかいません。ＩＴやデジタルにリテラシーがある人ばかりでもありません。なぜ仕事を変えるのかについて腹落ちできないと、現場にはなかなか浸透しないため、社長自身がシステムを使いこなし、旗振りをすることが大切です。特に経営者が社内ＳＮＳなどを活用して積極的に発信したり、声掛けをしたりして、新しいことに取り組む社員の承認欲求を上手に刺激することが重要だと思います」

フロントや会計業務はセルフサービスに

接客・調理の仕事については、今後、顧客にセルフサービスを要請するタスク、ロボットが代替可能なルーティン作業や単一の機能を担うタスク、他店との差別化や高付加価値提供のために人の手で行うタスクに分けて考え、ロボットなどによる効率化は費用対効果が期待できるところから優先して着手することになると考えられる。飲食店や宿泊施設においては、入り口と出口に当たる「受付や案内、決済」に関する業務が必ず発生するが、ホテルや旅館、飲食店の予約やチェックイン・アウト、部屋や予約席への案内、会計などの業務は比較的早期にセルフ化、自動化が進んでいくだろう。

既に一部の大手飲食チェーンでは完全無人でのサービス提供が実現している。実際に「くら寿司」では店舗スタッフと顔を合わせることなく、スマートフォンで席の予約ができ、注文はテーブルのタブレット端末、会計もセルフレジで済ますことができる。入店から出店に至るまで一度も接客を受けずに飲食をすることも可能だ。

ホテルの無人化をいち早く進めてきた事例としてはＨＩＳホテルホールディングスが展開している「変なホテル」があげられる。同ホテルでは、法令等による規制が少ない韓国の店舗においてホテル以外の場所からチェックインし、スマートフォンがそのままルームキーの役割を果たす形で入室することができるサービスを導入している。国内の店舗では法令等の規制によってバックヤードで従業員が待機しているものの、フロントでは壁に映し出された恐竜や執事の映像がチェックインの案内を行っており、人手を介さずに入室手続きが可能になっている。チェックアウトも自動精算機で瞬時に終わるようになっており、従来のようにフロント前に行列ができることはない。

顧客側としては、デジタル化によって事前のアプリのダウンロードや自らの手で入力をする手間が生じるなど、消費者側の負担も発生しているとみられるが、こうした運用を行うホテルは国内でも増えてきている。省人化によるコストダウンはサービス価格の低下に帰着することから、消費者側のメリットを訴求しながら人手を介さないサービスは今後も着実に浸透していくとみられる。

配膳ロボットが普及、ホテルの搬送ロボットは裏方で活躍

飲食・宿泊業の中で大きな業務割合を占めるのが「接客・配下膳・客室サービス」になる。飲食店においては、注文受付や厨房へのオーダー引き継ぎ、顧客要望への個別対応、配膳・下膳業務などのタスクがある。客室サービスについても、荷物の移動やシーツ交換、部屋や浴槽の清掃など時間内に行うべき作業量は多く、業務効率化が求められる領域だと考えられる。

料理の注文に関する業務については、スマートフォンやタブレットによるオーダーが定

着することで、注文内容はそのまま厨房《ちゅうぼう》に伝達され、ディスプレイに順番やテーブルナンバーなどが自動的に表示されるようになっている。将来的には、注文を受けてそれを厨房に伝えるようなこれまで接客係が担っていた作業が、多くの店舗でなくなっていくだろう。

配膳・下膳については、コロナ禍をはさんでファミリーレストランや焼肉、回転ずしチェーンなどで非接触型の配膳ロボットの導入が加速している。ロボットメーカーが飲食店に行ったアンケート調査では約2割に配膳ロボットが導入済みで、そのうちおよそ9割が「導入してよかった」と評価している。配膳ロボットの市場価格は平均300万円程度とされており、小規模店舗では動線確保も含め導入が難しい。しかし、近年ではスタートアップ企業がその3分の1の価格で高精度のセンサー搭載により障害物をよけて自走する機能を備えた配膳ロボットを売り出すなど、品質の向上や価格の低下が進んでいる。

配下膳の最も大きな課題は食器類をピッキングする工程である。アーム付きの配膳ロボットも試験的に導入されており、食べ終わった皿の回収などが可能なタイプも登場しているが、ピッキングに関しては、完全に自動化し、ロボットだけで食卓から厨房までの工程を人手を介さずに配下膳するというところまでは、コスト面や安全面などで実用化のハードルが高そうだ。まずは消費者が配膳ロボットに寄り添う形で、人がロボットと食器の受け渡しを行う方式の定着が進むだろう。

宿泊施設の接客・客室サービス業務に目を移すと、清掃やベッドメイキングの効率化は簡単ではない。先の「変なホテル」の事例では、外注費の削減を目的に客室への清掃ロボットの導入も試みたとのことであったが、そもそもの片づけが必要であったり、部屋の隅やベッドの下、テーブルと壁の隙間など細部の清掃が難しく、結局は人の手に戻している。ベッドのシーツ交換などリネンに関する業務も効率化は困難だ。ロボットによる清掃を実装するためには、ホテルの設計段階から部屋の形状や家具の配置などをロボットによる清掃を想定して造る必要があり、簡単にはいかないだろう。

調理は専門分化するなかで効率化していく

最後に「調理」である。調理業務には食器の洗浄や乾燥、収納に関する業務も付随して発生する。おそらくこの領域は飲食・宿泊業を営むうえで最も機械による代替が難しく、最後まで残る業務になるとみられる。ただし、調理作業の自動化は総じてハードルが高いが、飲食店や食品工場で働くスタッフの作業の一部をロボットに置き換えることは可能とみられる。

フードテック事業を手掛けるTechMagicは2022年6月に丸ビル内の「エビノスパゲッティ」で8種類のパスタの仕込みと盛り付け以外のオペレーションを完全自動化してお

り、1～2食目は75秒、3食目以降は40秒程度で作ることが可能になっている。最後の具材の盛り付けはあえて機械化していないが、そこには人間の感性が反映され、付加価値を生むタスクだからだという。調理の作業を自動化していくにあたっては、付加価値の低い食材の計量や洗浄、簡単な調理などは機械に任せ、人は素材選びやレシピづくり、盛り付けなど付加価値の高い部分に集中することになる。

TechMagic代表の白木裕士氏は「炒める、ゆでる、揚げる、焼くといった動作はほぼ自動化の目処《めど》が立っている。それらを組み合わせれば居酒屋など多品種小ロット型の業態も将来的に自動化の可能性は残されるが、導入コストやスペースとの見合いで経済的合理性が見込めるかどうかがポイントになる」と語る。また、「膨大な調理データが蓄積されていけば、ＡＩによる味付けの最適化が可能となり、究極的には一人ひとりに合わせて味や量をパーソナライズしていけるようになるでしょう」と強調する。

ファミリーレストランや居酒屋、ホテルに入っている高級レストランなど多品目を提供する店舗は、それぞれの料理で必要とされる工程が異なることから、効率化は進みづらい。一方、専門店に関しては、現状でも麺類などを単品で提供する店舗で、麺をゆでる工程から湯切りまでのプロセスの機械化が実現しているなど、人件費が高騰する将来においては、このような専門店が増加することでサービスが専門分化する可能性もあるとみられる。

医療　非臨床業務の代替と専門業務への特化

患者に医療サービスを提供するにあたっては、多くの専門職による労務が必要となる。総務省「国勢調査」をみると、2020年時点での医療専門職の人口は看護師が138・6万人、医師は30・4万人、薬剤師は24・4万人、理学療法士・作業療法士が20・3万人、歯科衛生士が12・9万人などとなる。また、医療の提供には専門職以外にもレセプトに関連した業務や会計に関する業務など医療事務に大量の人手を要する。病院や診療所、調剤薬局などにおける医療従事者の働き方の現状とその将来を考える。

ロボットへのタスクシフトで看護師の業務負荷解消を目指す

少子高齢化により医療の担い手が減少するなか、神奈川県では医療施設へのロボット導入を進めるため、湘南鎌倉総合病院、NTTデータ経営研究所、各種ロボット事業者とともに新型コロナウイルス感染症対策ロボット実装事業を実施した。実証プロジェクトを通じてどのような可能性や課題が見えてきたのか、湘南鎌倉総合病院事務長の芦原教之氏に話を聞いた。

医療法人徳洲会　湘南鎌倉総合病院は、神奈川県が実施する「新型コロナウイルス感染症対策ロボット実装事業」に参加した。同事業は、医療施設などを対象に、ロボット実装のモデルケース創出を目的として導入実証などを行うもの。湘南鎌倉総合病院を実証エリアとして、ロボット事業者などが各機器を提供し、NTTデータ経営研究所が全体の調整を行う形で進められた。

湘南鎌倉総合病院は徳洲会グループの中でも規模が大きく、稼働病床数は658床、医師や看護師を含め2000名超のスタッフが働いている。コロナ禍にあっては臨時の専用病棟を設置して積極的に患者を受け入れたほか、2021年には包括的がん治療に対応するための先端医療センターも立ち上げた。

同病院がロボット実装事業に参加した背景には、厚生労働省が進める医療提供体制の改革がある。改革の目的は、高齢者人口がピークとなる2040年を見据え、安定した医療提供体制を築くこと。そのために、医師・医療従事者の働き方改革、地域医療構想の実現、医師偏在対策を三位一体で推進していく。

「特に医師の働き方に関しては2024年から時間外労働の上限規制が適用されるため、喫緊の課題です。これまでの医師の業務量を100とすれば60まで削らないといけない計算です。削った分の40は看護師やコメディカル、事務職などほかの職種で担うことになりますが、彼ら彼女らが現在担当している業務はどこに移し替えればいいのか。その移し先として、ロボットやＩｏＴを活用できないかと考えました」

実証に先立ち、同院では新たに人材開発室とデジタルコミュニケーション室を立ち上げた。人材開発室で取り組むのは職員の育成である。働き方の見直しを進めていくには現場の効率化を職員自らが考え、実行していくことも必要になる。長いスパンでそのような人材を育成していくのが同部署の役割となる。一方、デジタルコミュニケーション室はデジタル技術の導入を推進する。業務の効率化に向けたデジタル技術の活用について、病院とベンダーとの間のコミュニケーションを取り持ち、認識のギャップを解消する架け橋としての役割を担う。

「ベンダーは病院職員の現場ニーズがわからないし、病院はロボットの活用で何が可能になるのかがわからない。そこを通訳してくれる人がいないと、ミスマッチが起こります。人材開発室で効率的な業務プロセスを設計できる人材を育て、デジタルコミュニケーション室で現場のニーズとベンダーとの間を取り持つことによって、ミスマッチをなくしていこうというのが狙いです」

治療やケアに直結しない非臨床業務をロボット代替の対象に

人が行う業務とロボットに任せる業務の選別にあたっては事前に業務分析を行い、治療やケアに関わる「臨床業務」とそれ以外の「非臨床業務」とに分けた。臨床と非臨床の業務量の割合は6：4ほどだった。臨床業務のほうがボリュームは多いが、生命を扱う職域となるため、倫理や個人情報といった観点から制約が大きい。どこまでロボットに任せられるかについては不確定な要素が含まれるため、臨床業務は実証の対象外とした。

「臨床業務は医療従事者が一番やりがいを感じるところでもあるので、そこはあえて残しました。他方、非臨床業務については、電子カルテの記入方法などが複雑化してきており、業務負荷が増しています。後者をロボットに代替させることで、臨床業務に集中できる環境にしていこうと考えました」

具体的な実証内容を決めるにあたっては、「ロボットにやってもらいたいこと」について職員に対してアンケートを実施した（**図表2‐3**）。アンケートの回答を基に参加するベンダーを募集し、最終的にフロア案内ロボット、入退院説明ロボット、搬送アシストロボット、清掃ロボットなど9件の実証を行うことになった。

看護師から評判がよかったのは入退院説明ロボットだ。看護師は患者の入退院時や検査時に病室の案内や必要な持ち物、検査の流れなどについて患者への説明を行うが、これらの説明業務をロボットに代替させた。ロボットは患者のもとまで自律移動し、モニターに

図表2-3　ロボットにやってもらいたいこと

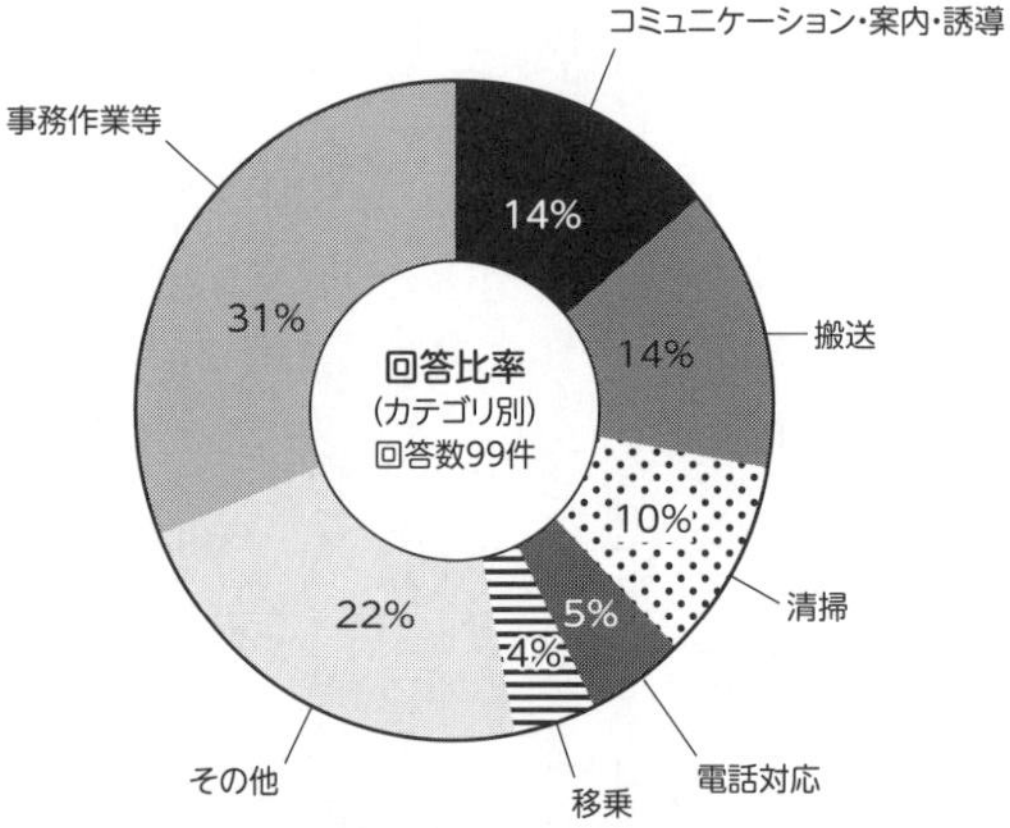

(出典) 神奈川県「ロボット等導入手順書」

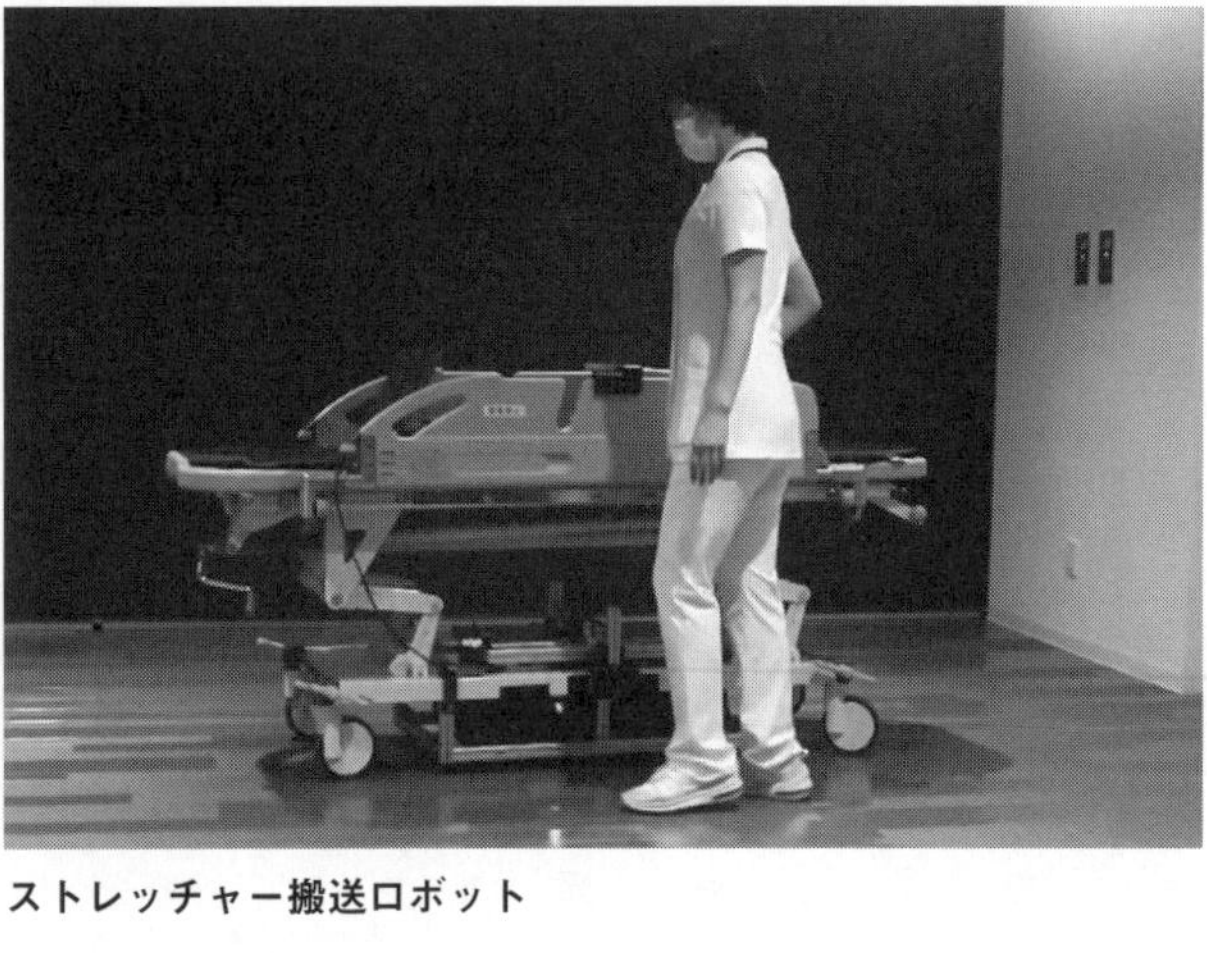

ストレッチャー搬送ロボット

動画を流して説明を行うほか、病室や検査室までの誘導も行う。ロボットによる説明がわかりやすかったかを調査したところ、スコア上はロボットの説明の理解度が高かった。ただし、説明者がロボットと人のどちらが良いかを調査したところ、人の方が良いという回答が多かった。

ストレッチャー搬送ロボットも実効性への評価が高かった。ストレッチャーでの患者の搬送は職員にとって身体的負荷が高い業務である。この搬送アシストロボットはストレッチャーに装着することで搬送をアシストする。片手で扱えるコントローラーを使って容易に操作でき、重いストレッチャーを人力で押して動かす必要はない。従来はストレッチャーがぶつかって壁に穴を開けてしまうことがあり、その修繕費に年間数百万円かかっていたが、センサーが障害物を感知して減速し衝突被害を軽減するため、こうした支出も抑えることができるようになっている。取り外し可能なので従来から使っているストレッチャーを買い替える必要もない。

人とロボットが協働するハイブリッドな活用

清掃ロボットに関しては2フロアで実証を行った。同ロボットは事前にマッピングしたルートを走行し、ゴミの吸引・拭き掃除を自律的に行う。椅子や机の下、壁の際などは人の手による清掃が必要だが、2フロア総床面積の62%をロボットに代替することができ、清掃の効率化・均質化において効果が確認された。また、清掃後はロボットからレポートが出力され、どこを清掃したのか、どの場所がどれくらい汚れていたのかを可視化することができるため、清掃効率の改善に活かすことができる。院内を回る清掃作業員の省人化につながるため、感染リスクの低減や委託コストの削減にも期待できそうだ。

委託コストの削減にあたっては、使用済み医療器具を回収するロボットも有効だった。手術で使う鉗子《かんし》などは使用後に回収して滅菌《めっきん》を行うが、その回収は専門業者のスタッフが院内を回って行っている。回収作業をロボットが行うことで、そこにかかる人件費の削減につながる。

一方、院内誘導ロボットは活用が難しかった。広い院内で患者を誘導する自律移動型のロボットだったが、移動にかかる時間が倍に増えた。病院という場所柄、誘導する対象は身体の具合が思わしくないことが多い。途中で休憩が必要な患者や、杖《つえ》をついてゆっくりしか歩けない患者もいる。ロボットが患者ごとに異なる移動のペースに合わせるのは難しいという。

「実証を通じて気づいたのは、ロボットだけで業務を完結するのは医療では難しいということ。むしろ、人がやっているところをロボットで補完するというハイブリッドな活用法がよい。雑務に費やす時間が半分になるだけでも、導入する価値は十分にあると感じました。
雑務が多いとコアとなる職能の熟達が遅れます。たとえば、看護師を見ていると、現在よりも雑務が少なかった頃にキャリアをスタートした人のほうが患者へのアプローチが上手い。以前はなかったような雑務が増えたためにコア業務に集中することが難しくなり、成長スピードが遅くなっているのではないかと想像しています」

病院へのロボットの導入・普及にあたっては導入コストの課題がある。病院はベッド数によって売上の上限が決まる。国の資金に頼れない一般病院の売上・利益は中小企業と変わらない。利益率は２％ほどのところが多く、規模の大きなところでも利益は10億円に満たないことがほとんどだという。そうなると、設備投資をするにしても導入コストが１０００万円ともなると難しい。

「医療提供体制を維持しながら働き方改革を実現するには、どうしてもお金がかかる。今回の実装事業は神奈川県に資金援助いただいたことで実現できました。今後、病院へロボットを普及させていくには、ベンダーや病院だけでなく、行政も一緒になって取り組んでいくことが必要になるでしょう」

入院患者への案内、看護記録作成、搬送業務などを自動化

看護師のタスクは大きく「臨床業務」と「非臨床業務」に分けられる。臨床業務は患者の治療やケアに関わる分野で、非臨床業務はそれ以外の事務処理や案内業務などから構成される。

看護職の業務を概観すると、臨床業務は体温、脈拍、血圧などのバイタルサイン測定、採血、注射、点滴、輸血の投与、夜間の巡回、ナースコール対応などがその中心になる。近年では、医師からのタスクシフトの要請に伴い、人工呼吸器の設定や酸素投与量の調整など38の特定行為が認められている。従来は医師しかできなかった医療行為を行うことが可能になるなど看護師の業務は広がっている。また、患者の状況に応じて、自分で身体を動かすことができない患者の体位変換、食事・排泄《はいせつ》・入浴介助、移送をするなど介助に関する業務も少なくない。

臨床業務については、患者の治療に直接関わる業務であることから、その多くは将来においても本来業務として残るとみられる。しかし、一部には機械などによって置き換えが可能なものも出てくるだろう。たとえば毎日の体温、血圧、血糖値などを測るバイタルチェックは、数時間に1回実施し、結果を紙に記入したり、パソコンに手入力したりするなど繰り返しが多い作業である。京都大学医学部附属病院では体温計などの各測定器をベッ

ドわきの専用端末にかざすだけで、自動的に患者の電子カルテに記録できるシステムを導入している。検温業務では患者一人当たりにかかる時間が半減し、看護師は空いた時間をほかの業務に費やすことができるようになったという。あるいは弘前大学ではアーム型のロボットが繊細な熟練採血技術を再現する「自動採血ロボット」の開発が進んでいる。

医療における非臨床業務については、入院患者への案内、記録の作成、患者の移乗・移送、薬剤などの搬送、患者への対応方針のすり合わせなどその多くを看護職が担っている。こうした雑多な業務に関しては、臨床業務よりは効率化の余地が大きいだろう。先の神奈川県の湘南鎌倉総合病院では非臨床業務からロボット導入を進めており、なかでも入退院説明ロボットは看護師から高評価だった。ロボットが自ら患者のもとへ移動して、モニターに動画を流しながら病室の案内や検査の流れなどを説明する。

看護記録に関しては、続いて紹介する介護の事例と同様にその時間を削減することは十分にできそうだ。患者の移乗や移動を支援するロボットや薬剤などの搬送に自律搬送ロボットの試験導入なども進んでいる。特に大規模病院では、たとえば緊急入院の受け入れを判断する際に病棟ごとの繁閑をならし病床稼働率が向上するよう調整するなど、病床の管理に関する業務もある。滋賀県の淡海医療センターでは電子カルテ内の各種データの集約、分析・加工をリアルタイムで自動的に行う「コマンドセンター」をクラウド上に立ち上げ、病床稼働率や看護師の勤務状況、入院患者の見込みなどを見える化し、全体最適を踏まえた病床のアサインを実現している。

医師の非臨床業務には主に、カルテの記載や関係者との打ち合わせ、そのほか事務作業などがあるが、医師の押印・署名が必要な紙運用の各種届出や診断書なども多く、医師の手間やコスト増大につながっており、早期にこれが解消されることが期待される。

「ロボット薬局」化が進み、「かかりつけ薬剤師」としての役割に期待

医療関連職種のうち看護師、医師に次いで多いのは薬剤師である。薬剤師については、調剤薬局、ドラッグストア、病院などの勤務先があり、処方箋調剤、患者への服薬指導、薬品の発注・管理などが主な業務となっている。

薬剤師の業務といえば、一般には、薬に関する専門知識を基とした患者への服薬指導などが想起される。しかし、実際の薬剤師の業務を見ると、そのような仕事は業務の一部である。調剤薬局における薬剤師の業務の概ね半分は、処方箋の内容に基づいて該当する薬剤をピッキングしたり、必要な錠数を箱から取り出したり、ブリスター包装されている薬剤をハサミで切ったり輪ゴムで縛ったりといった対物作業となっている。日本の薬剤師の業務は調剤における労働集約的な業務が数多く残っており、効率化の余地はかなり大きい。

ロボット薬局を標榜《ひょうぼう》するメディカルユアーズは、日本で初めて「計数調剤」（錠剤やカプセルが収まるPTPシートから必要な数を患者に渡す調剤の方法）を部分的に自動化し、薬剤の箱出し・格納をロボットに任せ、その後の計数を薬剤師が行っている。薬剤師は在庫管理や棚卸の作業から解放され、薬局の「待ち時間ゼロ」「調剤ミスゼロ」を実現した。

薬局チェーンのトモズは2019年から調剤業務の自動化に着手し、一部の店舗で実証実験を行う。松戸新田店の実験では患者が朝・昼・晩に服用する複数の薬剤を一包にパックする「全自動錠剤分包機」やPTPシートから必要枚数を切り出して自動的に払い出す「PTPシート全自動薬剤払出機」など7種類の自動化機械を導入した。これによりたとえば従来30～60分かかっていた一包化の作業が最短3分まで圧縮されたという。

薬剤師については、2023年の電子処方箋運用開始を機に、薬のインターネット販売解禁へ進むとみられ、薬局の統廃合が進むだろう。オンライン販売の普及や対物業務の効率化が進んでいけば、薬剤師は医師のタスクシフトの担い手として、事前に取り決めたプロトコールに沿って処方された薬剤の投与量の変更等や、医師への処方提案等の処方支援など、一歩踏み込んだ薬物治療を担うことができるようになる。

現在は地域によって人口当たりの薬剤師数に差があり無薬局町村もあるが、処方箋数の伸び率がこれまでの右肩上がりから人口減少とともに徐々に横ばいにシフトし、今後は業界内の競争激化が予測される。加えて2023年の電子処方箋運用開始を機に、アマゾン薬局（Amazonファーマシー）などによる薬のインターネット販売解禁にも直面している。薬局がこのような動きを放置すれば、書店が街からどんどん消えていくのと同様に街から薬局が消えていくことになるだろう。卸・小売業界と同様にECの普及が圧力になる形で薬局は先んじて調剤のロボット化を図り、店舗や薬剤師の付加価値を高める必要に迫られることになるはずだ。

介護　記録作業から解放し、直接介助に注力する体制を

厚生労働省によると２０２２年時点の介護職員数は２１５万人で過去最高を記録している。厚生労働省「介護給付費等実態統計」などから要支援・要介護認定者の比率を算出したデータによると、65～69歳ではその比率は２・９％に過ぎないが、70～74歳で５・８％、75～79歳で11・８％、80～84歳で26・０％、85歳以上で59・５％と加速度的に上昇する。今後、高齢者の中での高齢化が進展することによって、介護需要は急増するとみられる。こうしたなか、介護業務の効率化の余地はどれほどあるだろうか。

生産年齢人口の急減を前にロボットやＩＣＴを積極導入

善光会は２００５年の法人設立以降、２００７年４月には日本最大級の複合福祉施設「サンタフェガーデンヒルズ」を開設、大田区を中心に各種の介護施設・事業所を運営している。同会では、介護ロボット・ＩＣＴの導入や業務オペレーションの改善を積極的に行っており、２００９年のロボットスーツＨＡＬ®福祉用に始まり、これまで数多くの介護ロボットの導入、検証を重ねてきている。２０１３年には「介護ロボット研究室（現 介護

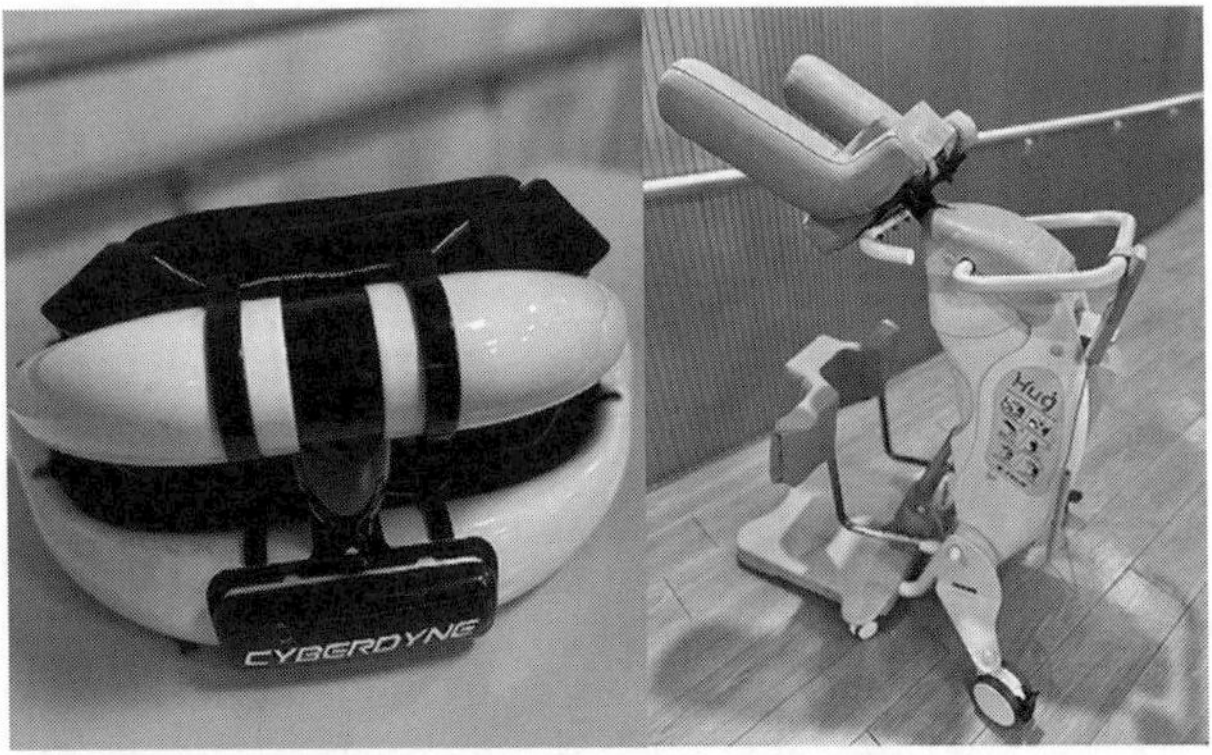

ロボットスーツ「HAL®腰タイプ介護・自立支援用」(左)と移乗サポートロボット「Hug®」

ロボット・人工知能研究室)」を開設し、2017年には「サンタフェ総合研究所」も立ち上げ、グループで蓄積した介護ロボットやICTの導入経験を基に、福祉事業者や介護機器メーカーに向けた支援事業も展開している。

こうした取り組みを進める理由の一つが、介護需要の高まりとは逆に、生産年齢人口が急減する「2040年問題」である。第2次ベビーブームに生まれた「団塊ジュニア世代」が65〜70歳を迎え、高齢化が深刻化することで起こる介護人材不足などの諸問題を指す。「当会の人材採用は比較的堅調ですが、介護業界全体では既に人材不足は顕著で、その傾向は今後ますます強まるでしょう」と善光会理事の宮本隆史氏は言う。

介護施設に配置すべき介護職員、管理者などの人数は、介護保険法により決まっている。たとえば一般的な特別養護老人ホームでは利用者3人に対し、介護職員または看護職員一人の割合での配置が求められる。しかしながら、実際の介護現場では3対1でもマンパワーが足りず、多くの施設で利用者二人に対し介護職員一人となっている。

一方、介護現場の業務効率化について、宮本氏は「スタッフ数の削減や作業時間短縮が図れたとしても、それによって利用者の満足度が下がったり、介護職員の負荷が増したりすれば介護サービス事業として適切な運営とは言えません」と、合理化は簡単ではないと強調する。

排尿予測と睡眠のデータで見守り・巡回の回数が激減

同会では業務の効率化を適切に行うため、まず、介護職員の業務内容を調査することからスタート、スタッフが利用者に直接サービスを提供する「直接介助」、間接的に利用者と関わる「間接介助」、事務的な作業を含む「間接業務」に分類した（**図表2-4**）。

「この中で直接介助は、介護サービスの本来業務とも言える部分。大幅な効率化や機械への置き換えが難しいです。人材不足への対応として、介護ロボットやＩＣＴの導入、業務オペレーションの改善などで、間接介助の負担を軽減し、間接業務の比率はほぼゼロを目

図表2-4　業務種別ごとの業務時間割合

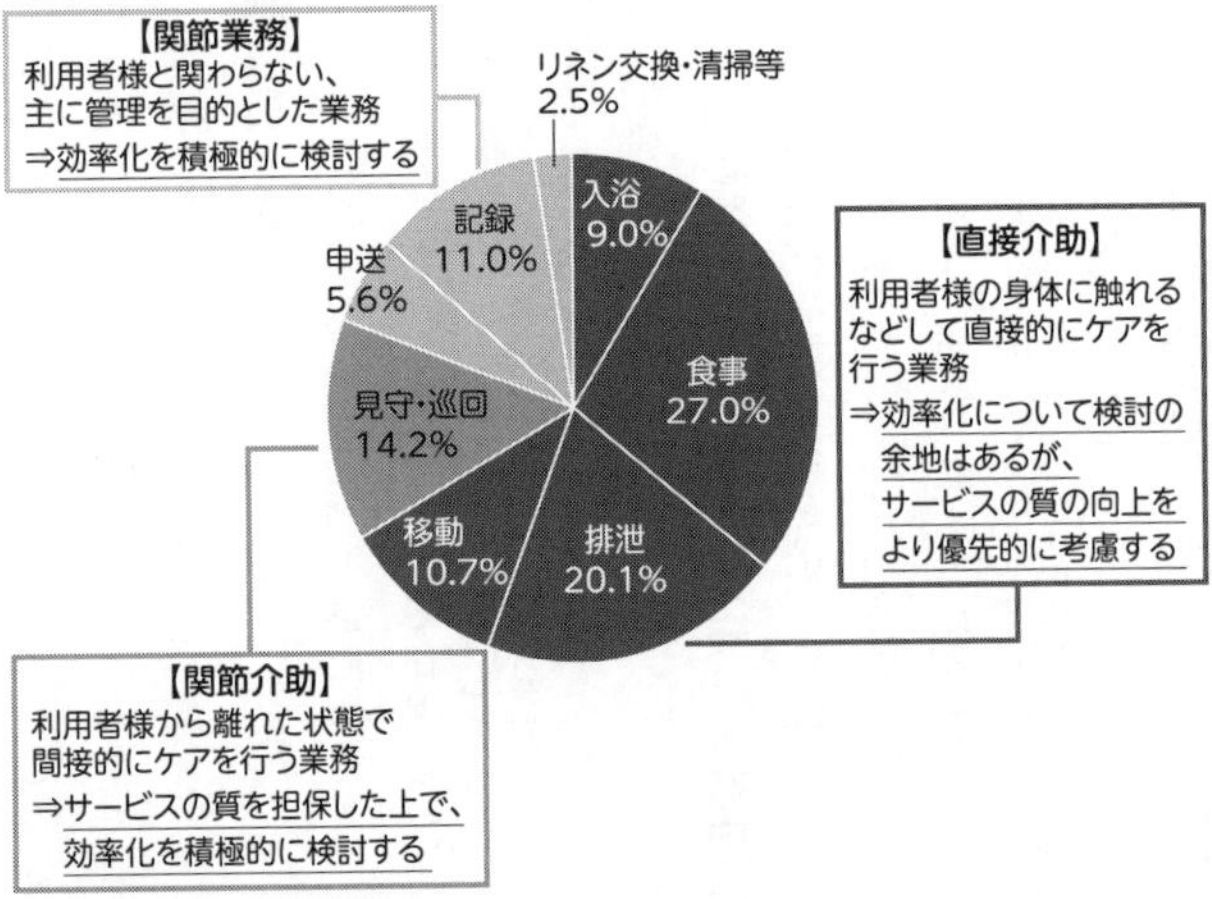
【関節業務】
利用者様と関わらない、
主に管理を目的とした業務
⇒効率化を積極的に検討する
リネン交換・清掃等
2.5%
入浴
9.0%
記録
11.0%
申送
5.6%
食事
27.0%
見守・巡回
14.2%
移動
10.7%
排泄
20.1%
【直接介助】
利用者様の身体に触れる
などして直接的にケアを
行う業務
⇒効率化について検討の
余地はあるが、
サービスの質の向上を
より優先的に考慮する
【関節介助】
利用者様から離れた状態で
間接的にケアを行う業務
⇒サービスの質を担保した上で、
効率化を積極的に検討する

（出典）社会福祉法人善光会調べ

指しました。これにより人の手による直接介助の業務比率を70〜80%に引き上げ、全体として業務の効率化を図ることができます」

善光会の特別養護老人ホーム「フロース東《ひがし》糀谷《こうじや》」では、2015年に利用者1・86人対介護職員一人だった人員配置が、2019年には2・8対1となるなど、大幅な業務効率化を実現している。同施設の主な取り組みとしては、業務オペレーションの見直し、清掃業務や情報共有など間接業務の時間短縮、見守り・巡回を中心とした間接介助の負担軽減、排泄への対処などの負荷軽減があげられる。たとえば情報共有・コミュニケーションでは骨伝導インカムやSNSによるスタッフ間の情報伝達、清掃にはロボット掃除機の利用、見守り・巡回には各居室へのセンシングデバイスを導入し、また広大な施設を移動する時間と労力を軽減するため、夜間には立ち乗り電動二輪車も利用している。

業務効率化の対象として特に着目するのは、業務の約15%を占める見守り・巡回業務。「フロース東糀谷」では、膀胱《ぼうこう》の尿量などから排尿のタイミングを予測して通知するデバイス「DFree Professional」(DFree)、マットレスの下に敷いて眠りの深さ・ベッドでの状態・バイタルを計測するシート「眠りSCAN」(パラマウントベッド)を利用している。こうしたセンシング技術により、利用者の排尿のタイミングや眠りの深さなどを施設の管理室などから把握できるようになり、適切なタイミングでトイレに誘導できることが増えたという。

「機器の導入によって月5回の夜勤が4回、3回になれば、夜勤回数を減らし、負荷を減らすことができます。フロース東糀谷でも以前は夜間に平均5回のトイレ介助を行っていましたが、現在は約3回と30%以上も夜勤業務の負担を軽減できました。

特別養護老人ホームの場合は要介護度の高い利用者が多く、終始トラブルやコール対応に追われます。先進機器の導入により排泄のタイミングがわかるようになれば、トイレのタイミングではないときに起こす『空振り』や間に合わず失禁・排泄に至るケースも減り、利用者の安眠を妨げることもありません。職員も認知症の方の対応に特化できるようにな

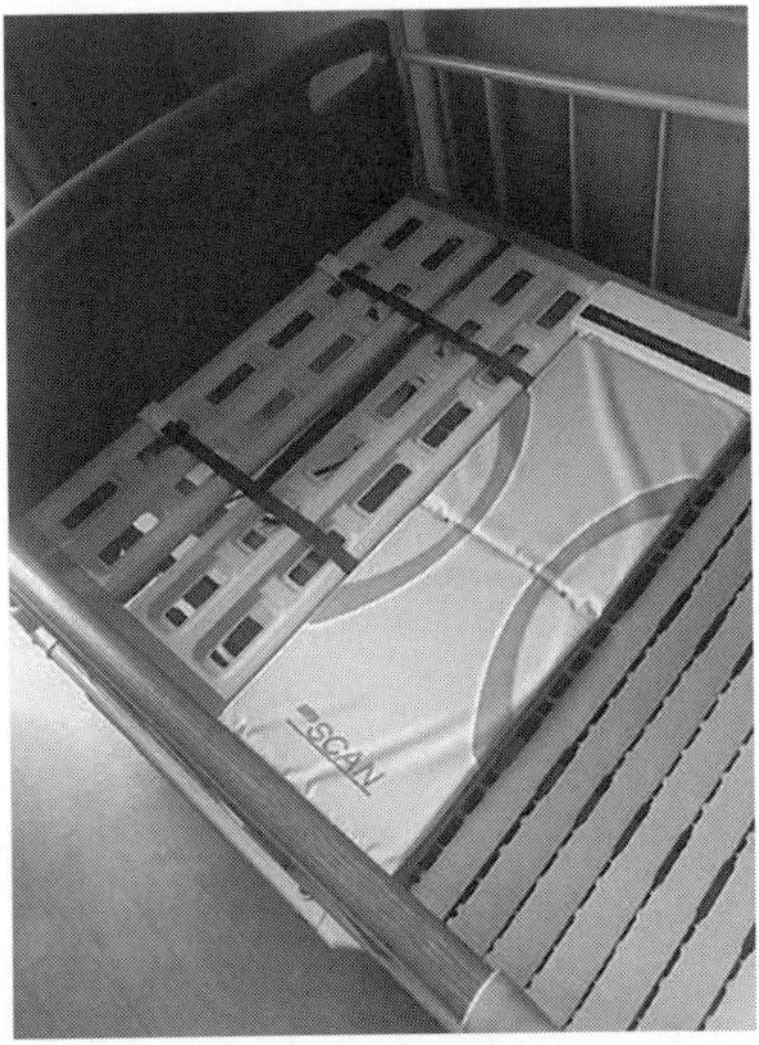

マットレスの下に敷く「眠りSCAN」

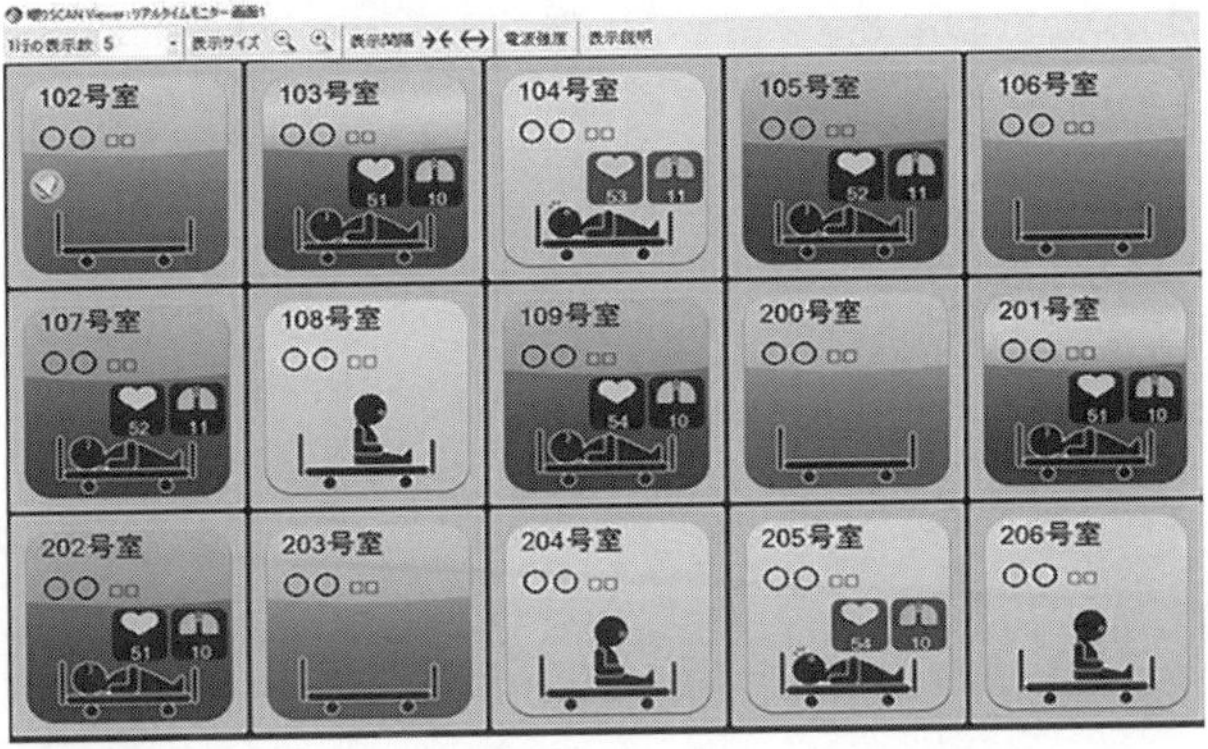

「眠りSCAN」のモニターイメージ

り、業務負荷の軽減につながります」

２０４０年までに全国の施設で２・５対１（利用者対介護職員）に

善光会では介護ロボットやＩＣＴ機器の連携をスムーズにする「ＳＣＯＰ（Smart Care Operating Platform）」の開発も行っている。

２０１８年にリリースされたｉＰｈｏｎｅ向けのアプリ「ＳＣＯＰ Ｎｏｗ」では、前述の「DFree Professional」「眠りＳＣＡＮ」をはじめ、さまざまなメーカーのロボット・デバイスから得られる情報やアラートなどの一元管理が可能になる。利用者の状態が一覧できることで、今からどの利用者に対応すべきか優先順位がつけやすくなり、業務の効率化につながる。同会の実証実験でも、夜間業務の37％効率化、介護ロボット習熟度向上といった効果が見られている。

「介護業界は中小零細事業者も多く、独自のアプリ開発などが難しいのが現状です。このアプリを展開することでそうした事業者を支援し、業界全体で効率的な働き方を模索する際に活用してもらえるツールにもなると思います」

宮本氏は「介護現場では間接業務、間接介助から機械化・自動化が進んでいますが、２０４０年までには直接介助の一部スマート化も必要になってくるでしょう。それにより、利用者二人に対し介護職員一人となっている多くの施設でも、2・5人対一人程度まで効率化が進むのではないでしょうか」と予測する。

「いくら介護ロボットやICTを導入しても、それを使いこなせなければ業務は効率化できません。若い世代はスマホを扱うように簡単に判断して操作できますが、60～70代になると『どうやって立ち上げるの？』というところからのスタートで、リテラシーに課題があります。また、『こんなものを使っても絶対よくならない』という先入観が先に立ってしまいがちです。

介護は人ありきです。働いている人が変われば現場も変わります。当会はスマート介護士の資格試験も行っています。介護の中でロボットやICTをどう使うか、それにより介護の質をどう高めるか、といった視点を養う基礎知識を習得するものです。これが、自分たちの施設では何から始めればいいのかを考える指針になればと思っています」

善光会ではSCOPにより利用者から得られるデータを活用し、利用者にとって効果的な介護サービスを判断するための「介護アウトカム」の創出を目指す取り組みも進める。

「自立度の改善などのアウトカムを基に利用者ごとに適切な介護を選択でき、それによって介護スタッフの専門性を高め、業務の効率化も図れると考えています。こうしたアウトカムは、『利用者に対し、何人のスタッフがどんなサービスを提供したか』というプロセスで決まる現在の介護報酬を見直す材料にもなり得ます。それが適切な効率化を進める後押しになると期待しています」

3大介助の周辺業務で自動化が進む

直接介助のうちの6〜7割を占める食事、入浴、排泄の3大介助。これらについては、本来、介護職員がその手腕を発揮すべき領域であり、抜本的な代替は難しい。しかし、単純作業や肉体的・精神的苦渋を伴う作業などを機械に任せ、高齢者の生活の質向上に寄与する食事やコミュニケーション、機械では補いきれない衣服の着脱や排泄の誘導など配慮の必要なタスクに人が集中することが可能になれば介護の現場は大きく変わるとみられる。

食事支援では高齢者の嚥下《えんげ》能力に応じたきめ細かいメニュー作成や、食事の際にも利用者それぞれの状態に応じて誤嚥《ごえん》を防ぐ正しい姿勢を保ちつつ、一定のペースで楽しく食事を終えられるよう繊細な介助が必要となる。コミュニケーションの観点からも、こうした仕事が機械に任されることはないだろう。介護保険制度では食事摂取の記録が給付の条件の一つになっている中、介護・福祉テクノロジーの開発・研究センター「Future Care Lab in Japan」が検証中の「食事量自動計測システム」は配膳時と下膳時にスマートフォンでお膳を撮影し、前後の画像のAI比較によって食事量を算出、記録として自動出力されるフローを想定する。配膳・下膳ロボットもコロナ禍をきっかけに医療・介護現場への導入が広がっている。

入浴介助においては、ストレッチャー入浴なども行われているが、着替えや浴槽の出入り、洗い場での作業など職員複数で介助を行う負担の重い業務である。入浴や洗身時には転倒事故や体調悪化の危険があるため、利用者一人に複数の介護者を要することも多く、心身共に負荷が大きい。入浴支援については介護用入浴機器の導入が行われており、介護職員の介助負担や所要時間を減らすことが可能になっている。

トイレへの誘導、清拭、オムツ交換など排泄介助については、排泄の検知・予測の技術開発が進む。超音波を利用して膀胱の変化を捉え、排尿のタイミングを事前・事後で知らせる排泄予測デバイスの導入により、高齢者が自力で排尿できるようになった事例も出てきている。排泄処理については特殊センサーにより大便・小便を自動判別し、吸引・洗浄・除菌運転を自動で行う装置や臀部《でんぶ》に残った水分をロボットアームが自動で拭き取る機能が附属したポータブルトイレの開発も進む。

移乗介助についてもベッドから車椅子などへの移乗を支援する際の身体的な負荷が高く、介護職員の腰痛の原因としてしばしば指摘されているが、排尿予測センサーなどの導入で通常の排泄を促進することができれば作業の頻度を減らしていくことはできるだろう。要介護度が高くオムツが欠かせない高齢者の処置は、ポータブルトイレの高機能化で清拭作業を軽減できるかもしれない。

各種センサーの設置により遠隔での見守り、事前の対処が可能に

「間接介助」業務は、見守りや巡回、利用者とのコミュニケーション、リハビリやレクリエーションなど直接介助に含まれない介助業務を含む業務である。間接介助で大きな負担となっているのは、見守りや巡回業務。施設においてはシフト勤務が基本で、夜間の巡回は職員の負担となっている。深夜勤務の場合は限られた人数で見守り、巡回、排泄支援などを行うため、対応に追われがちな側面もある。

間接介助の見守り・巡回は、効率化が進みやすい領域の一つである。各居室に異常がないかを見回って緊急時に対応するほか、排尿を希望する利用者のトイレへの誘導、失禁・排泄への対処などを行う。先述の善光会では、膀胱の尿量などから排尿のタイミングを予測して通知するデバイスやマットレスの下に敷いて眠りの深さ・ベッドでの状態・バイタルを計測するシートの活用により、夜間のトイレ介助が以前は平均5回だったものが、導入後は約3回に減少。業務負荷の軽減につながったことで、職員は認知症の高齢者の対応に特化できるようになっている。

同様に介護付き有料老人ホームなどを展開するＳＯＭＰＯケアでは、睡眠センサーを全床に設置し、利用者の睡眠／覚醒／起き上がり／離床などの状態、心拍数、呼吸を遠隔で確認するシステムを導入している。就寝中の巡回、安否確認の回数が減り、夜間担当のスタッフが３人体制から二人体制へと効率化した施設もある。現状は介護職員が居室を訪ねて高齢者の様子をそのつど確認、各種データを測定・記録しているが、各種センサーによる居室内や高齢者の状態の可視化が実現すれば負担はさらに軽減されるだろう。

在宅介護においても、見守りや転倒検知が可能な遠隔操作システムの普及が進む。たとえば、ネットワーク21の「骨格トラッキング見守りセンサ・転倒検知システム」は、赤外線画像認識など各種センサーシステムで24時間３６５日見守りを行う。異常状態の検知は、物理的な転倒および呼吸・心拍の変化の両面から総合的に判定し、起き上がれないような異常状態が発生したときには速やかに介護者に通報する。浴室内での転倒や浴槽での沈水時の検知にも対応しており、沈水時は浴槽からお湯を強制排水し、溺死を防ぐ。

間接介助は高齢者の健康状態、行動、心理症状を把握し、変化を見逃さず、要介護度の悪化の前に先手を打つために重要な役割を持つ。精緻なデータの収集は、介護職員の負荷軽減のみならず、介護の質向上にもつながるだろう。

介護記録はデジタル化され、ケアプランも自動作成へ

介護サービスには、介護職員が行わなければならない「間接業務」も多く付随する。介護記録の作成やスタッフ間の情報共有、介護報酬請求業務、ケアプランの作成協力といった事務作業から利用者の健康状態の判断、掃除や洗濯にいたるまで、その多くは介護職員が自ら行っているケースが多い。介護サービスは保険適用事業であるため記録作成が義務化されており、ただでさえ忙しい職員にとって大きな負担になっている。記録業務は3大介助の周辺業務すべてに付随して発生する業務であり、厚生労働省の調査によれば介護職員一人当たりの職務時間における記録業務の割合は7・3％に及ぶ。介護記録はまだ多くの事業所で紙による運用を行っており、記録のために残って仕事をするなど残業の主な要因の一つにもなっている。

CareViewer株式会社が提供するAI・介護記録ソフト「CareViewer（ケアビューアー）」は、介護の記録業務に関わるすべてのフォーマットを作成し、提供する。食事、水分摂取といったサービスの内容をスマートフォンのアプリ上で登録できるため、介護ケアの合間にも必要な情報をそのつど入力でき、記録時間を大幅に削減することができる。同社において ソフトを導入した2ユニット・18人のグループホームの場合、職員の記録に費やす時間は年間4590時間削減された。さらに、全国の事業所から蓄積したデータを活かし、

産学連携で共同開発を行っているのがケアプランの自動作成機能である。ケアプランとはケアマネージャーが利用者個々に提供すべき介護サービスの目標と内容をまとめる計画書で、従来、現場の介護職員への聞き取りも含めて7〜12時間かかっていた作成時間が大幅に短縮される見通しだ。

介護施設では、各種の薬を毎日決まった時間に服用できるよう服薬介助も行う。従来のアナログなワークフローでは利用者への提供時にメモなどに記録して、後から介護記録に転記するという二度手間・三度手間が発生するケースもあった。前述の「Future Care Lab in Japan」が検証した服薬支援システムは、提供したスタッフの確認、利用者の確認、提供する薬の確認を、それぞれ2次元コードを読み取って行う。データは利用者の投薬データベースと照合され、誤薬や配薬・服薬漏れをアラートで知らせる仕組みで、結果は介護記録とも連携が可能だ。薬の確認がバーコードを読み取るだけで済み、記録も容易なことから介護職員の負担は大きく軽減されている。

間接業務ではAI・介護記録ソフトなどの導入による紙からデジタルへのシフトが徐々に広がっており、遠くない時期に完全にデジタルでの介護記録や情報共有が行われることになるだろう。

第３部　人口減少経済「８つの未来予測」

1．人口減少経済でこれから何が起こるのか

人口調整局面から人口減少局面への移行

過去から現在に至るまで、日本経済はさまざまな局面を経験してきた。そしてその時々における景気循環の波の影響を受けながらも経済は緩やかに成長を続けてきた。これまでの経済のトレンドをより長い目で人口動態との関係性から捉えなおしたとき、これをどのように解釈することができるだろうか。

ここでは、１９９０年代半ばまでを人口の増加局面、１９９０年代半ばから２０１０年代半ばまでを人口の調整局面、２０１０年代半ば以降を人口の減少局面として区分してみよう（**図表３－１**）。もちろん経済は人口の動向だけに規定されるわけではないが、このようにして区分してみると人口動態は経済の構造と密接に関連してきたと解釈することができる。

１９９０年代半ばまでの人口増加期においては、トレンドとして経済の需要と供給の量は拡大を続けてきた。この時期の企業は日本経済への高い成長期待のもと、能力増強のための設備投資を活発化させ、大量の新卒採用を行う中で従業員の確保に努めてきた。人口が

図表3-1 人口と物価

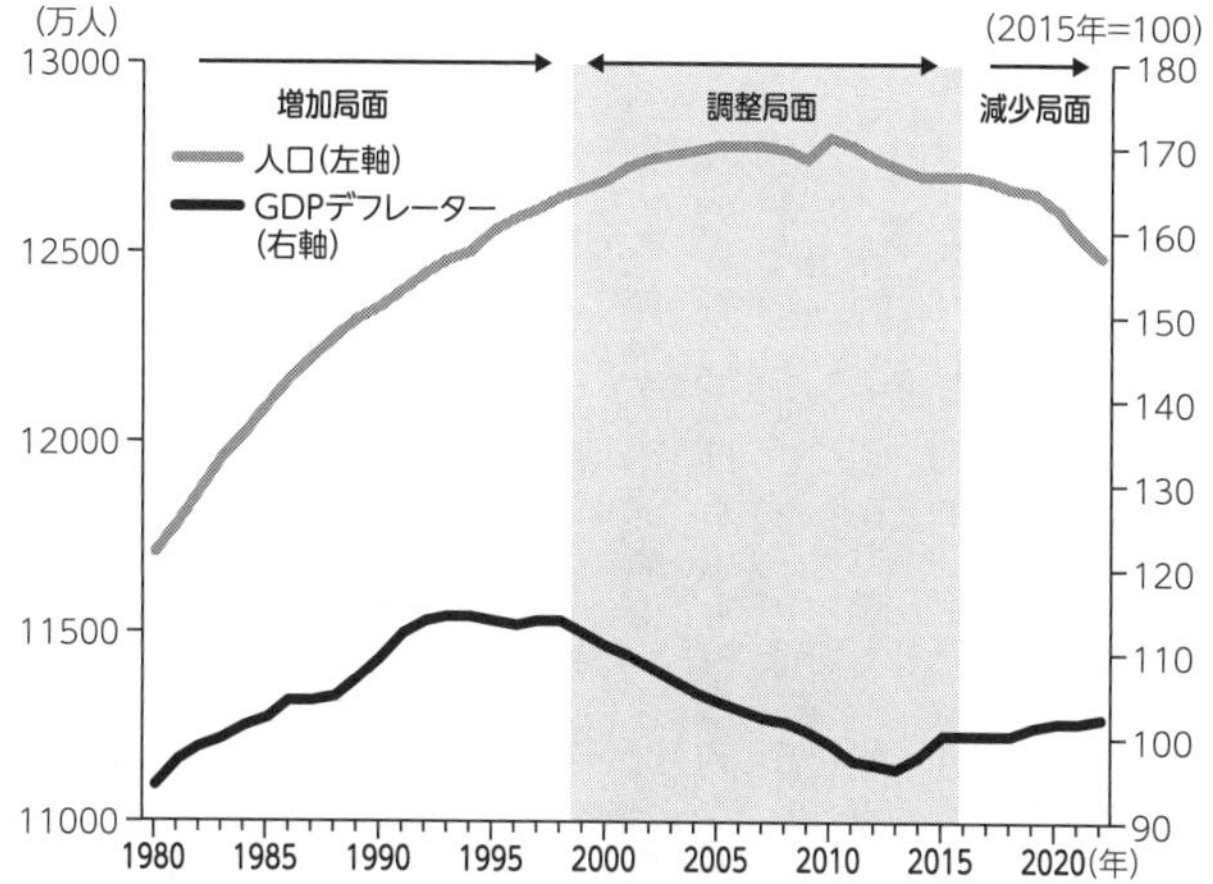

(出典) 総務省「人口推計」、内閣府「国民経済計算」

増加していくという観測のもと、交通や電力、通信などのインフラをはじめとする資本ストックも増加を続けた。当時は、日本の経済規模が単調に拡大するなか、失業率は低い水準での推移を続け、雇用も恒常的に不足感が強い状態にあった。

しかし、人口の増加期から調整期に移るなかで経済の構造は変わっていく。1990年代半ば以降の経済で生じた現象は、深刻な需要不足であった。人口増加局面から人口減少局面に移行していくなかで、これまで拡大を続けることが当たり前であった国内マーケットは、多くの市場において拡大を続けることが難しくなってくる。こうしたなか、企業はこれまでの慣性に引っ張られる形で過度な投資を行い、それは結果的にバブル経済へとつながってしまう。

バブル期においては、日本経済は足元の需要に比して生産能力を拡大させすぎてしまった。これが後を引く形で、バブル崩壊以降、経済は長い調整期間に入る。１９９０年代後半から２０００年代にかけての間は、短期的な好況、不況の波を繰り返しながらも、基本的には景況感が停滞するなかで企業は常態的に雇用や設備の過剰感を感じてきた。１９９９年の経済白書において雇用、設備、債務が過剰に存在していることをもって「３つの過剰」と表現したように、当時、企業は雇用をはじめとする生産能力の過剰感に苦しんだ時代にあった。

この時期に生産能力の過剰感が生じたのはなぜか。これには人口動態の移行期間に直面していたという原因のほかにも複合的な要素が影響している。たとえば、日本と地理的に近くかつ貿易構造も似ている中国経済が台頭し、国際経済の枠組みに組み入れられることによって、世界的に安価な労働力が豊富に利用可能であったことは過剰供給の一因として指摘されている。日本においては女性や自営業者など潜在的な労働力のプールが大量に存在しており、団塊世代や団塊ジュニア世代が働き盛りの世代に当たっていたことも一因としてあっただろう。あるいはＩＴ革命の進展などテクノロジーの進歩によって供給能力が上昇したことも背景としてあったと考えられる。

雇用に過剰感があり、かつ失業率も相対的に高い水準にあるとき、経済にはどのような調整が生じるか。企業の行動に焦点を当てれば、労働市場に労働力が大量に存在しているのであれば、わざわざ賃金を上げてまで従業員を確保する必要性はなくなる。労働力を容易に確保できる環境下においては、企業は労働者の賃金水準を低く抑えることでコストカットを図り、生じた余剰を企業の利益として計上することができる。人口調整局面において、こうした企業行動は倫理的な問題はともかくとして、利潤最大化を自己目的とする企業や経営者にとっての合理的な戦略になってきたのだと考えることができる。

労働市場の需給のゆるみは、労働者側には不利に働く。しかし、労働者もまた企業と同じくプライステイカーである以上、自由市場の下においては、労働者は基本的にこの環境を甘受《かんじゅ》せざるを得ない。その結果として、バブル崩壊以降の20年近くの期間は、自らの意思に反して非正規雇用で働かざるを得ない人が多数発生した。また、長時間労働を強要しながら割増賃金を支払わないような企業が跋扈《ばっこ》していても、労働者側はこの状況を受け入れざるを得なかった。近年、働き方改革関連法の施行によって人々の働き方は大きく変わりつつあるが、こうした制度変更に関しても、市場の需給がタイト化し、労働者と企業とのパワーバランスが変化していることがその背景にあったのだと考えられる。

この時期の労働市場のだぶつきは、財・サービス市場や資本市場にも影響を与えてきたとみられる。つまり、安い労働力を存分に活用できる環境が、安くて質の高いサービスの提供を可能にし、物価の上昇圧力を抑制してきた。また、労働力の価格である賃金が抑制されることで資本の相対価格は高止まりした。国内マーケットの縮小懸念もあり設備投資の需要は停滞し、資本市場においては金利が長期にわたって抑制されることになる。

経済の局面に応じて、経済主体の行動様式は変わる

しかし、日本経済がいよいよ人口減少局面の色合いが濃くなるなか、このところの日本経済の基調は大きく変化し始めている。

その変化の根本にあるのは、経済の需給環境の変化である。近年の日本経済は、人手不足の様相が急速に強まり、財・サービス市場、労働市場、資本市場といずれの市場も価格が上昇に転じ始めている。こうした経済の局面変化に合わせて、家計や企業、政府といった各経済主体の行動様式も変わり始めている。

これからの人口減少局面において、最も大きな行動変化を強いられるのは企業である。人口減少経済においては、次のような過去のレジームで経営を考える企業は容赦なく市場から淘汰されていくことになるだろう。

「必要な人員は足りないときに労働市場からいくらでも調達することができる」
「人材としてほしいのは若い男性であり、女性や高齢者はこの業界には向いていない」
「売上を向上させるためには、従業員に残業させる必要がある」
「足元の賃金上昇は持続しないだろう」
「賃金上昇は都市部の大企業だけの話だから、わが社は関係ない」
「経営の要諦は、人件費などのコストをいかに下げて利益を生み出すかにある」
「人口減少で市場も小さくなるから、縮小均衡でどうにかなる」
「縮小経済において利益を削ってシステムや設備などの資本に投資するのは間違いだ」
「業界全体は悪くなっても、自社単独でがんばればなんとかなる」

こうした考え方は、過去の市場環境にあっては一定の合理性があった。しかし、新しい経済の局面においては、これらの企業の行動様式について、その合理性は失われていくことになる。人口減少経済下の現代においては、企業の最適な戦略は過去と異なるものになるのである。

これからの時代、人手不足が深刻化するなかで、いかなる企業も労働者の賃金水準の上昇や労働条件の改善の動きから逃れることはできない。そして、企業はこうした経済の局面変化に気づき始めている。実際に、先見性のある経営者ほど、過去の常識がもはや通用しなくなってきていることについて認識し、人手確保のための抜本的な処遇改善に取り組み始めている。

労働者側も同様である。労働市場が需要不足から供給制約に様相を変えていくなかで、使用者と労働者のパワーバランスは大きく変化している。開かれた労働市場において、自身の仕事に見合った報酬を得られない企業や、自らの意思に反する働き方を強いるような企業から、労働者は静かに距離を置くようになっている。

人口減少経済「8つの未来予測」

経済の局面が変わっていけば企業や労働者の行動は変化する。人口減少局面に入った日本経済においてこれから何が起こるのか。企業や労働者は与えられた市場環境のもとでどのように行動を変化させるのか。改めてこれから市場メカニズムが引き起こすであろう経済の構造変化について予想していこう。

予想1　人手不足はますます深刻に

近年、人口動態の変化と歩調を合わせて労働市場の環境は明らかに変わってきている。

その変化の根本にあるのは人手不足の深刻化である。労働市場の構造が需要不足から供給制約へと変化している背景には、人口の高齢化が影響していると考えることができる。

今後を展望したとき、高齢化による供給能力の制約はますます深刻化していくだろう。これまでの日本の労働市場では女性の労働参加が急速に拡大してきた。しかし、他国と比較しても既に遜色のない水準まで高まっている女性の就業率を前提にすれば、さらなる上昇余地は限られてくる。女性の就業率上昇の動きに天井が見え始めてきた現代において、期待がかかるのは高齢者の労働参加である。高齢者の労働参加の余地はまだまだ残っている。しかし、高齢者といってもたとえば70代半ばを超える高齢者が現役世代の労働者と同じように働けるかというとそれは難しい。歳を重ねる中で、健康面からも就労が難しくなっていくことは避けられない現実として立ちはだかる。

一方、消費の構造も高齢化によって変化していくとみられる。高齢人口の増加によって医療・介護需要は長期的に増加を続けており、これに引っ張られる形で日本経済全体の需要も高い水準を維持している。今後、人口減少に伴って多くの財やサービスの需要は減少圧力が強まるだろう。しかし、その一方で高齢者の中でも比較的年齢層が高い人が増え続けることで、労働集約的なサービスへの需要は高止まりするとみられる。サービスに関しては貿易を通じて海外の労働力を活用することができない。先進国の人口が軒並み減少し、中国経済が成熟に向かうなかで、安価な労働力を活用する余地はますます限られてくることになる。労働に対する需要は財やサービスの需要の派生需要であることから、今後も堅調に推移すると予想することができる。

一口に人手不足といっても、その言葉の使い方にはいくつかの用法がある。つまり、賃金を上げても上げても労働市場全体として人が採れない状態になっているという意味での人手不足と、あくまで自社がこれまで提示していた賃金では人が採れなくなってきたという意味での人手不足は、同じ言葉であったとしても大きく異なる。このような観点でいえば、現状の日本の労働市場で生じている人手不足とはあくまで後者の側面が強い。

足元の人手不足は景気循環による一時的なものではなく、そこには人口減少と高齢化に伴う構造的な変化がある。日本経済の今後を展望すれば、人手不足が恒常化していくことによって、日本経済の構造はがらりとその姿を変えていくだろう。

予想2　賃金はさらに上昇へ

先述のように人手不足という言葉は裏をかえせば、企業側の言い値の給与や労働時間で働いてくれる労働者がいなくなってしまったということを意味している。そう考えれば、人手不足の労働市場で人手を確保するためには、企業はこれまでと同じ労働時間であれば

図表3-2 経営層の賃上げに対する考え方

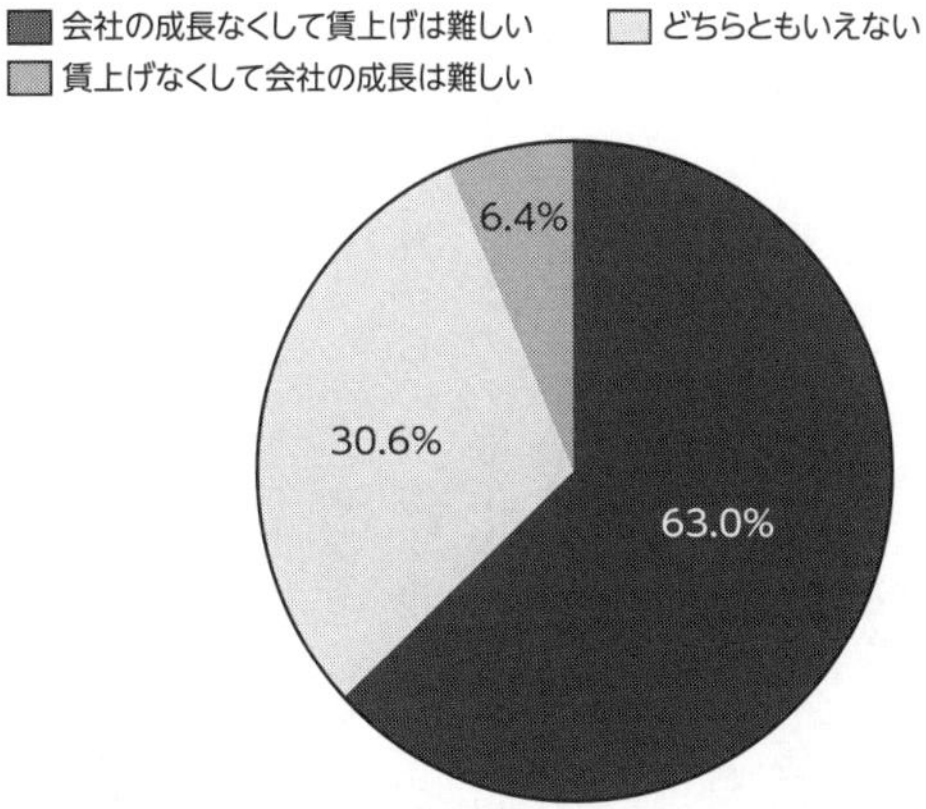

（出典）パーソル総合研究所「賃金に関する調査」

給与の水準を引き上げなければならない。あるいは同じ給与水準であれば労働時間を縮減しなければならない。人手を確保するためには、賃金水準を継続的に引き上げるよりほかに方法はなくなるだろう。

現時点において、すべての経営者がこうした労働市場の環境変化に対応できているかと言えば、そうではない。たとえば、パーソル総合研究所が２０２２年に行った「賃金に関する調査」では、企業の経営層５３０人に賃上げに対する考え方を聞いている（**図表３－２**）。この調査では、賃上げに対する考え方として「会社の成長なくして賃上げは難しい」と「賃上げなくして会社の成長は難しい」のどちらの考え方が自身の考えに近いかを聞いているが、前者に近いと答えた経営者が63・0%と多く、後者に近いと答えた人は6・4%しかいなかった。同調査は、賃金に関する企業経営者のスタンスを浮かび上がらせている。賃金水準の最終的な決定権を持つのは経営者であるが、企業経営者の多くは労働者の生産性向上が実現しなければ賃金は上げられないと考えている（なお、本調査では成長したら実際に賃上げするかは聞いていない）。

しかし、これからの労働市場においては、このような旧来の経営の考え方は許されなくなる。将来の日本の労働市場では、人口減少が本格化していくなかで、自社の利益水準にかかわらず賃金水準を先行的に引き上げて従業員を確保するように、労働市場が企業に強い圧力をかける。そこに気づいた先見性のある企業は、自社の発展のため、先行者利益を確保するために我先にと賃金を引き上げ、優秀な人手を囲い込もうとするだろう。実際に、日本の労働市場をみると、そのような動きは少しずつ顕在化してきている。賃上げをしないと人材獲得競争に競り負けるという危機感が同業他社の経営層に波及していけば、企業間で賃上げ競争が起き、労働市場全体としての賃金上昇の動きはますます広がっていくことになる。

そうなれば、これからの日本経済においては、多くの人が予想する以上に賃金が力強くかつ自律的に上がっていく局面を経験することになるはずだ。日本の人口動態を前提とすれば、将来にわたって労働市場の需給はタイトな状況を続ける可能性が高い。そうなれば、労働力はますます希少なものとなり、賃金は名実ともに上昇に向かうだろう。

予想3　労働参加は限界まで拡大する

賃金水準の持続的な上昇は、労働者の行動様式を変える。大きな行動変化が予想されるのは、これまでであれば働かないと意思決定をしていた人である。

高齢化が進む現代の日本において、非就業者の多くを占めているのは高齢者である。高齢者に関しては、収入の多くを公的年金給付に依存しているため、年金の動向は就業率に大きな影響を与える。今後、少子高齢化の進展に伴って国の財政状況が悪化することで、公的年金の給付水準が縮小していくことになれば、高齢者の労働参加はますます広がっていくとみられる。

一方で、悪いことばかりが起こるわけではない。人手不足が深刻化する将来においては、高齢者でも比較的高い賃金で働ける可能性が高まるからである。これまで女性や高齢者のなかには、市場に賃金水準が低い仕事しか存在しないことから、働くより働かない方が得だと判断してきた人がいたとみられる。賃金水準が上昇する将来においては、特別な能力を持たない人であったとしても、無理のない範囲で働けばそれなりの労働収入を稼ぐことが可能になる。賃金水準が高まれば、働かずに余暇を過ごすことの機会費用は高まり、働かないよりも働いた方が得だと判断する人は増えるはずだ。財・サービス市場ではサービスなどの価格が上昇することによって必要な消費を行うための経済的負担が重くなっていくこともあり、豊かな消費生活を送るためにも、人々は少しでも長く働こうと動機付けされることになる。

人手不足が深刻化する将来においては、それを解消するために、市場メカニズムが人々に少しでも長く働くように誘導していく。これからの時代においては、働きたくても働けない人や多額の預貯金を蓄えている一部の資産家を除いたすべての人が労働市場に組み込まれていくと考えられる。人口減少経済では労働者の希少性が高まるなかで、市場メカニズムが限界まで労働参加を拡大させるように促していくのである。

予想4　人件費の高騰が企業利益を圧迫する

人手不足の深刻化に伴う賃金水準の上昇は、労働者の行動を変化させると同時に、企業の行動にも変化を促す。企業にとってみれば賃金上昇は人件費の上昇を意味することになり、利益を圧迫する要因になる。これからの局面においては、あらゆる企業が労働市場からの賃金上昇の圧力にさらされ、企業はそれを受け入れざるを得なくなるだろう。

図表3-3 利益剰余金の推移

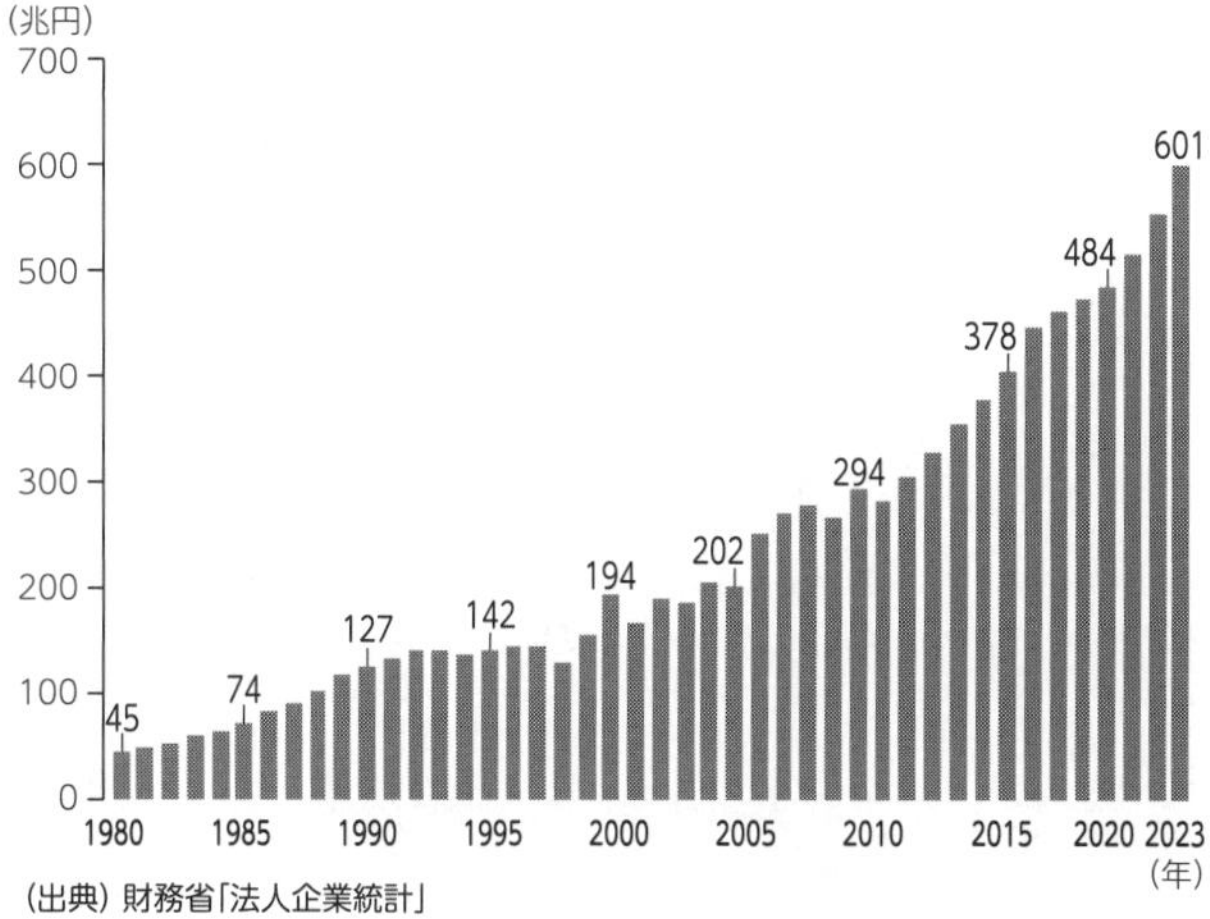

(出典) 財務省「法人企業統計」

近年、企業が得た利潤の多くが内部留保として積み上げられており、企業は従業員への分配を怠っているのではないかと問題視されている。**図表3－3**は財務省「法人企業統計」から、内部留保（利益剰余金）の額を取ったものであるが、実際に内部留保の額は過去から一貫して増え続けている。内部留保はM&A（企業の合併・買収）のための資金や景気後退が生じたときの予備資金といった性格もあり、その存在自体が否定されるべきものではない。しかしながら、企業の利潤を従業員の賃金として分配すべきだという議論はいまなお根強い。

　このような議論についてどのように考えたらよいだろうか。世界の歴史を振り返れば、技術革新によって生じた余剰が労働者に十分に分配されてきたのかというテーマは、いつの時代においても社会全体の重要なテーマであった。そうした観点からすれば、労働者の権利を取り戻すための議論を行うことには、それ自体として意義があると考えることができる。

一方で、そもそも、従業員の報酬水準の最大化は必ずしも企業の目的ではないことも確かだ。資本主義社会において、企業経営者が株主への利益の配分を意識して経営を行うことや、経営者自身の報酬の最大化を意識して経営を行うことを妨げることはできない。こうした考え方に従えば、従業員の報酬はあくまで労働市場の均衡価格で決まるわけであるから、利益が増えているからといって必ずしも従業員への配分が増えるわけではないとも考えることができる。

そして、労働者の賃金が労働市場の需給から定まり、それを差し引いた余剰が企業側の取り分になるといったようなメカニズムで労働者の報酬水準や企業の利潤が決定されるからこそ、これからの人口減少局面においては、労働市場からの圧力が企業利益を縮小させる方向に働くと予想することができるのである。

人口調整局面において、企業は安い労働力を活用して多額の資金の余剰を蓄えてきた。そしてその裏で、政府は企業に代わって度重なる財政出動を余儀なくされ、その結果として巨額の負債を抱えてきた。しかし、労働市場がひっ迫して賃金上昇圧力が強まっていくことになれば、今後の資金循環の構造はこれまでとは異なるものになる可能性がある。人口減少局面では、企業がこれまで蓄えてきた利益を吐き出していく局面が訪れると予想することができるのである。

予想5　資本による代替が進展

持続的な賃金上昇は、企業にとって事業を営む上でのコストが断続的に上昇していくことを意味する。このような危機的な状況に対して、企業側はどのように対応するだろうか。

賃金上昇に対抗する手段として企業が取りうる選択肢の中で最も有効な対策は、資本活用による省人化である。労働力の単価が相対的に高価になっていったとき、これまでのように大量の労働力を投入して事業を継続すれば、人件費コストが膨張することで企業の利益の確保は困難になる。そうなれば、これからの企業は労働力を利用することを極力控え、資本の活用に活路を見出すようになるだろう。

資本といえば、伝統的には工場における産業用機械などハードの設備投資が一般的であったが、現代においてはＡＩやＩｏＴなどデジタル技術を活用したソフトウェアの利用が広がっている。実際に第2部で見てきたように、企業の現場ではデジタル技術の活用によってこれまでより効率的に業務を遂行する体制を整え始めている。

開放経済の環境下においては、あらゆる技術が世界中で活用可能になっている。しかし、これまでの日本経済を振り返ると、こうした技術が現場に十分に浸透してきたとはいえないだろう。そして、先進技術の浸透が十分に行われてこなかった理由を考えれば、その最も大きな要因としては、資本導入にあたるコストが相対的に高かったことがあげられる。

たとえば、近年多くの小売店で導入が進んでいるセルフレジは労働者の生産性の向上に貢献している。しかし、それは必ずしも最新の高度な技術によって利用可能になったわけではない。小売業における接客の仕事について、たとえば時給800円で非正規社員を雇えるのであれば、企業はわざわざ高価なシステムを導入してまでデジタル化に対応しようとはしない。小売業の企業がここにきてこぞって資本導入を進めているのは、足元で人件費が高騰しているからであり、かつ賃金上昇が今後もおさまることがないと企業経営者が予想しているからである。先進的な資本が実際にビジネスの現場に導入されるかどうかは、資本と労働の相対価格に依存するのである。

そう考えれば、これまでは安い労働力を大量に確保することを可能にしていた労働市場の構造が生産性の低い業務を温存させてきたという側面が、少なからずあったと考えることができる。逆にいえば、人手不足による賃金上昇が進むこれからの時代においては、先進技術を活用した業務効率化が加速していくと予想することができるのである。

予想6　生産性が低い企業が市場から退出を迫られ、合従《がっしょう》連衡《れんこう》が活発化する

デジタル技術などを活用した資本導入の動きは今後広がっていくとみられる。しかし、すべての企業が大規模な資本を活用できるだけの経営的体力があるわけではない。近年ではクラウドサービスなど安価なサービスが浸透してきているとはいえ、中小企業の中には人手も確保できず、かつ資本導入も進められない深刻な状況に陥っている企業も少なくない。

今後の経済を展望したとき、企業によってその展開は異なるものになると予想される。先の法人企業統計は資本金１０００万円以上の企業を対象とした調査であるため、中小企業の利益水準の動向まではわからない。また、同統計は株式会社など主に営利法人を対象としたものであるため、公益法人なども対象に入っていない。地域の飲食店や小売店、診療所から介護施設にいたるまで、企業がどれだけの利益を計上しており、経営者がどれだけの報酬を得ているのかは統計的にはブラックボックスである。おそらく、事業に成功して多額の報酬を得ている経営者もいるとはみられるが、経営的に余力がない事業者も多く存在していることだろう。今後、賃金水準が高騰すれば、こうした利益水準が低く、生産性に劣る企業については市場からの退出圧力が強まることになると予想することができる。

図表3-4 **倒産件数の推移**

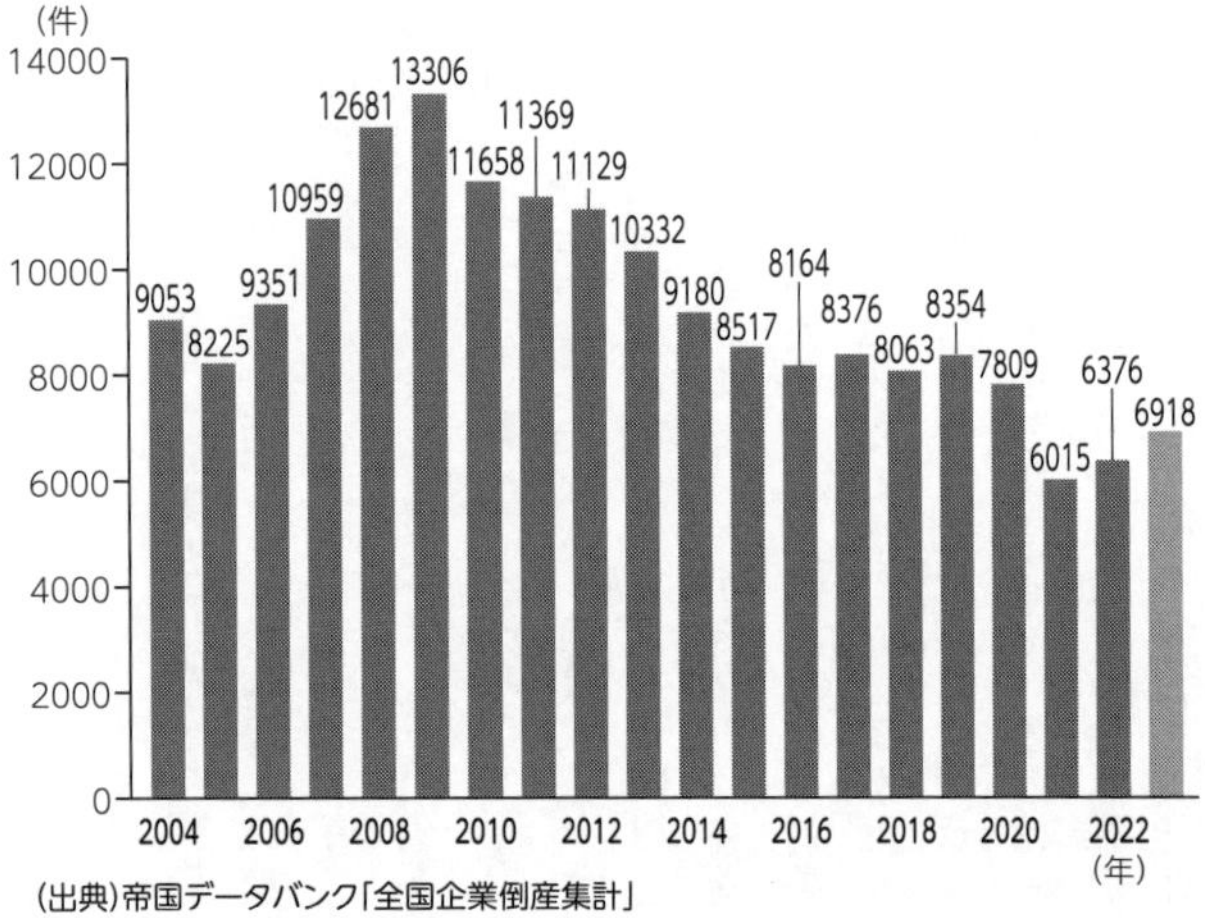

(出典)帝国データバンク「全国企業倒産集計」

昨今では企業経営者の高齢化に伴い、事業の後継者不足の問題も深刻化している。今後は規模の経済性を活かせない企業や、人材確保の観点から事業継続が困難になっている企業について、人手不足倒産の発生や優れた企業によるM＆Aが活発化することなどによって、少数の事業者に集約化されていく展開になるだろう。利益水準が高い企業のシェアが拡大していけば、生き残った少数の企業において資本導入が活発化し、経済全体の生産性は高まっていく可能性が高い。

倒産件数の推移を見ると、足元ではコロナ禍におけるゼロゼロ融資などの影響もあり増加している様子が見てとれるものの、倒産が多発するような状況とまでになっているわけではない（図表3－4）。しかし、これからの人口減少時代において、現在存在している企業のすべてが横並びで生き残っていくという未来像を展望することは不可能である。今後は、業界の垣根を超えた企業間の幅広い連携も広がっていくだろう。

市場メカニズムは企業の集約化を促し、少数の企業が生産性高く事業を経営するように強いる。その過程においては、優勝劣敗の自由競争市場の原則のもと、時代の流れについていけない企業の多くは吸収されたり、消失したりする動きが活発化することになるだろう。

予想7　緩やかなインフレーションの定着

市場の競争環境が変化してくれば、財・サービスの価格の構造も変動していくとみられる。これまで日本経済が長く経験してきたデフレーションの構造が転換し、物価は持続的に上昇していく局面に移っていくと予想できるのである。

価格の動向を占ううえでまず重要になるのは、企業のコスト構造がどう変わっていくのかという点である。この点、労働市場がひっ迫して賃金水準が上昇することで人件費が上がっていけば、企業はそのコストを商品やサービスの価格に転嫁せざるを得なくなる。

自動化技術の発展によって省人化が進む中で、その一部はイノベーションによって吸収されることになる。しかし、ここまでの事例からもわかるように、技術革新には一定の限界がある。多くの領域で人手ほどの優秀なロボットは見つかっておらず、科学技術がすべてを解決してくれると思うのは幻想である。企業による生産性上昇で吸収できないコストの増加分は商品価格に転嫁され、その負担は消費者が負うことになる。そうなれば、今後もサービス物価を中心にコストプッシュによる物価上昇は進んでいくことになるだろう。

企業の価格戦略に関係するのは、その企業が直面するコスト構造だけではない。企業が商品やサービスの価格を引き上げることができるかどうかは、その商品やサービスが属している市場の集中度に依存する。つまり、競合企業が多く、少しでも価格を引き上げれば他企業にシェアを奪われてしまうような市場環境下においては、企業は価格を引き上げることを避けるだろう。一方で、安い価格でサービスを提供する事業者が撤退することで市場の競争環境が緩めば、生き残った企業はその価格を積極的に上昇させることが可能になる。

これまで日本の物価が持続的に下落してきた背景に、価格が上がらないことが当たり前だとする企業や消費者の慣習やその期待の偏りを掲げる議論は多い。確かに、バブル期において、右肩上がりで経済成長をしていた時代の慣性に流される形で過剰投資を行った過去の経験を踏まえれば、近年において、物価は上昇しないことが当たり前という過去の慣習にさまざまな経済主体が影響されたという側面はあったと考えることもできる。しかし、低い賃金水準で大量の労働力を確保できる労働市場の環境が価格の安いサービスの提供を可能にした側面があったということもまた事実だろう。あるいは、その結果として生産性の低い企業の退出が遅れて企業の新陳代謝がうまく進まず、市場が過度に競争的になっていたということも、企業が価格を上げられない根本的な要因としてあったはずである。

これからの人口減少経済においては、コストプッシュによる価格上昇圧力は高まるはずだ。生産性の低い事業者が撤退することで市場の競争環境が緩めば、生き残った企業は財やサービスの価格をより積極的に引き上げることができるようになる。今後の日本経済においては、こうした構造変化に伴って、緩やかなインフレーションが定着していくとみられる。

なお、物価が継続的に上昇していけば、為替を取り巻く環境も変わってくる可能性がある。現在の日本円は、実質実効為替レートでみれば歴史的な円安水準にある。この点、現下の日本円の過小評価を調整する経路は主に二つの方向性がある。つまり為替が円高方向に修正されるか、物価上昇が進むことで円の価値が切り下がり、結果的に現在の為替水準に調整されるかというシナリオである。どちらが実現するかはわからないが、長期的にみればいずれかもしくは両方の作用が働く形で現在の円安は調整されることになるだろう。

予想8　優先順位の低いサービスの消失

将来の日本経済において、物価は持続的に上昇していくことになると予想することができる。しかし、物価が上昇するということは、消費者にとって決して好ましいことではない。物価上昇とはすなわち同じ商品やサービスであっても、これまでよりも高い値段で消費者は商品を購入せざるを得なくなるということであるからだ。

これまで多くの日本企業では労働力を大量に利用して人海戦術で懇切丁寧なサービスを提供してきた。そして、消費者はその恩恵に存分に浴してきた。しかし、今後、人手不足が深刻化していけば、これまでのようなサービス提供の仕方は難しくなっていくだろう。これからの経済においては、現在提供されているサービスに優先順位をつけたうえで、優先順位が低いものについては消費者があきらめざるを得なくなるというプロセスをたどることになるのである。

たとえば、運輸業に焦点を当てれば、現代日本においては、消費者の住居一戸一戸に最短日程で荷物が届く高水準のサービスが行き届いている。それだけではなく、利用者の都合によって不在であったとしても、無料で何回も再配達を行ってくれる。諸外国で行われているサービスと比較したとき、日本社会がここまでに質の高いサービスを安価に提供できる体制を整えているということは驚くべきことだ。そして、その陰には絶え間ない企業努力と多数の労働者の献身がある。しかし、こうした多数の労働者によって提供されているきめ細やかなサービスについては、これからの時代においては、人件費コストの上昇に見合わなくなっていくだろう。

そうなれば、このようなサービスについて、これからは標準的なサービスとしての提供は消失していくと予想される。そして相応の価格転嫁をされたうえで、別の高付加価値サービスとして提供されることになるだろう。住宅非密集地であれば、標準的なサービスにおいては個人宅までの配達自体がなくなり、地域に置かれた集配所に各々が取りに行く形にかわるかもしれない。あるいは飲食店において従業員が丁寧に席まで案内し、おしぼりや箸、お茶を一人ひとりに提供する光景や、小売店のレジで従業員が一人ひとりのために商品を袋詰めする光景は、将来の日本経済においては過去のものになっているだろう。

これは実質的にはサービスの質の低下につながるものである。ただ、統計上の問題として、このような隠れた高い質のサービスはこれまでうまく物価指数やＧＤＰに計上されていなかった可能性が高い。そうなれば、これからはいわゆるステルスでのサービス水準の低下が日本経済全体で広がっていくと考えることができる。

多くの業種や職種においてＡＩやロボットが人の仕事のすべてを代替することは不可能

である。これからは企業における生産性上昇の努力が行われながらも、緩やかにサービス水準の質や量が低下していく展開になる可能性が高い。しかし、人手不足で商品の配達自体が行われなくなるとか、介護サービスが全く提供されなくなってしまうとか、そういった悲劇的な事態までにはならない。あくまで市場メカニズムは、現在行われているサービスに優先順位をつけたうえで、重要なサービスとそうでないサービスに振り分け、消費者が本質的に必要としているサービスを絞り込んでいくことになるのである。

2. 人口減少局面における社会選択

構造的な人手不足が、企業の変革と日本経済の高度化を要請する

ここまで解説してきたとおり、人口動態の変化は経済の需給環境を変化させる。そして、需給環境の変化は、企業や労働者、消費者の行動様式に変容を促す。

前節では人口減少局面において内生的に生じるであろう各経済主体の行動変化を記述してきた。そして、経済の環境変化に大きく関係している経済主体はもう一つ存在している。それは政府である。

これまでの人口調整局面において、政府は経済に対してさまざまな介入を行ってきた。近年の政府の経済政策の大きな方向性を振り返れば、その中心にあったのは、バブル崩壊以降に幾度となく繰り返されてきた政府による大規模な財政出動やアベノミクス以降の日本銀行による異次元金融緩和があげられる。これまでの財政・金融政策の背景にあったのは、日本経済が慢性的なデフレーションに悩まされるなか、需要の喚起が必要であるとの共通認識であった。実際に、ここまでの各種データから見てきたとおり、人口調整局面において供給能力に比して需要が不足していたということは、確かに事実であったと考えることができる。

政府や中央銀行による積極的な経済への介入を肯定する立場の専門家には、拡張的な財政・金融政策によって需給環境を意図的にひっ迫させることでいわゆる高圧経済と呼ばれるような状況を作り出し、その圧力によって日本の経済成長を実現させようという考え方もあった。そして、実際に近年の日本経済が直面している需給環境の大きな変化にこれまでの経済政策が貢献してきた部分もあったと考えることもできる。

しかし、それと同時にこれまで行われてきた日本銀行による大規模金融緩和は中央銀行のバランスシートを大きく膨張させ、政府による積極的な財政出動は政府債務を著しく拡大させるなど、過去に行われた政策は後世に多くの禍根を残した。足元でも日本円の急速な減価が進行するなど、過去の政策が引き起こしたさまざまな副作用を軽視することはできない。

これまでの人口調整局面に行われてきた政府や中央銀行による積極的な経済への介入にはどのような効果があったのだろうか。それは総じてポジティブな効果があったのかもしれないし、あるいはそうではなかったかもしれない。この点、政府や中央銀行による積極的な経済への介入にどのような効果があったのかを検証することは重要である。これまでの人口調整局面において行われてきたこれらの政策の成否については、将来の然《しか》るべき時期にその審判は下されることになるだろう。

一方、過去に行われてきた政策に対する評価は別として、本書においてあくまで指摘しておきたいことは、このような経済の局面はもう既に終焉に向かいつつあるということである。そして、さらに指摘しておきたいのは、これからの経済の需給環境を決定する主役は財政・金融政策ではなく、人口動態の変化に伴う構造的な人手不足に移りつつあるということなのである。

今後の日本経済においては、政府、中央銀行による積極的な介入なくしても、人口動態の変化に伴って自然と市場の需給はひっ迫した状態が常態化していくだろう。そうなれば、これからの日本の経済を占ううえで重要になるのは、経済全体の供給能力をいかにして高めていくかという、経済学が本来想定している問題に回帰していくことになる。そして、これからの人手不足が常態化する局面においては、市場メカニズムが健全に発露するなかでそれが企業の変革を促す圧力となり、日本経済のさらなる高度化を促す原動力となるのである。

市場メカニズムが引き起こすストレスにどう向き合うか

今後、日本の人口が減少していくなか、世界経済における日本経済のプレゼンスが相対的に縮小していくことは避けられない。しかし、人口減少が経済全体の生産性の伸び悩みや人々の生活水準の低下につながるかまではわからない。今後の展開として、若者人口の減少が社会全体のイノベーションの停滞につながる可能性もあれば、ここまで説明してきたように人手不足の圧力が日本経済の高度化を促すシナリオもありうる。

もっとも、今後、市場メカニズムが原動力となる形で日本の経済構造が転換していくことになったとしても、それは簡単な道のりではない。

賃金の上昇は企業に変革を迫る要因になるが、それと同時にこうしたストレスを乗り越えられない企業は、市場から容赦なく淘汰されていくことになるだろう。物価が上昇し、人手を介したサービスの提供が制約されていくなかで、消費者はこれまで享受してきた価格のつかない質の高いサービスを手放す必要に迫られる。労働者はこれからの経済の局面で最も多くの利益を享受する主体になると考えられるが、デジタル技術がビジネスの現場に浸透していくなかで、新しいスキルの習得は労働者にとっても避けられない課題となる。これからの人口減少局面においては、企業や消費者などの経済主体はこれまでとは異なるストレスを経験するはずだ。

そう考えれば、これからの日本経済が経験する局面がバラ色の未来ではないことは明らかだ。今後、人手不足を解消するために市場メカニズムは経済全体の生産性を向上させるよう強力な圧力をかける。そして、その過程においては、市場メカニズムがあらゆる経済主体に多大な努力を要請し、これらの経済主体はこれまでにない強い痛みを経験することになる。しかし、市場メカニズムが引き起こす痛みに向き合うことなしに、これからの日本経済の高度化が達成されることはない。

そうであれば、これから日本経済が経験するであろう市場メカニズムが引き起こす強いストレスに、社会全体としてどのように向き合うのか。

その姿勢如何《いかん》は、日本社会の主体的な選択にゆだねられている。これからの人口減少局面に日本社会が直面する諸課題について、どのような論点や選択肢が残されているのか。以下、本書の最後として人口減少局面における政策的な論点を整理していこう。

論点1　外国人労働者をこのまま受け入れるのか

今後の最も大きな分岐点となるのは、日本社会が人口減少そのものを受け入れるかどうかという点になる。短期的に出生率を上昇させることは容易ではなく、また仮に出生率の急上昇に成功したとしても生産年齢人口の回復には長い時間がかかる。日本の人口減少は既定路線であり、この状況を短期間で反転させることは難しい。

しかし、短期的な解決策として有効な施策がある。それは外国人労働者の受け入れ拡大である。実際に、日本以外の多くの先進国では外国人労働者を受け入れてきた歴史がある。外国人労働者を大量に受け入れることで若くて安い労働力を労働市場に大量に流入させるという選択肢を日本社会が取るのだとすれば、先述した事象に関するそもそもの前提が崩れ、今後日本社会が経験する大きなストレスも避けることができるようになるだろう。

外国人労働者の受け入れを拡大したとしても、外国人が日本を選んでくれないという議論もある。しかし、それは事実とはやや異なるだろう。確かに、高度人材に限れば人材の獲得は他国との競争であり、米国や一部欧州諸国に比べれば相対的に賃金水準に劣る日本が高度人材の獲得競争に勝つことは難しい。しかし、世界の労働市場を見渡せばそうでない労働者の方がむしろ多数派だ。高度な技能を有する人材に限らないのであれば、足りな

図表3-5 外国人労働者の推移

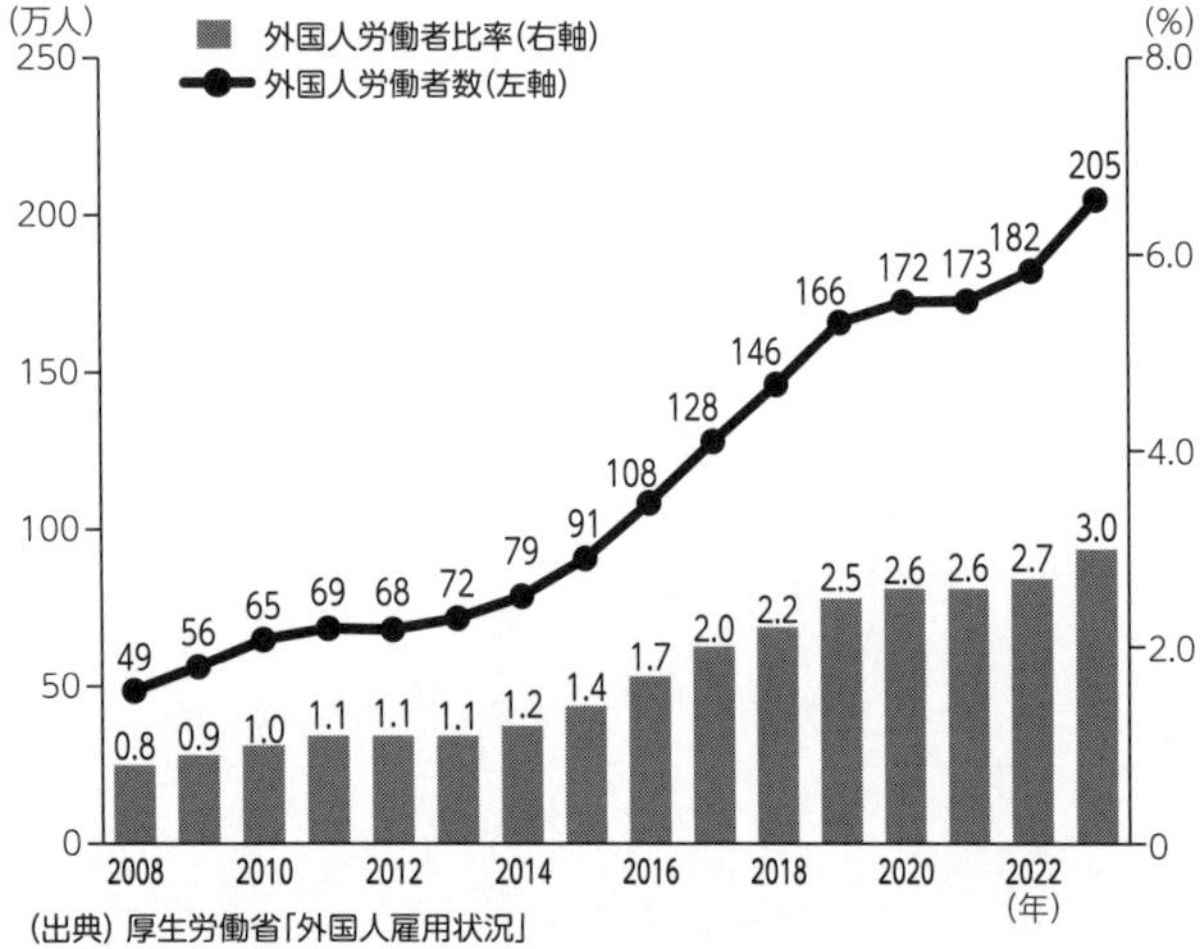

(出典) 厚生労働省「外国人雇用状況」

い労働力を賄うために海外から労働力を大量に流入させることは政策的に可能である。

そのような政策を日本は事実上取っている。外国人労働者はここ数十年の間で拡大を続けている（**図表3-5**）。人手不足の中で多くの企業が安い労働力としての外国人労働者を求めており、企業の要請にこたえる形で政府も外国人労働者の受け入れを活発化させているのである。

外国人労働者の賃金水準は日本人に比べて明らかに低い。賃金構造基本統計調査では外国人労働者の賃金の把握を令和元年の調査から行っているが、その最新の値をみると、外国人労働者の賃金は全体の平均値より低くなっていることがわ

図表3-6　外国人労働者の賃金水準

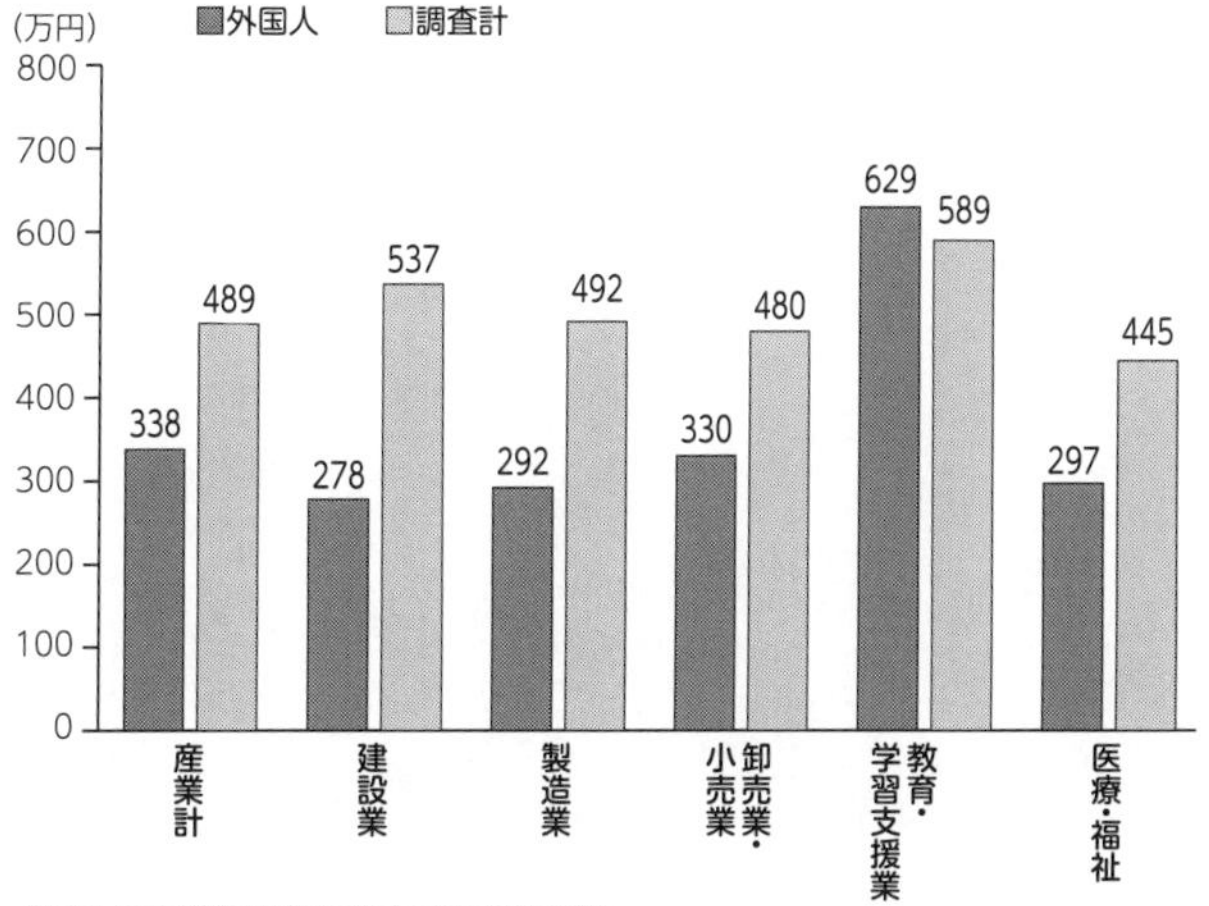

（出典）厚生労働省「賃金構造基本統計調査」

かる（**図表3－6**）。これには外国人が若いからという要因が大きく寄与しているが、賃金水準が労働者の技能の水準を指し示しているのだとすれば、日本は相対的に技能の低い労働者の受け入れに舵《かじ》を切っていることがうかがえる。

外国人労働者に係る施策についても、制度変更が続いている。政府は人手不足の分野で外国人労働者を受け入れるために、特定技能を2019年から導入している。これまでの技能実習制度は、少なくとも名目上は、出身国において修得が困難な技能等の修得・習熟・熟達を図ることを目的としており、目的が果たされた後は帰国することが前提にあった。これまで政府は少なくとも表面上は、単純労働のための外国人受け入れは認めてこなかった。こうした観点でみれば、人手不足のために正面から外国人労働者を受け入れることを決めた特定技能制度の導入は、政策的にも大きな転換となる。

特定技能で就労が可能な特定産業分野は、制度導入以降、次々に拡大されている。直近の2024年3月の閣議決定においても、すでに認められている介護、ビルクリーニング、素形材・産業機械・電気電子情報関連製造業、建設、造船・舶用工業、自動車整備、航空、宿泊、農業、漁業、飲食料品製造業、外食業の12分野に加えて、自動車運送業、鉄道、林業、木材産業の4分野が追加されている。さらに、同年6月には入管法等の改正によって、人手不足分野における人材の育成・確保を目的とする育成就労制度が創設されており、政府は人手不足解消のための外国人労働者受け入れに積極姿勢を強めている。

特定技能の受け入れ枠も制度新設以降、拡大を続けている。同閣議決定においては、政府は今後5年間の受け入れ見込み数の枠を82万人とする方針を掲げ、過去、2019年から2024年までの5年間で約34・5万人と設定していたものを大幅に拡充している。

外国人労働者の受け入れに関しては大きな議論がある。日本の多様性を高めるという観点から賛成の意見を持つ人もいれば、日本の治安や文化に与える悪影響を懸念し反対の意向を示す人もいる。こうしたなか、本書で強調したいのはあくまで外国人労働者受け入れに関する施策が市場メカニズムに与える影響である。

企業の目線で考えれば、海外から若くて安い賃金で働く労働力が大量に流入してくれば、そういった労働力を活用して利益を上げるというこれまでの経営戦略を取り続けることが可能になる。利益水準が低く経営に苦しさが増している企業にとっては、外国人労働者の大量流入は福音になるはずだ。外国人労働者の増加によって恩恵を受けるのは企業だけではない。日本に住むあらゆる消費者も、これまでと変わらず大量の人手を用いた至れり尽くせりのサービスを安い価格で享受することができる。人手不足を補うために大量の外国人労働者を受け入れるという選択を日本社会が取るのであれば、今後の日本経済が経験するあらゆるストレスを少なくとも先送りすることができるだろう。

しかし、大量の外国人労働者の受け入れを続けることが、労働市場全体の賃金上昇圧力を抑制することにつながることを忘れてはならない。社会に必要不可欠な仕事をしているにもかかわらず低い賃金水準で働くことを余儀なくされているエッセンシャルワーカーの方々について、せっかく人手不足で上がり始めている賃金を抑制させることははたして望ましいことなのか。また、安い労働力の流入は旧態依然とした経営を行っている企業の延命策ともなり得ることから、その結果として、過去の日本の市場で生じたように、健全な経営を行っている企業までもが過当競争に巻き込まれてしまう事態が再燃する可能性も否めない。

このようにして考えれば、安易な外国人労働者の受け入れが日本経済の高度化を妨げているという側面にもまた、日本社会は目を向けるべきではないか。労働市場や日本社会全体に与える影響について深く顧みることなく進められている現在の外国人労働者の受け入れ施策には、大きな問題があると私は考える。

日本の外国人労働者に関する施策はこのままの流れで展開していくのか。この論点は日本経済の今後を占ううえでの最大の外生変数になるはずだ。

論点2　企業の市場からの円滑な退出をどう支援するか

人口減少経済においては、現在ある企業のすべてがそのまま継続するという将来を予想することはできない。そう考えれば、これからの日本経済におけるさらなる論点として浮かび上がってくるのは、企業が市場から退出する局面に対して、社会全体としてどのように向き合っていくのかという点になるだろう。

企業の開廃業率を国際比較したデータによると、日本では海外と比べて開業する比率と廃業する比率はともに低い（**図表3－7**）。こういったデータを踏まえれば、これまでの日本の市場においては、新陳代謝が必ずしもうまく機能してこなかったと考えることもで

図表3-7 企業の開廃業率（国際比較）

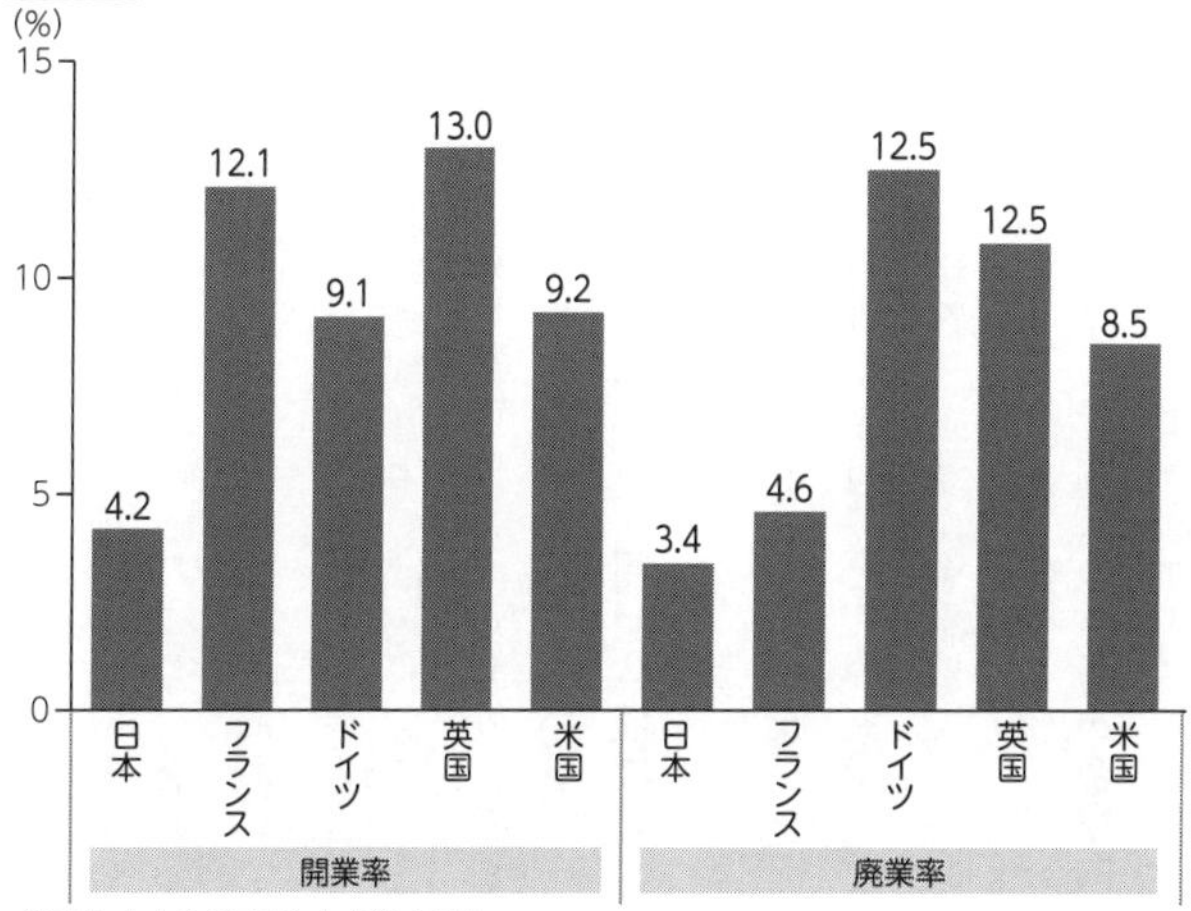

（出典）中小企業庁「中小企業白書」

きる。

　これまで、政府は企業に対してさまざまな保護政策を取ってきた。たとえば、コロナ禍における緊急事態においては、多くの企業に雇用調整助成金の給付や実質無利子・無担保のいわゆるゼロゼロ融資が広く適用されてきた。リーマンショック後に一時導入された中小企業金融円滑化法なども含め、これまでの景気後退局面における企業に対する資金繰り支援については、その時々の企業の事業継続に貢献した一方で、生産性の劣る企業への延命策につながったという批判もある。また、こうした経済のショックの有無にかかわらず、平時においても政府は中小企業などに対するさまざまな補助金や税制優遇策を講じている。

過去の人口増加と経済成長が並立していた時代においては、新たな産業の創出や地域の雇用の担い手として、経営力に劣る企業を支援、育成することには大きな意義があった。しかし、これからの人口減少時代においては、既存の企業を保護するというよりも、現在ある企業が集約化していくなかでいかに力をつけていくかを考えていかなければならない。

この点において、近年では政府もこれまでとは異なる施策を講じはじめている。たとえば、2024年には政府はこの年を「中堅企業元年」と位置づけ、政府による支援策を中堅企業に集中することを表明している。中小企業に対する手厚い支援がかえって企業規模拡大を抑制しているという問題意識に立ったうえで、企業が事業規模を積極的に拡大し、成長をしていくためのインセンティブ体系を構築することとしているのである。

さらに、こうした施策が企業の成長を促すための表面であるならば、裏面でもある企業の市場からの円滑な退出のための支援にも今後焦点を当てる必要があるだろう。

たとえば、現在、企業が金融機関から融資を受ける際、経営者がその事業の連帯保証人になる個人保証が広く行われている。しかし、個人保証を行ったがために、経営が行き詰まったときには経営者個人の財産が金融機関からの取り立ての対象となってしまい、その財産のすべてを失うようなケースも珍しいものではない。

本書で紹介した数々の事例にもれず、多くの経営者は自身の利益追求は当然のこととして、自社の従業員のがんばりに報いるためにも、また社会の期待に応えるためにも、日々最大限の経営努力を行っている。しかし、今後、働き手が急速に減少していく厳しい市場環境においては、経営者の懸命な努力の結果として、企業が市場からの退出を迫られるという事態は、現実問題として生じうる。そうなったときに、こうした経営の責任のすべてを経営者個人に帰すような商習慣は、はたして適切といえるだろうか。経営者の個人保証に関してはガイドラインの策定など政府も対策を講じているところではあるが、企業経営者が廃業後も安心して生活を営めるような環境を創出するためにも、また有為な経営者が再度挑戦できる環境を整えるためにも、今後、より一層踏み込んだ対策が必要になってくる。政府もそのための財政支援ということであれば、これを惜しむべきではない。

人口減少が本格化するこれからの時代においては、人手不足の深刻化とともに労働者の立場が相対的に強くなっていく可能性が高い。こうした局面に差し掛かっている現代だからこそ、果敢にリスクを取って経営を遂行しようとする企業経営者の挑戦を、社会全体として応援していかなければならない。そして、厳しい経営環境の中でどうしても経営に困難が生じたときには、経営者の勇気ある決断を後押しするような仕組みも構築していかなければならない。

人口減少時代における市場メカニズムが引き起こす企業の新陳代謝への圧力に関しては、経営者個人の問題に帰着させるのではなく、社会全体として向き合っていかなくてはならないのである。

論点3　地方都市の稠密性《ちゅうみつ》をいかに保つか

今後、市場メカニズムによる企業の再編圧力を避けることはできない。そして、こうした動きに伴って、地域のあり方も変わっていくだろう。今後、人口減少が進んでいったときに地域はどうなるだろうか。

地域経済の観点で言えば、今後最も懸念されるのは集積の経済の喪失である。たとえば小売業を想定すれば、企業が店舗を立地した際、人口密度はその企業の利益に大きな影響を及ぼす。つまり、人口が密集しており、住民が店舗に容易にアクセスすることができる状況下にあれば、企業はより効率的に利益を上げることができる。一方、地域の人口密度が低く、店舗に数十キロの移動を要するのであれば、その人はそのような店舗で買い物を行うことを躊躇《ちゅうちょ》するだろう。物流も同様である。過疎地域が増えて住居が点在することになれば、店舗の仕入れや宅配に関して、効率性が大きく損なわれる。

あるいは、道路や鉄道の路線などのインフラについても、これまでと全く同様のネットワークを保つことは簡単ではない。今後、地域の人口の稠密性が失われた過疎地域においては、十分な質・量のインフラを整備することは難しくなっていくと予想される。そして、このようにして増大するコストは、最終的にはサービス価格に転嫁されることから、その地域に住む住民が負うこととなるはずだ。人口密度が低い地域に住み続ける人は、より高いコストを負担して生活を行わざるを得なくなるのである。

こうした経済の現実に直面する中、生活者もただ手をこまねいてみているということにはならない。今後、市場メカニズムは住民の足による投票を促すと予想される。つまり、住んでいる地域の生活が不便になれば、一定数の人は利便性の高い都市圏に住居を移そうと考えるだろう。不便な地域から人が流出を続ければ、少数の都市に人口は集約していくはずだ。そうなれば、東京一極集中とは言わずとも、おそらく多くの地域でこうした中核都市に人口が多極集中していく流れが生じていくことになる。

近年、政府は地方創生の名の下、各地域において移住促進や若者の地域定着、関係人口の拡大などの取り組みを促している。地域経済の活性化のために、こうした地域間でその魅力を高めるための競争は必要であるし、歓迎すべきものである。しかし、人口減少が進んでいく現代において、すべての地域が等しく発展していくことはもはや不可能であるということもまた、日本社会は緩やかに受け入れていかなければならない。そうなれば、政府としてもいかにしてすべての自治体の存続を図るかという視点ではなく、各地域で退出を伴いながら緩やかな集約に向かう方向性に舵を切っていく必要性も生じるだろう。

人々が住む地域を変えていくことには長い時間を要することも事実である。若い世代は機動的により便利な都市に転出を図るとしても、高齢世代の一部は自身の築いてきたコミュニティが存在する現在の地域に継続して住もうと考えるだろう。そう考えれば、人口の移動は世代交代を通じて長い年月をかけてゆっくりと進んでいくとみられる。

そうなれば地域の今を生きる人々の目線に立ったうえで、現役世代や働き手が徐々に失われていく地域が幸せな縮小に向かうための意思決定も現実問題として考える必要があるだろう。その意思決定は、これまでのまちおこしや地方創生とは異なる意味でこれからの日本の地域社会にとって欠かせないものとなる。こういった視点で今後の都市政策を考えていくことや、また地方交付税や国庫支出金をはじめとする国から地方への財政移転のあり方、地方自治体が広域的に連携するための仕組みづくりなどについて、現代にふさわしい地域のあり方を探っていく必要性が生じるとみられる。

論点4　デジタル化に伴う諸課題にどう対応するか

今後、人件費コストの増大によって財やサービスの価格が緩やかに上昇していけば、人手を用いたきめ細かいサービスを大量に消費することは少しずつ難しくなっていく。

働き盛りの労働者が持続的に減少していく未来において、日本の消費者が引き続き豊かな暮らしを送るためには、日本経済のデジタル化を進めていくことは不可欠である。そして、デジタルの技術が浸透していく過程においては、機械によるサービス提供の限界にも一定の理解を示していくことや、情報技術がもたらすリスクに適切に向き合っていくことも必要になるだろう。

人手不足下におけるデジタル技術の活用に関して、朝日新聞は2024年世論調査を行い、その実態を明らかにしている。同調査においては、デジタル化に伴うサービスの無人化について「これまで人がしてきた仕事やサービスが、デジタル技術の進歩によって無人化されていくことに、よい印象を持っていますか。悪い印象を持っていますか。」という設問を設け、回答を聴取している。そして、その結果は「よい印象」と答えた人が50%、「悪い印象」と答えた人が36%となった（**図表3－8**）。

この設問の賛否は年齢が大きく影響している。年齢別に回答結果を見ると、20代ではよい印象があると答えた人の割合が74%に上り、若い人にとっては無人化に伴うサービス水準の低下は抵抗なく受け入れられる様子が見て取れる。一方で、70歳以上ではよい印象が33%、悪い印象が53%になっており、相対的に抵抗感が強い結果となった。

図表3-8 デジタル技術を活用した無人化への印象

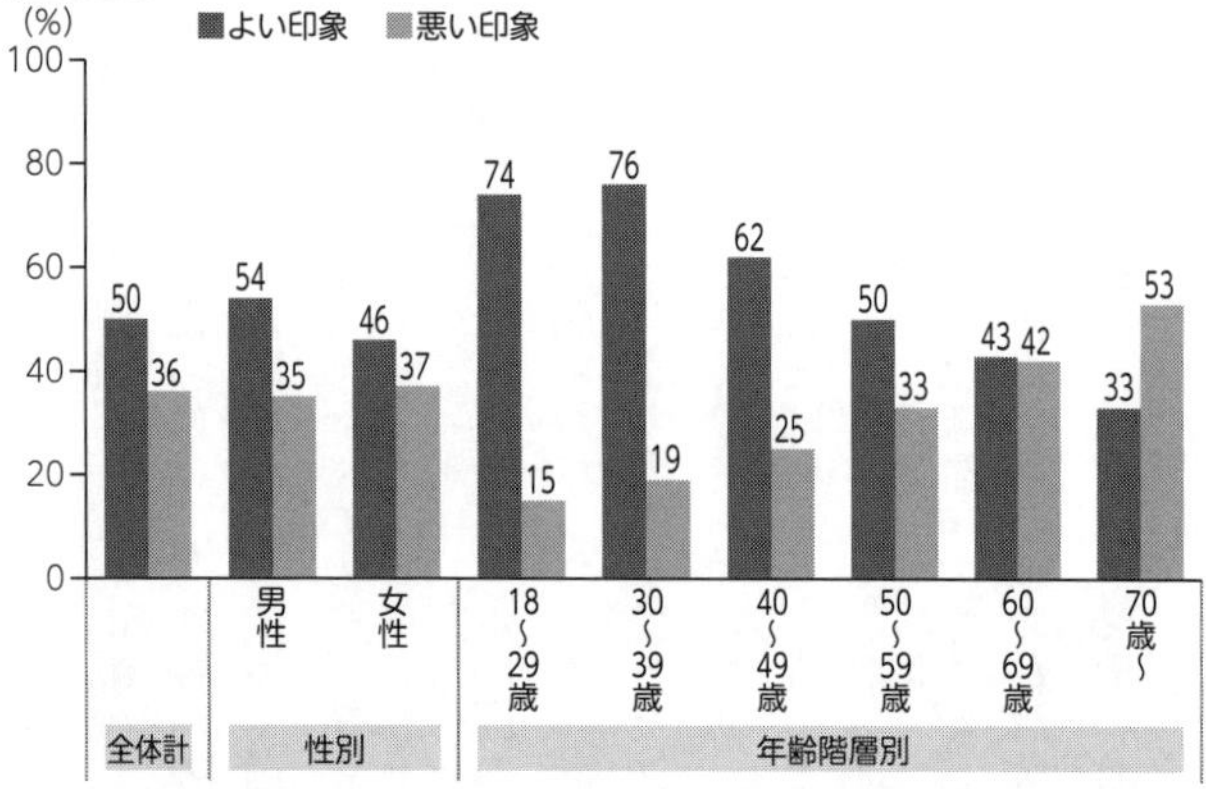

（注）「これまで人がしてきた仕事やサービスが、デジタル技術の進歩によって無人化されていくことに、よい印象を持っていますか。悪い印象を持っていますか」という設問に対して「よい印象」「悪い印象」と答えた割合
（出典）朝日新聞世論調査

　こうした結果をみると、歳を取った消費者ほどデジタル技術の活用に伴う潜在的なリスクへの意識が高いのかもしれない。あるいは、スマートフォンでのアプリ操作などの負担感や、無人化に伴うサービス提供者とのコミュニケーションの喪失といった実際のサービス水準の低下を強く感じる傾向があるのだと考えることもできる。実際に、これらデジタル技術を用いたサービスの多くは経済の効率化に大きく貢献するものの、それでもやはり従来のように人手を介したきめ細かいサービスを享受したいという消費者の欲求は強いのだと思われる。

　デジタル技術を用いたサービスの提供には一定のリスクも伴う。昨今においても、企業側がＡＩなどを用いて個人情報を情報提供側の意図せぬ形で活用したことが問題になるケースも発生している。あるいは、ロボティクスや自動運転技術がビジネスの現場に浸透していくにあたっては、事故等の発生に伴って、人に身体的な危険が及ぶこともありうる。こうしたリスクに関して、欧州ではＡＩ規正法が成立するなど実際のサービスの適用にあたっての規制を導入する動きも広がっている。デジタル技術の活用には一定のリスクが伴うなかで、こうした規制を導入することによってサービス提供者に認められることとそうでないことを明確化することは今後重要になってくるとみられる。

こうしたなか、今後は何よりも消費者側が、新しい技術の有用性を広く認識し、ロボットフレンドリーな社会風土を形成していくことが重要である。人口減少が本格化していく日本は、先進技術による機械化・自動化の恩恵を最も受けやすい環境にある。さらに、日本はロボットに関する大衆コンテンツが幅広く普及しているなど文化的な観点でみても、諸外国と比べればＡＩやロボットなどの技術が浸透しやすい風土が整っていると考えることもできる。

新しい技術を活用するにあたっては、何か事故が起こったときに、社会がどのような対応をするかがその技術の浸透に大きな影響を与える。新しい技術を浸透させるためには、それを活用することに伴って顕在化したリスクに対して、技術の有用性自体を否定するのではなく、どうすればより良い活用の仕方ができるかなどを建設的に議論できるような社会風土を形成していく必要がある。デジタル技術を生活の豊かさにつなげていくためには、消費者側の新しい技術に対する寛容度を高めることが重要なのである。

労働力が減少していく未来においては、これまでのような豊富な人手をいくらでも使ったきめ細かいサービスを大量に消費することは許されなくなっていく。逆に言えば、現代日本は世界の中でもＡＩやセンサーなど先進技術を使った省力化のメリットを最大限享受できる環境にあるといえる。新しい技術に寛容な社会風土を醸成することができれば、日本は世界でも有数のオートメーションが進んだ高度な経済社会を構築することも不可能ではない。

論点5　自国の比較優位をどこに見出すか

人々の生活を豊かなものにするためには、イノベーションによる生産技術の向上が不可欠である。そして、そのためには企業間の健全な競争が不可欠である。多くの企業が自社の利益を確保するために切磋琢磨《せっさたくま》し、その結果として日本経済全体の供給能力が向上することで、消費者はこれまでよりも豊かな消費生活を送ることができるようになる。

今後、特定の事業者に事業が集約化されていくことになるのだとすれば、そのときにいかにして健全な競争環境を維持していくかということは、これからの重要な課題になるとみられる。たとえば、建設業界や運輸業界などに関してみれば、自働化施工や自動運転に関する技術が浸透する未来において、資本力に優れた企業が新しい技術を活用し、作業の標準化に取り組むことでシェアを拡大していくことになると予想することができる。将来的には、プラットフォーマー企業がその業界の利益の多くを占有する事態になる可能性もありうる。

すでに情報技術産業では米国ビッグテックが世界市場を席巻し、少数のプラットフォーマーが市場で発生した利潤のほとんどを独占する事態となっている。実際に、情報通信サービスの分野をみれば、検索エンジンやSNS、ECサイトにいたるまで多くの事業領域が少数の事業者によって独占されており、このような状況が望ましい競争環境であるのかということは疑念も残るだろう。

この点に関して、外資系の企業に市場の多くを席巻されていることに課題があるという意見も多くある。しかし、それが公正な競争によるものであれば、単に海外企業が国内企業よりも優れたサービスを生み出したというだけであって、それを社会全体として問題視するのは道理ではない。一方で、そうではなく、こうした企業によって市場の公正な競争環境が損なわれているのであれば、政府としては必要な介入を行わなくてはならない。

こうした領域に関して、日本は米国企業が生み出したサービスを利用するユーザー側の立ち位置を強めている。そして、これらの領域で国内市場が米国企業によって独占されているということは日本だけの問題ではない。欧州などほかの先進国も同じような課題を抱えているのである。この点に関して欧州では、プラットフォーマーが支配的な地位を乱用してビジネスを行っているとして、ＥＵ競争法に基づいて企業に多額の課徴金を課すなど、対決姿勢を強めている。

日本に関しては現状ではこうした動きは限定的であるが、デジタル赤字が拡大している現状において、国内事業者の利益の漏出やこれに伴って国民所得の向上が抑圧されるといった問題は、今後さらに深刻になっていくだろう。国内市場の健全な競争環境を回復させるためにも、国際課税の枠組みなども含めて、政府としては外交面も含めた戦略的な対応が必要になっていくとみられる。

そして、国際経済の観点から見たより本質的な課題として、日本経済の世界的なプレゼンスが低下していくことが確実な将来において、自国の比較優位をどこに見出していくのかということを考えていかなくてはならない。おそらく基本は内需を中心とした組み立てになってくるはずだ。つまり、人口減少社会は、ＡＩやロボットなど先進技術を活用した省力化の利益を強く受ける社会でもある。現在の技術革新のトレンドは日本社会の抱えている課題と相性が良く、この市場に関しては、日本は恵まれた立ち位置にあるといえる。今後、先進国の多くが人口減少で日本の後を追うことは確実であり、先進技術を用いた自動化技術は一大市場になるだろう。

日本で米国ビッグテックのような企業を作ろうというのは現実感のない目標であるかもしれないが、たとえば産業用ロボットは日本の得意とする市場であり、センサーや半導体製造装置など要素技術において世界に誇る日本企業はたくさんある。こうした技術の一部を確保し、省力化モデルをデファクトスタンダードとして世界に発信していくためには、市場メカニズムによる企業間の健全な競争が不可欠であり、加えて政府による適切な支援も必要になってくる。

人口減少経済において、すべての技術領域、すべての市場を日本企業が押さえることは不可能である。日本の技術で世界をリードしていく分野と、ユーザーとして海外の技術の恩恵を享受する分野との選択と集中がますます必要になっていく。人口減少経済において産業戦略をどう構築し、競争政策をどのように適用していくかは今後必要な論点になるはずだ。

論点6　超高齢化時代の医療・介護制度をどう構築するか

人口減少経済では人手不足により賃金が上昇することで、サービスの価格は上昇する。そして、その過程でサービスの質や量は調整されていく。今後、市場メカニズムは人口動態の変化に応じて、多くの産業で必要な調整を引き起こす。

しかし、医療・介護産業は規制産業であることから、このようなメカニズムが自然に発露していくかどうかは不透明である。

医療産業においては、保険収載されている医療行為に関する価格は、診療報酬制度によって定められている。また、医師や看護師は業務独占資格となっており、法律で定められている必要な教育を受け、国家試験に合格して免許を取得した者しか業務にあたることはできない。また、医療機関が保有する病床数も政府によって規制されている。介護産業に関しては介護職が業務独占資格とはなっていないなど、医療産業と比較すれば政府による規制は緩やかなものとなっているが、介護報酬によって価格が定められているなど医療産業と構造は似通ったものになっている。

医療・介護サービスの多くは、財・サービス市場における価格や労働市場における需給が実質的に政府によってコントロールされていることから、ほかの産業と同様の調整は行われない可能性もある。たとえば、働き盛りの人が減少していく時代においても、日本に住む人が十分な医療・介護サービスを受けることを優先し、診療報酬や介護報酬を積極的に引き上げれば、事業者の利益は保証され、結果としてサービス量は拡大することになる。また、低い自己負担割合や高額療養費制度などを通じて利用者の自己負担額を抑えれば、消費者側も値段を気にせず十分な医療・介護サービスを受けることができる。

逆に、診療報酬や介護報酬を現状の水準から引き上げないのであれば、事業者の利益が圧迫されることで、経営状態が悪い医療・介護事業者は市場からの退出を余儀なくされるだろう。その結果として、事業者の数が減少し、サービスの提供量が減少することになる。診療報酬や介護報酬の低下は消費者が直面する価格の低下にもつながるため、超過需要が常態化し、サービスの順番待ちが頻発することになる。要介護度が低い利用者などに対する優先度が低いサービスについては、それを受けることができないような事態も発生するだろう。

一方で、そもそも、医療・介護サービスについて安くて質の高いサービスにフリーアクセスできる環境を実現するということは、非常に難しいことである。高度な医療環境が整っていても医療費が高額で一般市民には手が届かないような米国の市場や、無料の医療が誰でも受けられるが軽度の疾患については診療の予約すら取れない英国の市場のように、諸外国を見渡せば、医療・介護サービスを受けるにあたって何かしらの制約がある国は多い。こうした観点でみれば、日本ほど安くて質の高い医療・介護サービスを思う存分に受けられる環境を整備している国は、ほかに見当たらない。

こうした日本の手厚い医療・介護サービスの体制は、その反面として税・保険料の上昇を通じ、現役世代を含めた国民負担の増加につながっている。また、医療・介護保険制度による低い自己負担率も、消費者側からみれば大量の医療・介護サービスを消費することを可能にしている一方で、本来提供されうる以上の医療・介護需要を誘発している側面もある。今後を展望すると、高齢化のさらなる進展に伴って医療・介護産業で生じた余剰を求め、他産業に従事していた労働者がこれまで以上に医療・介護産業に流れ込むことになるだろう。そうなれば、日本社会ではただでさえ少なくなっていく働き盛りの希少な人材が、医療・介護産業にますます吸収されてしまうことになる。

このような課題を踏まえれば、これから先の超高齢化時代における医療・介護サービスのあり方については、日本社会全体として何を優先するのか考えなければならない局面に差し掛かっているのではないだろうか。つまり、今後は消費者が思う存分にサービスを消費することを最優先に考えるのではなく、どこまでのサービスは諦められて、どこからのサービスは譲れないのかを明確化していく必要があると思うのである。

このトレード・オフを解消する手立てもある。すべての人が幸せになれる方法は、当然に医療・介護産業の生産性が向上することである。医療・介護産業の生産性が上昇し、より少ない労働力で多くのサービスを提供することが可能になれば、価格の低下とサービス量の拡大、さらには労働者の賃金上昇を両立させることは可能である。実際に、近年、政府は医療・介護報酬の算定などにあたって、事業者の生産性上昇を促すための工夫を講じている。

ここまでのさまざまな事例からもわかるように、技術革新が現場のすべての問題を解決するという楽観的な未来像を想定することは現実的ではない。しかし、それ以外の方法でこのトレード・オフを解消する手立てはないということもまた事実である。記録業務の自動化や見守り・排泄介助におけるセンサー等の利用から、入浴介助や移動介助におけるロボットの導入など、先進技術を安価に導入させるためには、医療・介護産業の技術革新を社会全体の課題として全力で進めていかなければならない。そして、これを開発し、導入するための事業者の努力を強力に促していかなければならない。

論点7　少子化に社会全体としてどのように向き合うか

外国人労働者の大量流入がない限り人口減少は確実にやってくる未来であり、短期的な解決は難しい。そうなれば、当面は人口減少を前提としたうえで新しい経済社会の仕組みを考えざるを得ない。

その一方で、より長期的な視点に立ったうえで日本経済を持続可能なものにするためにも、将来の出生率を上昇させていく施策は考えなければならないだろう。

家族のあり方が多様化するなか、出生率低迷の背後にはさまざまな問題が存在している。個人の自由意思で子どもを持ちたくないと考えている人がいれば、それは本人の意思として尊重されるべきである。そのようにして考えれば、政府としてできることがあるとすれば、あくまで子どもを持ちたいと思っているにもかかわらずその希望がかなわない人に焦点を当てることになる。

子どもがほしいのに持てない原因についてもさまざまな要因が指摘されているが、出生率低下の要因を分解していけば、現代において人口要因以外で出生数の減少に持続的に寄与しているのは婚姻率の低下である（**図表3－9**）。一方、有配偶出生率は足元ではマイナスに寄与しているが、2000年代以降はおおむねプラスに寄与していた。

出生数の減少が婚姻率の低下に起因していることから考えれば、経済的な理由で結婚ができないという人もいるとはみられるが、それは出生率低下の一つの要素にすぎないとも考えることができる。しかし、出生率を高めるために政府ができる政策というのは、基本的には経済的なインセンティブに働きかける施策にならざるを得ない。たとえそれがマイ

図表3-9 出生数の変化の寄与度分解

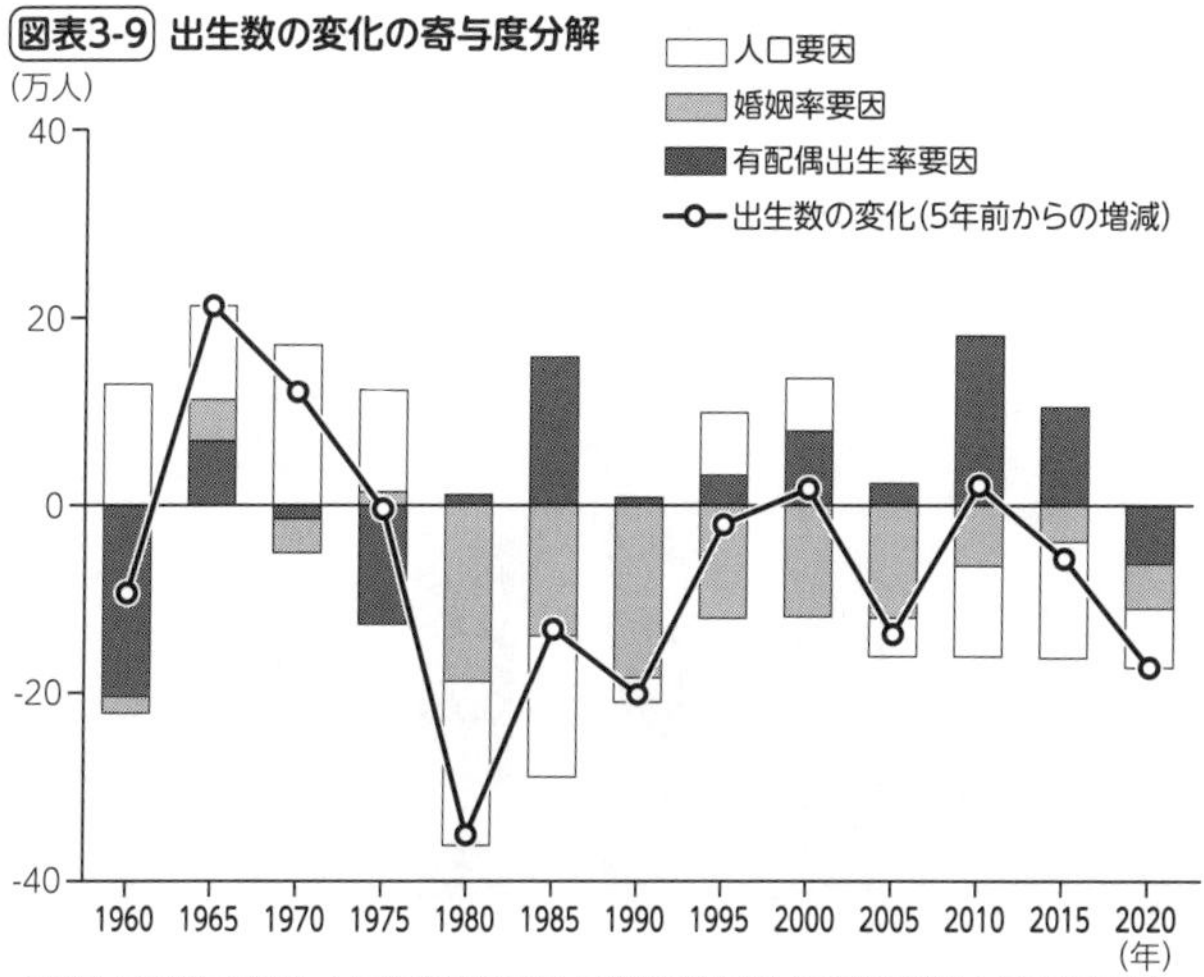

(出典) 国立社会保障・人口問題研究所「人口統計資料集」、厚生労働省「人口動態統計」

ナーな要因であったとしても、結婚や出産、子育てに関する補助を手厚くする政策は、これまで以上に大胆に進めていく必要がある。

こうした問題意識から、日本政府も近年は少子化に対するさまざまな対策を講じている。これまでも待機児童対策や幼児教育・保育の無償化、児童手当の拡充から高等教育の無償化まで、少子化対策予算は近年抜本的に拡充されている。しかし、児童手当の額一つとっても、出生のインセンティブに働きかけるという意味においては、現行制度では今なお大きな不足があると言わざるを得ない。実際に国際比較をすれば、日本の家族関係社会支出は他国と比べてまだまだ少ないほ

図表3-10 家族関連給付がGDPに占める割合

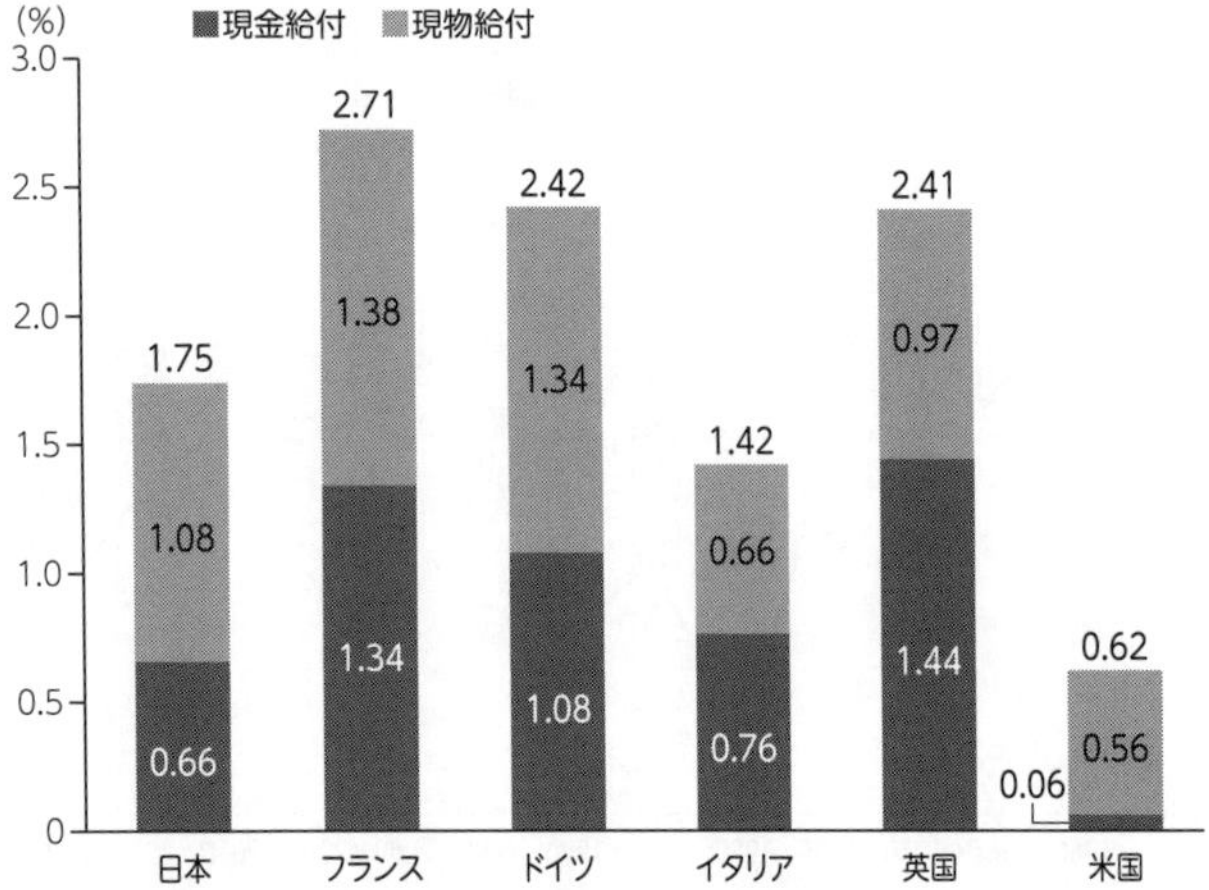

(出典) OECD

うに位置づけられる（図表3－10）。このような状況を鑑みれば、世界でも最も深刻な出生率の低下に悩まされている国の一つである日本においては、少なくとも世界で最も家族関連の支援が充実している国と言えるぐらいまでは、現物・現金給付にかかわらず給付を徹底的に拡充していくべきではないか。

　社会保障が完備されている現代日本において、過去のように自身の老後の生活保障や家業を担う労働力としての期待から子どもをもうけるということはありえない。これまでの子ども関連の社会保障給付の拡大なども目覚しい効果がでているというわけではないかもしれないが、子育て世帯の負担軽減の取り組みを拡充させることが出生率上昇に全く効かないということはないはずだ。結婚や出産、子育てに対する支援というのは、政府が取りうるあらゆる施策の中で最も重要な未来への投資である。そして、出生率回復に向けた財政支出の拡大は、将来の財政や社会保障の持続可能性を高めるという点でも合理性があるものである。日本社会が出生率回復の可能性に少しでもかけるというのであれば、日本に住むすべての人の力で子どもに係る負担は支えていくという認識を社会全体で共有しながら、政府としてもできることはすべてやるという覚悟を持って、取りうる政策を総動員していくべきだ。

少子化を成熟した社会における必然的な現象であると見なし、すべてを諦めて流れに身をまかせてしまうにはまだ時期尚早だ。家族政策を現代日本社会における最優先課題と位置づけた上で、政府によるなりふり構わぬ政策対応が行われることを願って、本書を締めくくることとしたい。

おわりに

日本経済はいま、長く続いたデフレーションの出口に立っている。これからの物価上昇の原動力となるのは、構造的な人手不足とこれに伴う賃金水準の上昇である。日本経済の構造が変化するなかで賃金はその行方を左右する重要な変数になっており、長期的な視点に立てば、人手不足の深刻化による労働市場のさらなる需給ひっ迫は、今後も継続的な賃金上昇を引き起こすことになるだろう。

もちろん、現実の経済はそんなに簡単なものではないという異論もあるかと思う。しかし、日々統計データの動向を分析し、かつ企業経営者や個々の労働者の実際の行動を丹念に探っていくなかで、大局的には、これまでさまざまな実証研究によって証明されてきた標準的な賃金決定の理論が現代日本においてもいまなお当てはまっているということを、強く実感させられるのである。

このように考えれば、人口減少経済の行く先を予想することはそう難しいことではない。今後は賃金上昇を媒介として労働者の労働参加はさらに拡大し、その一方で企業は省人化に徹底的に取り組むことを強いられる。市場メカニズムが人手不足を解消するために必要な調整を促す展開になるのである。

ここまで説明してきたとおり、物価や賃金の動向はあくまで財・サービス市場や労働市場の需給から決定されるものであって、上がるから良くて下がるから悪いという単純なものではない。しかし、価格や需給環境の変化に応じて、各経済主体の行動様式が変わるということもまた事実である。そうであれば、これから恒常的に続くとみられるタイトな需給環境は、はたして日本経済の高度化につながりうるのか。これが今後の日本経済をめぐる最大の焦点になるとみられる。

そして、これは当然に企業の生産性上昇の取り組みが市場環境の変化についてこられるかという点に依存する。つまり、生産性の上昇が追いつかず財・サービス市場や労働市場の価格だけが上がっていくというシナリオもあれば、価格上昇に生産性の上昇がしっかりとついていくというシナリオもありうる。どちらのシナリオが色濃くなるかについては、その時々の科学技術の動向などにもよることから、ふたを開けてみないとわからないというのが正直なところでもある。

しかし、本書で紹介した多数の企業の事例からもわかるとおり、企業経営者の多くはこの新しい経済の局面に対峙《たいじ》するなかで、生き残りをかけた経営改革に乗り出そうとしている。そして、その過程において、多くの企業が現代の新しい技術を活用しながら現場の業務構造を抜本的に変革しようとしている様子をうかがい知ることができる。こうした企業のさまざまな事例を見ていくと、これから起こる物価や賃金の上昇局面に対して、企業の生産性上昇の取り組みがこれについてこられる可能性は十分にあると感じる。

そうであれば、これからの新しい経済の局面において必要になる考え方は、人が足りないから人を移入させようとか、企業が困っているから補助をしようというような発想ではなく、むしろ日本の企業経営者や個々の労働者が持つ潜在的な力への厚い信頼を基礎として、市場メカニズムに身をゆだねながら必要な調整を促していくという考え方になってくるのではないか。こうした前提のもとでは、政府の政策による関与についてはあくまで市場ではどうしても解決できない問題にとどめるべきであって、民間経済への政府による不要な介入は原則として避けるべきであると思う。

これまでのいつの時代においても、日本経済の高度化をけん引してきたのは民間企業の活力であった。今後、日本社会が市場メカニズムに真摯に向き合うなかで、経済の供給能力が十分に高まっていくことになれば、これから先の日本経済はまた新たな定常に向かう。そこには、従来の農業や製造業だけでなく第三次産業も含め、機械と人が高度に組織化された豊かな経済社会が広がっている。そして、それは世界に比類のない日本独自の経済システムになる。他国に先駆けて人口減少経済に突入しようとしている日本社会の選択に、世界がいま注目している。

なお、本書はリクルートワークス研究所における「未来予測２０４０」プロジェクトの研究成果の一環として執筆を行ったものである。同研究プロジェクトの成果に関しては、研究所のホームページから「未来予測２０４０　労働供給制約社会がやってくる」のレポートなどで公表されている。

本書第2部の機械化・自動化の企業事例に関しては、同研究プロジェクトにおいて筆者が中心となって取り組んだ「機械化・自動化で変わる働き方」において発出した記事を下敷きにした。企業事例に関しては50社を超えるさまざまな業種の企業に対して取材を行っており、本書に掲載した情報はいずれも原則として取材当時のものである。取材のご協力をいただいた企業にはこの場を借りてお礼を申し上げたい。

N.D.C. 366　285p　18cm
ISBN978-4-06-537197-8
図表制作　株式会社アトリエ・プラン

講談社現代新書　2756

ほんとうの日本経済《にほんけいざい》　データが示《しめ》す「これから起《お》こること」

二〇二四年一〇月二〇日第一刷発行　二〇二五年三月七日第七刷発行

著　者　坂本貴志《さかもとたかし》　

発行者　篠木和久
発行所　株式会社講談社
東京都文京区音羽二丁目一二―二一　郵便番号一一二―八〇〇一
電　話　〇三―五三九五―三五二一　編集（現代新書）
〇三―五三九五―五八一七　販売
〇三―五三九五―三六一五　業務
装幀者　中島英樹／中島デザイン
印刷所　株式会社ＫＰＳプロダクツ
製本所　株式会社国宝社
定価はカバーに表示してあります　Printed in Japan

「講談社現代新書」の刊行にあたって

教養は万人が身をもって養い創造すべきものであって、一部の専門家の占有物として、ただ一方的に人々の手もとに配布され伝達されうるものではありません。

しかし、不幸にしてわが国の現状では、教養の重要な養いとなるべき書物は、ほとんど講壇からの天下りや単なる解説に終始し、知識技術を真剣に希求する青少年・学生・一般民衆の根本的な疑問や興味は、けっして十分に答えられ、解きほぐされ、手引きされることがありません。万人の内奥から発した真正の教養への芽ばえが、こうして放置され、むなしく滅びさる運命にゆだねられているのです。

このことは、中・高校だけで教育をおわる人々の成長をはばんでいるだけでなく、大学に進んだり、インテリと目されたりする人々の精神力の健康さえもむしばみ、わが国の文化の実質をまことに脆弱なものにしています。単なる博識以上の根強い思索力・判断力、および確かな技術にささえられた教養を必要とする日本の将来にとって、これは真剣に憂慮されなければならない事態であるといわなければなりません。

わたしたちの「講談社現代新書」は、この事態の克服を意図して計画されたものです。これによってわたしたちは、講壇からの天下りでもなく、単なる解説書でもない、もっぱら万人の魂に生ずる初発的かつ根本的な問題をとらえ、掘り起こし、手引きし、しかも最新の知識への展望を万人に確立させる書物を、新しく世の中に送り出したいと念願しています。

わたしたちは、創業以来民衆を対象とする啓蒙の仕事に専心してきた講談社にとって、これこそもっともふさわしい課題であり、伝統ある出版社としての義務でもあると考えているのです。

一九六四年四月　野間省一